최고의 블렌디드 러닝

최고의 블렌디드 러닝

2022년 2월 7일 초판 1쇄 펴냄
2024년 2월 5일 초판 2쇄 펴냄

지은이 권정민

책임편집 정세민
편집 정용준
디자인 김진운
표지 일러스트 전세진
본문조판 토비트
마케팅 김현주

펴낸이 윤철호
펴낸곳 (주)사회평론아카데미
등록번호 2013-000247(2013년 8월 23일)
전화 02-326-1545
팩스 02-326-1626
주소 03993 서울특별시 마포구 월드컵북로6길 56
이메일 academy@sapyoung.com
홈페이지 www.sapyoung.com

ISBN 979-11-6707-039-5 03370

최고의 블렌디드 러닝

Blended Learning Master Guide

권정민 지음

사회평론아카데미

이 책을 들고 있는 여러분은 지금 이렇게 묻고 계실지도.

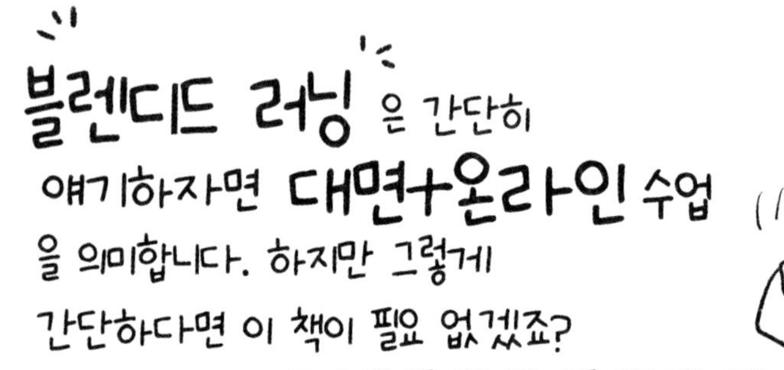

최고의 블렌디드 러닝 에서는

이런 것들을 다룹니다.

블렌디드 러닝 실패로 가는 길

블렌디드 러닝 성공으로 가는 길

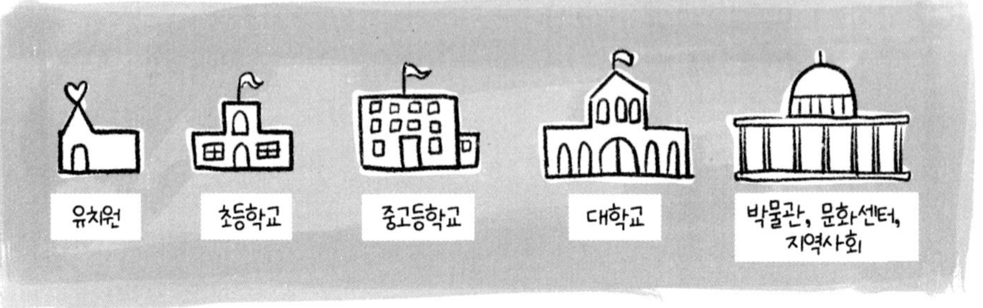

에서 가르치시는 **모든 선생님**을 위한 책입니다.

아직 안 읽으셨다면 저의 전작인 "최고의 원격수업 만들기"도 강추합니다.

교육학의 기본원리를 알기 쉽게 설명한 책 (원격수업 안 해도 강추)

차례

3강 어떻게 블렌드할 것인가

4강 무엇을 더 블렌드할 것인가

5강 성공적인 블렌디드 러닝을 위하여

무엇을 가르치고 있는가

#진정한 자기주도 학습 #잠재적 교육과정 #지식의 생산자 #졸업생의 초상

오랜 기간 같은 업무를 하다 보면 그 일에 익숙해져서 기계적으로 하게 되곤 합니다. 가르치는 일도 마찬가지입니다. 시험 때니까 출제를 하고, 시험이 끝났으니까 채점을 하고, 교육과정이니까 그냥 따릅니다. 나의 말과 행동, 결정으로 인해 학습자가 어떠한 영향을 받을지, 내가 올바른 방향으로 일하고 있는지, 이것이 가장 효과적인 방법인지, 내 수업의 결과로 어떠한 인재가 길러질지에 대해 더 이상 생각하지 않는 것입니다.

이렇듯 학습자에게 비판적 사고력과 창의성이 중요하다고 말하면서도, 정작 교수자 자신은 비판적 사고도 창의적 시도도 하지 않는 경우가 많습니다. 가르치는 사람은 끊임없이 자기성찰을 해야 합니다. 자기 자신을 먼저 들여다보고 내가 정말로 가르치고 있는 것이 무엇인지 성찰해야 합니다.

ONLINE
OFFLINE

01 학교가 싫어요

첫 아이가 생긴 부모는 대부분 그 아이에게 최고의 교육을 해 주려 합니다. 그렇게 다양한 경험과 시행착오를 거치면서 부모도 자녀의 교육에 대해 여러 가지를 학습하게 되지요. 그래서 둘째 아이는 교육적으로 조금 덜 고생하게 되는 것 같습니다.

두 명의 아이가 있는 저 역시 크게 다르지 않았습니다. 저는 첫째 아이에게 최고의 교육을 해 주고 싶어 집 근처 대학부설 유치원에 보냈습니다 (어마어마한 경쟁률을 뚫고 추첨에 뽑혔다지요). 대학부설 유치원은 상당히 만족스러웠습니다. 동네의 다른 사립 유치원들은 한자와 영어, 수학을 가르쳤는데, 이 대학부설 유치원은 그런 교육을 거의 하지 않고 정말 이상적인 유아 교육을 하고 있었습니다. 시간표가 인성 교육, 창의성 교육, 놀이 등으로 채워져 있었지요. 그래서 저희 아이는 알파벳을 단 한 번도 써 본 적 없는 상태로 한글만 간신히 떼고 초등학교에 입학하게 되었습니다. 대학부설 유치원 교육이 만족스러웠던 터라 초등학교도 또 다른 대학의 부설 사립 초등학교에 지원했습니다. 이번에는 유치원 때보다 더 높은 경쟁률을 뚫고 추첨에 뽑혔습니다. 당첨되었을 때는 양가 할머니와 할아버지까지도 기뻐서 뛰셨답니다.

그런데 그토록 설레는 마음으로 입학한 사립 초등학교는 정말 실망스러웠습니다. 누군가에게는 이상적인 교육일 수도 있겠지만, 교육학자인 저에게는 “이게 학교냐?”를 외치며 농성이라도 하고 싶은 교육이었습니다. 학교에 입학하자마자 받은 첫 영어 수업 과제가 “환경보호를 해야 하는 이유에 대한 에세이를 영어로 써 오세요”라는 것이었습니다. 알파벳도 그려서 써야 하는 아이에게 영어 논설문을 써 오라니요? 저는 그때까지 사립 초등학교의 현실을 모르고 있었던 것입니다. 사립 초등학교는 영어 유치원을 나오고 사교육으로 무장한 아이들이 오는 곳이었습니다. 저희 아이같이 '준비 안 된' 아이는 거의 없었습니다. 담임선생님에게 “어떻게 '영유'(영어 유치원의 줄임 말)를 안 보낸 아이를 사립 초등학교에 보낼 생각을 했느냐”라는 말까지 들어야 했습니다.

이 학교에서는 1학년 때 하모니카를 배우는데, 학기 초에 선생님이 1년치 악보를 나누어 주었습니다. 다음 주부터 시험을 볼 테니 집에서 연습하라는 것이었습니다. 아직 도레미도 모르는 아이인데, 당장 다음 주에 시험이라니…. 대부분이 그런 식이었습니다. 줄넘기도 집에서 연습하고 학교에서는 시험만 봤습니다. 한자도 집에서 각자 알아서 외우고 학교에서는 급수 시험만 봤습니다. 공부는 가정에서 담당하고 학교는 그저 평가만 할 뿐이었습니다.

학교는 아이들을 끊임없이 평가하고 경쟁시켰습니다. 아이들의 진전도에 따라 스티커를 붙여 막대그래프로 표시하고, 지시사항을 잘 따르지 못하면 스티커를 떼어 갔습니다. 게다가 이 그래프를 복도 게시판에 붙여 놓았습니다. 아이들끼리 서로 경쟁할 뿐만 아니라 학교를 방문하는 학부모들도 자신의 자녀와 다른 집 자녀를 비교할 수 있게 한 것이지요. 중간고사, 기말고사를 보는 날이면 아이들이 새벽 4시에 일어나 공부를 한다고 했습니다. 교육학에서 안 좋다고 하는 교육 방법들이 그곳에서는 좋은 교육으로 여겨지고 있었습니다. 공부, 공부, 공부, 오직 공부만을 시키는 학교였습니다. 일방적인 주입식 방법으로 말입니다. 저는 입시를 대비하여 훈련시키는 것 같은 이 학교의 교육이 너무도 실망스러웠고 괴로웠지만, 저를 제외한 대다수 학부모들은 만족했습니다. 그런 교육을 원하는 학부모들이 모인 곳이 바로 이 학교였던 것입니다.

저희 아이는 매일같이 "학교가 싫어"라는 말을 입에 달고 살았습니다. 그전까지 저희 아이는 책 읽는 것을 좋아하고 무엇이든 배우는 일에 큰 기쁨을 느끼는 학구적인 아이였습니다. 그런 아이가 날마다 "학교가 싫어…", "학교가 재미없어…"라고 노래를 불러 댔습니다. 마음이 아팠습니다. 공부를 아주 좋아하던 아이를 단 며칠 만에 학교를 싫어하는 아이로 바꾸어 놓는 학교 교육에 큰 문제의식을 느꼈습니다. 꼭 사립 학교이기 때문만은 아니었습니다. 근본적으로는 우리나라 교육의 문제였습니다.

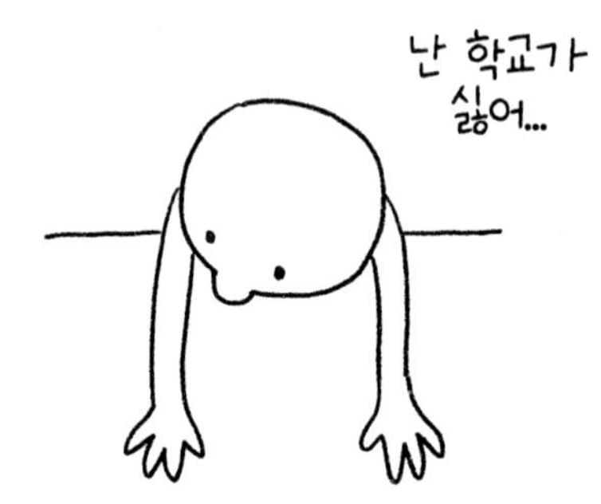

02 생각하지 않아야 성공하는 교육

우리나라 학생들은 대부분 학교 공부를 위해 문제집을 풉니다. 학교에서도 문제를 더 잘, 더 많이 풀게 하는 데 중점을 둡니다. 하지만 이건 진정한 의미의 공부가 아닙니다. 공부는 궁극적으로 사고의 깊이를 추구해야 합니다. 그런데 지금의 학교 교육은 사고의 깊이를 추구하지 않습니다. 문제 푸는 요령만 중시할 뿐입니다.

저도 아이가 문제집을 풀 때 옆에서 봐준 적이 있습니다. 문제집의 문제들은 아이가 생각을 하고 탐구를 하게 하는 것이 아니라, "메롱~ 요건 못 풀겠지~"라고 이야기하는 듯이 이중 삼중으로 꼬여 있었습니다. 즉, 교육학적 관점에서 봤을 때 학습자를 '실패'하게 만들기 위한 문제들이었습니다. 그러다 보니 저도 아이에게 학문이나 탐구를 가르치는 대신, "이런 문제가 나올 땐 이렇게 푸는 거야", "이런 문제에는 함정이 있어. 그걸 잘 봐야 해"라고 말하며 문제 푸는 요령을 가르치게 되더군요. 그러다가 아이가 "이걸 왜 해?"라고 물으면 답할 말이 하나밖에 없었습니다. "시험에 나올지도 모르니까."

문제집 풀기는 진정한 교육과 거리가 멉니다. 한번은 제 아이가 푸는 문제집에 "과학 기술이 가져온 문제점에 대한 설명으로 다음 중 틀린 것은?"이라는 객관식 문제가 나왔습니다. 아이는 문제를 읽고 고민이 많아졌습니다. '어떤 과학 기술인지에 따라 한쪽에서는 장점인 것이 다른 쪽에서는 단점이 될 수도 있는데… 그리고 시대나 나라에 따라서도 달라질 수 있는데…' 하며 한참을 고민했습니다. 아이는 모든 문제에 대해 누구의 관점인지, 어느 시대의 관점인지를 물었습니다. 사실 이런 질문들은 초등학교 1학년 아이가 하기 어려운 고차원적 질문들입니다. 한편으로는 이런 질문들이 바로 우리 교육에서 그토록 중시하는 비판적 사고력이기도 하지요. 그러나 정작 현실에서 이런 질문들은 실패로 가는 지름길이었습니다. 질문을 하면 문제를 못 풀기 때문입니다. 질문을 하지 않아야 빨리빨리 외우고 풀고 진도를 나갈 수 있기 때문입니다. 아이를 앉혀 놓고 문제집을 풀게 할 때면 저는 참다 참다 결국 화를 내면서 아이에게 이렇게 말해야 했습니다. "생각하지 마! 질문하지 마! 그냥 묻는 말에 답만 해!" 정해진 답이 있고 그 답을 외워야만 하는 교육 시스템에서 깊은 생각과 질문은 방해가 될 뿐이었습니다. 학교 공부를 잘하려면 생각의 싹을 잘라야 했습니다.

하지만 생각해 보세요. 진짜 과학자는 문제집을 풀고 있지 않습니다. 아니, 과학자뿐만이 아닙니다. 이 세상 전문가 중 그 누가 문제집을 풀고 있나요? 생물학자는 무엇을 합니까? 생물에 대한 호기심과 경외를 가지고 연구를 합니다. 물리학자는 무엇을 합니까? 세상을 관찰하며 패턴을 찾아내려 애씁니다. 심리학자는 인간의 특성에 호기심을 가지고 실험을 하고, 철학자는 인간 존재의 의미를 두고 고민합니다. 요리사는 맛있는 음식을 만드는 방법을 연구하고, 작곡가는 아름다운 곡을 쓰기 위해 고심하고, 마케터는 물건을 더 잘 팔기 위해 기획하고 조사합니다. 이 세상 그 누가 문제집을 풀고 있단 말입니까? 학교 교육은 실제로 사람들이 문제를 해결하는 방법, 그리하여 세상이 발전하는 방법과 너무도 동떨어져 있습니다. 기본 지식을 먼저 쌓기 위함이라지만, 문제는 대학교 4년을 졸업할 때까지 전문가가 사고하는 방식으로 교육받을 기회는 한 번도 오지 않는다는 점입니다.

03 대학원 같은 수업은 불가능할까

저는 '진정한 공부를 하는 학교 교육은 어떤 모습일까?'에 대해 고민하게 되었습니다. 도대체 시간 낭비가 아닌 학교 공부는 어떤 모습일까요? 오랜 시간 고민하고 관찰해 보니 가장 이상적인 공부는 대학원 수업에서 이루어지고 있었습니다.

대학원생은 궁극적으로 세상의 문제를 해결하기 위해 공부합니다. 그래서 자신의 관심 분야를 자발적으로 더 깊이 공부합니다. 대학원 수업에서는 기초 지식을 위한 강의를 듣기도 하지만, 주로 책이나 논문을 읽고 토론한 후 비판적 글쓰기를 합니다. 지문을 읽고 객관식 문제를 푸는 방식의 공부는 하지 않습니다. 학습자 자신만의 교육과정을 만들어 개개인의 강점을 살리면서 약점을 보완해 가는 공부, 자기만의 분야를 정립해 가는 공부를 합니다. 교수는 학생이 스스로 설 수 있도록 옆에서 가이드해 줄 뿐, 일방적으로 지식을 강요하지 않습니다. 특히 대학원생은 지식의 생산자가 되기 위한 트레이닝을 받습니다. 초등학교, 중학교, 고등학교, 대학교, 대학원 중 교육학적으로 가장 이상적인 교육을 하는 곳이 대학원이었습니다. 그걸 깨닫고 나니 '초등학교 수업이 좀 더 대학원 수업 같을 수는 없을까?'라는 생각에 이르게 되었습니다.

'초등학생이 대학원생처럼 책임감과 자율성에 기반한 공부를 할 수 있을까? 문제 풀이가 아닌 학문적 공부를 하는 게 과연 가능할까?' 이런 고민을 계속하던 찰나, 저는 연구년을 맞아 미국에 갔습니다. 마침 제가 간 대학은 교육으로 유명한 학군인 페어팩스 카운티Fairfax County에 있었습니다. 초등학교 4학년으로 입학한 첫째 아이가 등교 첫날 학교에서 노트북을 받아 왔습니다. 저는 아이가 노트북으로 뭘 하는지 관심을 갖고 보았습니다. 거의 매일 학습 주제에 대해 스스로 찾아보며 연구한 후, 그 내용을 정리해 구글 프레젠테이션으로 발표 자료를 만드는 활동을 하더군요. 어떤 때는 몇 날 며칠 동안 친구들과 구글 문서로 협력적인 글쓰기를 하기도 했습니다. 또 어떤 날은 컴퓨터로 재산세를 계산하는 과제를 하기도 하고, 이집트의 역사에 대해 연구하거나 마야문명에 대한 기사를 쓰기도 했습니다.

이때 아이가 매일같이 했던 말이 무엇이었는지 아세요? "너무 재밌어", "학교가 너무 좋아!", "내가 하고 싶은 공부를 마음껏 해서 너무 행복해"였습니다. 학교가 끝나는 시간을 제일 싫어했고, 집에 오자마자 빨리 내일이 돼서 학교에 가면 좋겠다고 노래를 불렀습니다. 학교에 안 가는 주말과 방학이 되면 울상을 지었습니다.

이게 바로 제가 생각했던 '대학원 수업 같은 교육'이었습니다. 문제 풀이는 간단한 수학 학습지 외에는 전혀 없었습니다. 책을 읽고, 토론하고, 온라인으로 조사하고, 페이퍼를 쓰는, 사고의 깊이를 추구하는 교육을 이 나라에서는 이미 초등학생 때부터 하고 있었습니다. 레퍼런스를 달고 정보의 신뢰성을 평가하며 논문을 쓰는 훈련을 일찍부터 하고 있었습니다. 그건 지식의 깊이를 추구하는 교육이었고, 문제 푸는 요령을 습득하는 것이 아니라 배움의 기쁨을 경험하는 교육이었습니다. 저는 대학원 수업 같은 교육이 초등학교에서도 가능하다는 사실을 직접 확인했습니다.

흥미로운 것은 그 중심에 블렌디드 러닝blended learning이 있었다는 점입니다. 학생들은 지식을 생산해 내는 도구로 컴퓨터를 사용하고 있었습니다. 전문가가 일하는 방식처럼, 대학원생이 공부하는 방법처럼, 컴퓨터를 도구로 사용하여 의미 있는 학습을 하고 있었습니다. 물론 그곳의 교육과정과 교육문화는 우리와 많이 다릅니다. 교사의 재량이 상당히 크고, 교육과정이 느슨하고, 입시 경쟁이 덜 치열하고, 구성주의적 수업을 훨씬 많이 합니다. 하지만 비슷한 면도 많습니다. 시간표가 있고, 시험이 있고, 학생들을 공부시키는 것이 우선순위이고, 심지어 한 학급의 학생 수가 30명이 넘습니다. 대학원에서도 30명이 넘으면 대학원 같은 수업을 하기가 어려운데, 그곳에서는 그러한 수업이 이루어지고 있었습니다.

TIP

블렌디드 러닝 | 블렌디드 러닝의 정의는 학자에 따라, 시대에 따라, 교육 시스템에 따라 조금씩 다릅니다. 공통적인 요소가 있다면 대면수업과 테크놀로지의 블렌드(혼합)라고 볼 수 있습니다. 하지만 어디까지를 테크놀로지로 볼 수 있는지, 테크놀로지가 어떤 식으로 활용되어야 하는지, 양질의 블렌디드 수업의 모습은 어떠한지에 대해 생각하다 보면 블렌디드 러닝을 단순히 '온라인과 오프라인의 블렌드'만으로 정의하기는 어렵습니다. 블렌디드 러닝의 정의를 바로 확인하시려면 이 책의 75쪽을 참고하세요.

그래서 이 책을 쓰게 되었습니다. 블렌디드 러닝으로 저는 우리 교육의 문제를 어느 정도 해결할 수 있다고 생각합니다. 물론 근본적인 해결책은 안 되겠지만, 당장 조금이라도 더 나은 교육을 할 수 있는 솔루션이라고 생각합니다. 그리고 이러한 경험들이 쌓이면 사회의 인식과 문화가 변화할 것이고, 그러면서 근본적인 문제도 조금씩 해결될 수 있을 것이라 믿습니다.

역사를 되돌아보면 테크놀로지는 계속해서 사회를 바꾸어 왔습니다. 테크놀로지는 사회적 산물인 동시에, 자신을 낳아 준 사회를 바꿉니다. 사회의 법과 규율을 바꾸고, 전통을 바꾸고, 사람들의 생각을 바꿉니다. 테크놀로지는 도시를 흥하게도 망하게도 하고, 기업을 세우기도 무너뜨리기도 합니다. 테크놀로지는 파워를 가지고 있습니다. 그 파워풀한 도구를 이용해 우리 교수자들은 개인 차원에서 학교와 교육을 조금씩 바꾸어 나갈 수 있습니다. 교육과정과 입시를 하루아침에 바꿀 수 없겠지만, 최고의 블렌디드 러닝을 통해 오늘 나의 수업을 바꿀 수는 있습니다.

이 책은 『최고의 원격수업 만들기』의 후속편 격으로 쓰였습니다. 교육학의 기본 원리는 『최고의 원격수업 만들기』에서 충분히 설명했으므로 이 책에서는 생략했습니다. 또한 블렌디드 러닝은 학교라는 환경에서 이루어지는 수업 형태이기 때문에, 어느 정도 교육학적 배경지식을 가진 분들이 이 책을 읽을 것이라 생각하고 집필했습니다. 따라서 교육학을 처음 접하시는 분들은 어렵게 느낄 수도 있습니다. 그래도 최대한 쉽게 설명하기 위해 노력했습니다.

블렌디드 러닝에 대한 책은 이미 시중에 많이 나와 있습니다. 다른 책과 달리 이 책은 구체적인 테크닉에 중점을 두지 않았습니다. 테크닉에 대한 소개는 저 말고도 잘해 줄 수 있는 분들이 많습니다. 『최고의 원격수업 만들기』에서와 마찬가지로 이 책은 방향성에 더욱 집중했습니다. 방향에 대한 고민 없이 테크닉에만 집중하다 보면, 오히려 현재의 잘못된 교육을 강화하는 방향으로 흘러갈 수 있기 때문입니다. 테크닉이 기차라면 이 책은 기찻길입니다. 기차는 기술의 발전과 함께 계속 변하지만, 기찻길의 방향은 변하지 않습니다.

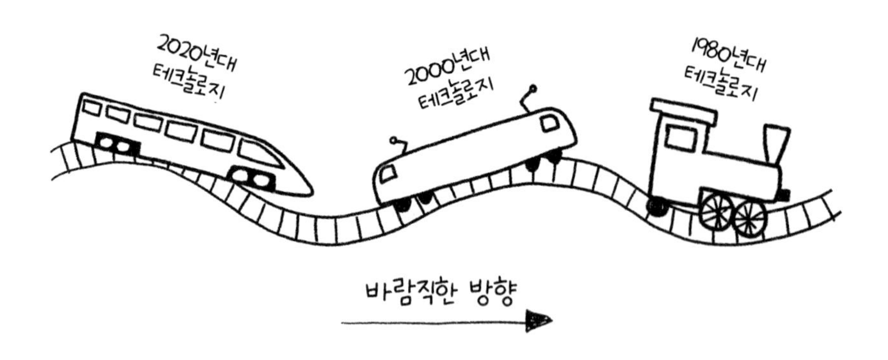

이 책은 블렌디드 러닝의 방향성을 제시하는 책입니다. 저는 독자들이 이 책을 통해 자신의 티칭을 돌아보고, 더 나은 교육에 대한 목마름과 통찰력을 갖게 되기를 원합니다. 그래서 궁극적으로는 이 책을 읽으시는 독자 한 분, 한 분이 우리 교육의 체인지 메이커로 살아가게 되기를 바랍니다.

04 코로나가 드러낸 우리 교육의 문제점

코로나 시기가 장기화되고 비대면수업이 지속되면서, 기존의 원격수업을 개선하기 위해 국가와 시·도 차원, 학교 차원, 교수자 개인 차원에서 많은 노력을 해 왔습니다. 그럼에도 불구하고 길 가는 아무 학생이나 붙잡고 원격수업의 내용이 어떻게 바뀌었는지, 처음에 비해 나아진 점이 있는지 물어보면 99.9%가 변한 게 없다고 답할 것입니다. 학생과의 상호작용 없이 교수자 혼자 설명하는 인강('인터넷 강의'의 줄임 말) 방식의 수업이 바뀌지 않았기 때문입니다. 학생도 교수자도 만족하지 못하는 지루한 주입식 강의가 계속되었기 때문입니다.

그렇다면 이러한 교수법을 바꾸는 것이 대안이 되어야 할 텐데, 교수자도 학교도 국가도 모두 '콘텐츠 부족'이 문제의 원인이라 외쳤습니다. 코로나로 인해 우리나라의 빈약한 교육 콘텐츠가 드러났다며 하루빨리 더 좋은 콘텐츠를 더 많이 개발해야 한다는 말이었지요.

하지만 생각해 봅시다. 정말로 '콘텐츠 부족'이 문제의 원인인가요? 콘텐츠는 대체 어느 정도로 많아야 충분하다고 볼 수 있을까요? 전 세계에서 제작된 수많은 콘텐츠를 가지고 있는 넷플릭스Netflix도 콘텐츠 부족이라고 비판받고, 전 세계인들이 기여하는 유튜브YouTube를 두고서도 교육에 사용할 만한 콘텐츠가 부족하다고 한다면, 콘텐츠가 충분한 상태라는 게 가능하긴 한 걸까요? 콘텐츠가 부족하다는 말이 진정으로 내포하고 있는 의미는 무엇일까요?

사실 콘텐츠가 부족하다는 말은 가르쳐야 할 지식을 모아 놓은, 마치 교과서같이 완전히 준비된 미디어가 부족하다는 뜻입니다. 그런 측면에서 보면 콘텐츠 부족을 외치는 현 상황은 우리의 교육과정이 '역량 중심'이 아닌 '지식 암기 중심'임을 적나라하게 보여 준다고 할 수 있습니다. 정말로 역량을 중요시한다면, 역량을 길러 주는 과정과 경험을 콘텐츠만큼이나 중시해야 합니다. 하지만 우리 교육은 과정과 경험에 대한 모델을 개발하기보다 콘텐츠 개발에 더 큰 비용을 투자해 왔습니다. 그리고 앞으로도 더 투자해야 한다고 합니다. 지식은 무한하며 시간이 지남에 따라 끊임없이 변화하고 새로이 축적되기 때문에, 교육에 있어서 콘텐츠가 풍부한 상태란 아무리 많은 콘텐츠를 만든다 해도 달성하기 힘들 것입니다.

이전부터 우리 교육의 우선순위는 창의성이나 비판적 사고가 아니라 암기식·주입식 교육이었습니다. 수십 년간 교육과정 개정을 비롯한 다양한 노력을 통해 학습자의 역량을 강조해 왔지만, 사실 그것은 말뿐이었고 현실은 여전히 내용 암기 위주였던 것입니다. 코로나로 인한 전면적인 원격수업은 우리 수업에 '테크놀로지'와 '인프라'라는 허들을 놓으면서 그것을 더 명확하게 드러냈을 뿐입니다.

우리의 교육은 도대체 무엇이 어디서부터 문제였던 걸까요?

05 자기주도 학습의 실상

아래는 코로나 시기에 아이의 학교에서 받았던 가정통신문의 일부입니다.

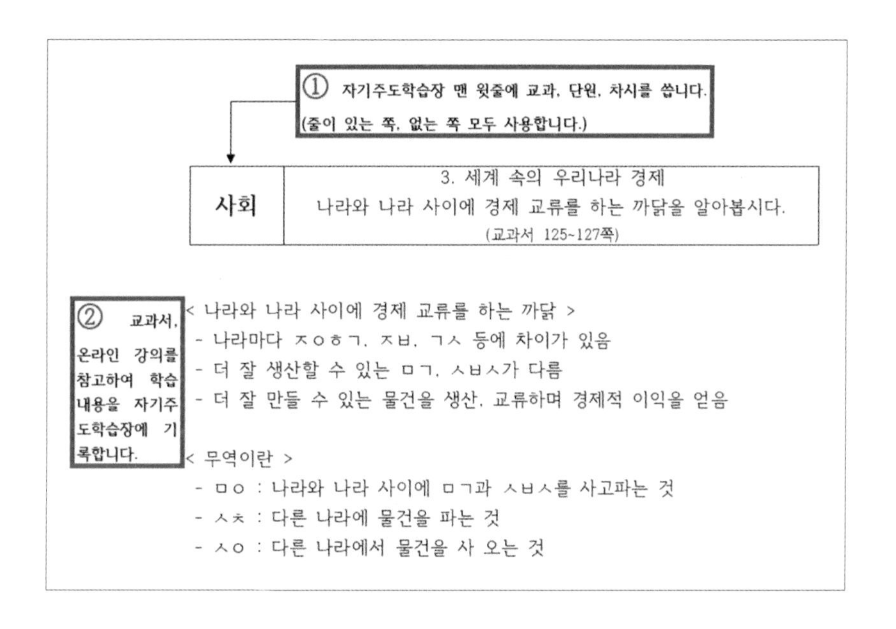
① 자기주도학습장 맨 윗줄에 교과, 단원, 차시를 씁니다.
(줄이 있는 쪽, 없는 쪽 모두 사용합니다.)

사회	3. 세계 속의 우리나라 경제 나라와 나라 사이에 경제 교류를 하는 까닭을 알아봅시다. (교과서 125~127쪽)

② 교과서, 온라인 강의를 참고하여 학습 내용을 자기주도학습장에 기록합니다.

< 나라와 나라 사이에 경제 교류를 하는 까닭 >
- 나라마다 ㅈㅇㅎㄱ, ㅈㅂ, ㄱㅅ 등에 차이가 있음
- 더 잘 생산할 수 있는 ㅁㄱ, ㅅㅂㅅ가 다름
- 더 잘 만들 수 있는 물건을 생산, 교류하며 경제적 이익을 얻음

< 무역이란 >
- ㅁㅇ : 나라와 나라 사이에 ㅁㄱ과 ㅅㅂㅅ를 사고파는 것
- ㅅㅊ : 다른 나라에 물건을 파는 것
- ㅅㅇ : 다른 나라에서 물건을 사 오는 것

빨간색으로 표시한 부분을 보면, 자기주도 학습장을 사용하여 온라인 강의 내용을 필기하는 방법을 안내하고 있습니다. 자기주도 학습장이란 초등학교에서 스스로 공부하는 습관을 형성할 목적으로 학생들에게 나누어 주는 공책인데, 위의 가정통신문처럼 주로 선생님의 설명을 필기하는 용도로 사용됩니다. 저는 자기주도 학습장이 정말 자기주도적 학습에 도

움이 되는지, 더 근본적으로는 우리가 흔히 말하는 '자기주도 학습'이 진정으로 자기주도적인지 따져 볼 필요가 있다고 생각합니다.

자기주도 학습self-directed learning의 제창자인 맬컴 놀스Malcolm Knowles는 자기주도 학습에 대해 "학습자가 다른 사람의 도움을 받지 않고 자발적으로 하는 학습으로, 스스로 자신의 학습 필요를 진단하고, 학습 목표를 세우고, 학습에 필요한 자원을 조달하고, 학습 전략을 적용하고, 학습 결과를 평가하는 것"(Knowles, 1975)이라고 설명하였습니다. 자기주도 학습은 원래 성인 교육 혹은 평생 교육의 맥락에서 나온 개념입니다. 학교 교육과 달리 성인 교육이나 평생 교육에서는 학습자가 성인입니다. 이들은 자기 삶에 대한 결정권authentic control을 가지고 있습니다. 또한 의무가 아닌 스스로의 욕구와 필요에 의해 학습을 선택합니다. 이러한 배경을 고려할 때, 자기주도 학습의 전제 조건은 자신의 삶에 대한 통제와 내재적 동기라 할 수 있습니다(Brookfield, 2009). 여기서 내재적 동기▶▶p.223란 학습자 자신의 흥미와 호기심에서 비롯된 동기를 의미합니다. 즉, 진정한 의미의 자기주도 학습은 궁금하고 재미있고 더 알고 싶어서 스스로 배우고 탐구하는 것을 의미합니다. 상식적으로 생각해도 이것이 자기주도 학습이지 않을까요?

그런데 코로나는 우리 교육에서 얘기하는 자기주도 학습의 실상을 보여 주었습니다. 수업이 인강으로 이루어지면서 이전보다 자기주도 학습이 강조되었습니다. 하지만 알고 보니 그 자기주도 학습이란 '누가 잔소리하고 들볶지 않아도 학생 스스로 알아서 필기하고 문제 푸는 것'을 의미했습니다. 이는 진정한 의미의 자기주도 학습이 아닙니다. 자기주도 학습은 시키는 대로 열심히 하는 것이 아닙니다. 우리나라 교육에서 자기주도적 학습자를 그렇게 외쳐 대는데, 저는 '우리 사회가 정말로 자기주도적 학습자를 원하는 걸까?' 하는 의문을 갖곤 합니다. 자기주도적으로 문제집을 풀고 자기주도적으로 인강을 들으며 필기하는 학습자를 자기주도적 학습자라고 칭하는 것을 보면, 이 모든 것이 거대한 음모론처럼 느껴질 때도 있습니다. 우리 사회는 자기주도적으로 시스템에 순종하는 사람을 키워내고 그런 사람을 자기주도적 학습자라고 찬양함으로써 다른 사람들도 그렇게 되기를 압박합니다.

이러한 이유로 학계에서는 자기주도 학습이라는 개념을 둘러싸고 많은 논란이 있었습니다. 자기주도 학습은 그 정의도 모호할 뿐 아니라, 기득권이 사람들을 통제하려는 목적으로 활용되는 경우가 많다는 것입니다(Usher, 1993). 단적인 예를 들어 노예에게 시키는 일을 잘하면 보상을 주겠다고 하고, 그 결과로 노예가 스스로 열심히 일을 배운다고 합시다. 우리는 그 노예가 자기주도적으로 일한다고 볼 수 있을까요? 시키는 일을 열심히 하는 것은 진정한 자기주도 학습이 아닙니다. 자기주도 학습은 학습자를 임파워하지(Collins, 1988), 순종시키지 않습니다.

필기는 그저 수백 가지 학습 전략 중 하나일 뿐입니다. 자기주도 학습장에는 필기만으로 채워져 있으면 안 됩니다. 필기가 나쁘다는 것이 아닙니다. 선생님의 말을 처음부터 끝까지 받아쓴 글자들이 아니라, 정말로 궁금하거나 자신에게 도움이 되는 내용으로 채워야 한다는 뜻입니다. 꼭 기억하고 싶은 메모, 목표를 성취하고자 할 때 필요한 지식이나 노하우, 나에게 의미 있는 설명 등을 기록해야 합니다. 나아가 진정한 자기주도 학습장은 자신만의 창의적인 아이디어, 풀리지 않는 궁금증, 깊은 고민, 브레인스토밍한 내용, 디자인 초안, 연구 계획, 책을 읽다가 알게 된 신기한 지식들, 마인드맵, 이상과 꿈, 그리고 더 나은 사회를 만들기 위한 생각들로 채워져 있어야 합니다.

06 잠재적 교육과정

저는 두 아이의 부모로서, 다른 부모와 아이들을 만날 기회가 많습니다. 소아과 대기실에 앉아 기다리면서, 놀이터에서 노는 아이를 지켜보면서, 학원에 데려다주면서, 학부모 모임에 참여하면서 여러 부모와 아이들을 마주칩니다. 저는 인간을 연구하는 교육학 전공자이기 때문에, 그렇게 다른 부모나 아이들을 만나면 저도 모르게 그들을 관찰하게 됩니다. 부모가 사용하는 단어, 아이의 사회성, 부모와 아이의 상호작용, 부모가 사용하는 보상이나 벌, 아이의 문장력과 어휘력 등에 주목하게 되지요. 당연하겠지만 모든 아이가 다르고, 모든 가정의 상호작용이 독특합니다.

그런데 매우 안타까울 때가 있습니다. 부모가 의도치 않게 아이에게 부정적인 메시지를 줄 때입니다. 예를 들면 이런 부모를 종종 봅니다. 놀이터에서 놀고 있는데 엄마가 아이를 따라다니면서 "조심해"를 연발합니다. 아이가 뛰기만 해도 조심하라고 외치고, 그네를 타려고 앉아도 조심하라고 외칩니다. 아이가 하는 모든 행동에 "조심해"라고 말합니다. 아이를 걱정하는 마음은 이해가 되지만, 끊임없이 "조심해"라는 말을 들으며 아이가 학습하게 되는 것은 무엇일까요? '세상은 안전하지 않은 곳이고, 나는 스스로 뭔가를 해서는 안 되는 나약한 존재이며, 우리 엄마 역시 세상을 두려워하니까 내가 신뢰할 수 없는 사람이구나'입니다. 여기서 주목할 점은 아이의 부모가 "세상은 안전하지 않은 곳이야"라고 직접 말한 적이 없다는 것입니다. 그저 조심하라고만 했을 뿐이지요. 그런데 아이는 부모가 하는 말 뒤에 숨겨져 있는 세계관, 삶을 대하는 태도, 자기 자신을 바라보는 관점 등을 학습하게 됩니다. 아이는 부모에게서만 간접적인 메시지를 학습하는 것이 아닙니다. 선생님에게서도 그러합니다.

학교든 학원이든 기업이든 명시적으로 드러내는 교육과정이 있습니다. 예를 들면 학교에서는 수학, 과학, 국어 등의 교육과정이 있고, 기업에서는 직무 관련 교육과정이 있습니다. 이를 명시적 교육과정이라고 합니다. 명시적 교육과정은 공식적인 교육과정입니다. 그런데 이렇게 겉으로 드러나는 교육과정의 이면에, 드러나지 않는 교육과정이 있습니다. 그것을 잠재적 교육과정 혹은 숨겨진 교육과정hidden curriculum이라고 부릅니다.

잠재적 교육과정은 교육에서 말로 표현되지 않는 숨은 메시지입니다. 잠재적 교육과정은 명시적인 문서가 아닌 책상의 배열에, 공간의 인테리어 디자인에, 교수자의 말투에, 동료와의 상호작용에 내재되어 있습니다. 그리고 학습자는 이 잠재적 교육과정을 통해 가치관, 태도, 세계관 등을 학습합니다. '성실해야 한다, 책임감이 있어야 한다, 협력해야 한다, 규율을 잘 따라야 한다, 자기 조절을 할 줄 알아야 한다'와 같은 관점과 태도가 숨겨진 방법으로 전해지게 되는 것이지요.

잠재적 교육과정은 은근하게 학생들에게 많은 영향을 미칩니다. 그래서 명시적 교육과정에 따라 창의성을 향상하기 위한 활동을 하더라도, 교수자의 태도나 수업 형태, 과제, 평가 방법 등이 창의성을 억압하는 방식이라면 학습자들은 창의성을 학습하지 못합니다. 단원 학습 목표가 "시를 감상할 수 있다"인 국어 수업을 예로 들어 보겠습니다. 학습 목표가 명시되어 있지요. 하지만 수업 시간에 시를 깊이 감상하는 경험을 제공하는 대신 시어의 의미만 주입식으로 교육한다면, 학습자가 실제로 배우게 되는 것은 무엇일까요? 시를 해석하는 방법이나 시를 감상하는 즐거움이 아니라 '시는 재미없다, 나의 해석은 틀렸다, 시를 내 마음대로 감상해서는 안 된다'는 것을 배웁니다. 마찬가지로 창의성을 기르는 교육의 중요성을 수없이 강조한다 해도, 실제 수업 현장에서 창의적 활동을 시간 낭비나 진도에 방해되는 요소로 여긴다면 학습자들은 창의성이 중요하지 않다는 메시지를 내면화하게 됩니다.

송편에 비유를 하자면 :

당신은 송편 속에 무엇을 넣었는가?

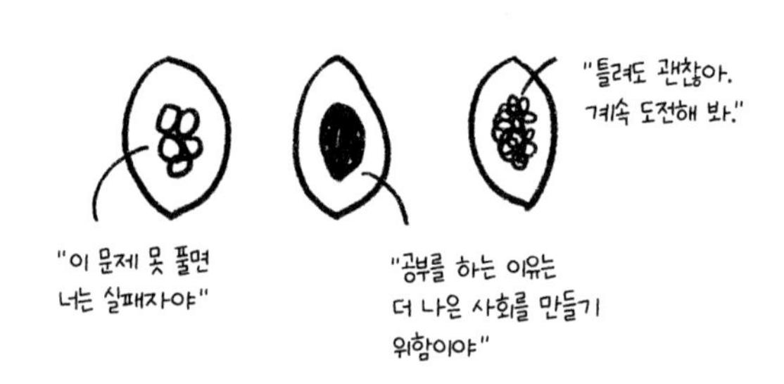

저는 수업을 계획할 때 수업의 모든 요소를 하나하나 점검합니다. 이 활동을 통해 학생들에게 무언으로 전달되는 메시지가 무엇일지를 생각합니다. 그래서 저는 대학 강의를 혼자만 계속 말하는 방식으로 기획하지 않습니다. 저 혼자 계속 말하는 수업은 은연중에 학생들에게 이런 메시지를 전달할 수 있기 때문입니다. "우리의 관계에서 너희는 말을 하면 안 돼. 내가 하는 말이 진리이고, 너희가 하는 말은 소음이야. 너희의 생각은 중요하지 않아. 비판적 사고는 하지 마. 순종적, 무비판적 사고가 성공의 열쇠야." 그런 수업에서 제가 비판적 사고의 중요성을 공들여 설명한들 무슨 의미가 있겠습니까? 한정된 수업 시간 내에 모든 학생의 의견과 질문을 들어 보기는 어렵겠지만, 언제든 질문하고 의견을 낼 수 있는 환경을 만들어 주는 것은 수업 내용 이상의 중요한 메시지가 있습니다. 그래서 저는 제 수업에서 질문을 많이 던집니다. 형식적인 질문이 아니라, 학습자들이 정말로 고민해서 대답해야 하는 질문들을 던집니다. 비판적 사고를 할 기회도 매번 주고, 협력적 학습을 할 시간도 단 5분이라도 마련합니다. 자기주도적 학습이 중요하다고 생각하기 때문에 제가 모든 것을 다 설명하지 않습니다. 학생들이 스스로 연구하고 토론해서 저를 가르치게 합니다.

우리가 가지고 있는 가치관, 태도, 세계관은 상당 부분 잠재적 교육과정을 통해 드러납니다. 여러분의 진심은 무엇입니까? 학생들이 비판적 사고력을 갖게 되기를 마음으로 원하나요? 학생들이 창의적이기를 진정으로 원하나요? 학생들이 다양성을 존중하기를 정말로 원하나요? 그렇다면 말로만 외치지 말고, 여러분의 행동과 태도에서도 그것이 드러나야 합니다. 그것은 바로 교육 방법을 통해서입니다.

워크숍

다음의 상황이 전달하고 있는 숨은 메시지가 무엇인지 생각해 보시기 바랍니다. 긍정적인 메시지와 부정적인 메시지 모두 생각해 보세요.

- 수업 시간마다 "조용히 해. 숨소리도 내지 마"라고 얘기하는 선생님

- 매번 수업을 늦게 끝내는 교수님

- "이렇게 놀고 있을 시간이 어디 있니? 공부 못하면 대학 못 간다!" 라고 말하는 부모님

07 21세기형 인재를 '안' 길러 내는 법

아래는 저희 아이가 풀던 문제집의 문제를 살짝 변형한 것입니다. 여러분도 한번 풀어 보시겠어요? 참고로 저희 아이는 다 틀렸습니다.

12 **다음은 제안하는 글을 쓰는 과정입니다. 빈칸에 들어갈 알맞은 말을 쓰시오. [5점]**

[㉠] 확인하기 → 제안하는 내용 정하기 → [㉡] 파악하기 → 제안하는 글 쓰기

13 **다음은 제안하는 글을 쓰면 좋은 점에 대한 설명입니다. 빈칸에 들어갈 알맞은 말을 쓰시오. [5점]**

- 문제 상황과 [　　　]을 알릴 수 있다.
- 더 좋은 쪽으로 일을 해결할 수 있다.

이 문제들은 초등학교 4학년 국어 과목에 나오는 '제안하는 글쓰기' 단원의 평가 문제입니다. 그런데 박사학위를 가진 저도 빈칸에 들어갈 말을 도무지 모르겠습니다. 제안하는 글쓰기를 업으로 삼는 사람도 아마 풀지 못할 것입니다. 여러분은 답을 알겠나요? 제안하는 글을 쓰는 과정에 대한 교과서 설명을 달달 외우고 있지 않으면 풀 수가 없는 문제입니다.

그보다 중요한 사실은 이 문제들이 '제안하는 글'을 쓰는 방법만 가르쳐 줄 뿐, 실제로 고민하고 써 보게 하지 않는다는 점입니다. 물론 학교에서 학습지를 주고 제안하는 글을 쓰게 하겠지요. 교사가 '아파트의 좁은 주차장 문제', '놀이터의 기물 파손 문제', '학생들이 학교 복도에서 뛰어

다니는 문제' 등의 주제를 정해 주고, 그에 맞게 제안하는 글을 쓰라고 할 것입니다. 그렇다 해도 제안하는 글에 대해 깊이 고민하는 시간을 주기보다, 주어진 공식대로 두세 문단 정도를 쓰게 하는 데서 그치는 경우가 많습니다. 안 하는 것보다야 낫지만 가장 좋은 방법은 아닙니다. 제안하는 글쓰기 단원에 할애할 수 있는 시간이 2시간이라면 그 2시간 동안 무엇을 해야 우리가 원하는 인재를 길러 낼 수 있을까요? 제안하는 글을 쓰는 방법을 외우고 빈칸을 채워 넣는 것이 우리가 원하는 21세기형 인재를 길러 내는 방법이 아님은 확실합니다.

다른 예를 볼까요? 초등학교 국어과 교육과정에는 '만화 영화나 영화를 감상하는 방법'에 대한 성취기준과 학습 활동이 나옵니다.

2015 개정 교육과정에 따른 초등학교 4학년 2학기 국어과 단원지도계획

❑ 국어 4-2

단원명[1]	성취기준[2]	단원 학습 목표[3]	차시[4]	차시명(주제명) 또는 차시 학습 목표[5]	주요 학습 내용 또는 활동[6]	교과서 쪽수[7]	
						국어	국어활동
1. 이어질 장면을 생각해요	문학[4국05-03] 이야기의 흐름을 파악하여 이어질 내용을 상상하고 표현한다. 듣기·말하기[4국01-04] 적절한 표정, 몸짓, 말투로 말한다. 문학[4국05-05] 재미나 감동을 느끼며 작품을 즐겨 감상하는 태도를 지닌다.	만화 영화나 영화를 감상하고 이어질 내용을 상상할 수 있다.	1~2/10	만화 영화나 영화를 본 경험을 말할 수 있다.	• 단원 도입 • 만화 영화나 영화를 본 경험 말하기 • 단원 학습 계획하기	36~41쪽	
			3~4/10	영화를 감상하는 방법을 안다.	• 영화를 감상하는 방법 알기	42~47쪽	
			5~6/10	만화 영화를 감상할 수 있다.	• 만화 영화 감상하기	48~51쪽	6~7쪽
			7~8/10	만화 영화를 감상하고 사건을 생각하며 이어질 내용을 쓸 수 있다.	• 만화 영화를 감상하고 사건을 생각하며 이어질 내용 쓰기	52~55쪽	8~10쪽
			9~10/10	만화 영화를 감상하고 이어질 내용을 역할극으로 나타낼 수 있다.	• 만화 영화를 감상하고 이어질 내용을 역할극으로 나타내기 • 단원 정리	56~59쪽	

단원별로 학습 목표와 내용을 계획한다는 취지는 좋습니다. 그런데 이걸 지식처럼 외우게 한다는 점이 문제입니다. 앞의 '제안하는 글쓰기'와 마찬가지로, 아이들은 이 단원을 학습하기 위해 만화나 영화를 감상하는 방법을 외우고 빈칸을 채우고 객관식 문제를 풉니다. 그 문제조차 오류가 있습니다. 감상하는 방법의 다양성을 인정하지 않고 정답과 오답을 나누는 것입니다. 다음 문제들을 읽고 답을 맞혀 보세요.

19 영화를 감상하는 방법으로 알맞지 않은 것은 어느 것입니까? [4점]	**20** 영화를 감상하는 방법으로 알맞지 않은 것은 어느 것입니까? [4점]
① 느낀 점을 글로 쓴다. ② 인상 깊은 대사를 생각한다. ③ 실제로 일어난 일인지 알아본다. ④ 제목을 보고 내용을 미리 상상한다. ⑤ 광고지를 보고 내용을 짐작하여 본다.	① 인상 깊은 장면을 생각한다. ② 등장인물이 몇 명인지 세 본다. ③ 일이 일어난 차례를 생각한다. ④ 영화를 보고 느낀 점을 글로 쓴다. ⑤ 등장인물의 마음을 생각하며 감상한다.

'정답'은 각각 ③번, ②번입니다. 하지만 이 선택지들을 '알맞지 않은 감상 방법'이라고 단언할 수 있을까요? 실제로 일어난 일인지를 알아보는 것, 등장인물의 수를 파악하는 것 모두 영화를 감상하는 방법 중 하나일 수 있습니다.

게다가 감상하는 방법을 배우면서도 정작 감상을 하지는 않습니다. 학생들이 만화나 영화를 감상하면서 학습하려면 긴 시간이 필요합니다. 그런데 교육과정에서는 그만한 시간을 주지 않습니다. 거기에 평가까지 해야 합니다. 그러다 보니 암기 위주의 교육이 되어 버리는 것입니다. 무비판적이고 창의적이지 않은 태도가 상을 받게 되는 교육과정입니다.

중학교, 고등학교도 다르지 않습니다. 중학교 국어 교과서를 보면 현대시조에 대해 배우는 단원이 있습니다. 제시된 시조에는 "소나무", "뿌리", "흰 눈"이라는 단어가 나옵니다. 교사는 이 시조를 가르치면서 소나무가 충직을, 뿌리가 곧은 절개를, 흰 눈이 시련을 상징한다고 불러 줍니다. 학생들이 시어의 의미와 표현의 아름다움에 대해 생각해 보기도 전에 말입니다. 학생들은 그저 선생님의 설명을 받아 적고 외울 뿐입니다.

하지만 시라는 것이 무엇입니까? 시에는 다양한 관점의 해석이 있을 수 있고, 여러 겹의 해석이 존재할 수 있습니다. 현대시라면 더욱 그러하지요. 우리가 수업에서 시에 대해 배우는 이유는, 시를 해석해 보는 연습을 하고, 시를 감상할 줄 알고, 궁극적으로는 시를 쓸 수 있기 위해서입니다. 시에 사용된 단어 하나하나가 무엇을 의미하는지 우리가 정확히 알 수 있을까요? 시에 정답과 오답이 있다고 가르치는 그 자체가 얼마나 무서운 발상입니까? 시를 다양한 관점에서 해석해 보는 연습, 언어의 뉘앙스를 느껴 보고 시의 의미에 대해 고민하는 경험, 짧은 글 안에 주제와 정서를 함축시키는 표현적 예술로서의 시 감상과 쓰기는 다 어디로 간 것일까요? 어쩌다 보니 국어 과목으로만 예를 들었습니다만, 사회, 과학, 음악, 체육 모두 비슷한 문제를 갖고 있습니다.

재료의 종류와 요리법을 완벽하게 외우는 것만으로 훌륭한 요리를 만드는 요리사가 될 수는 없습니다. 그런데 우리의 교육은 훌륭한 요리사를 키워 내고 싶다면서 요리 지식만 외우게 하고 있습니다. 물론 요리사에게는 재료도 중요하고 요리법도 중요합니다. 하지만 훌륭한 요리를 만들기 위해서는 훌륭한 요리를 상상할 수도 있어야 하고, 다양한 재료에 대한 깊이 있는 지식도 있어야 하며, 다른 사람의 요리를 따라 만들어 보면서 실패하거나 성공하는 경험도 있어야 하고, 새로운 요리를 창조해 보는 시도도 있어야 합니다. 수업에서 어떻게 그런 경험을 만들어 줄 수 있을까요?

워크숍

21세기형 인재를 길러 내는 법에 대해서는 독자 여러분도 충분히 들어 왔을 것이라고 생각합니다. 그러다 보니 더 이상 새롭게 느껴지지 않고, 메시지에 자꾸 둔감해지는 듯합니다. 그래서 조금 신선하게 접근하기 위해 어떻게 하면 21세기형 인재를 '안' 길러 낼 수 있는지를 생각해 보았습니다.

아래 목록은 여러 문헌에서 21세기형 인재를 길러 내는 법을 찾아서 그 반대로 써 본 것입니다. 이 중에서 혹시 여러분이 하고 있는 것은 없는지 점검해 보시기 바랍니다. 그리고 여러분이 생각하는 21세기형 인재를 '안' 길러 내는 방법이 있다면 추가해 보시기 바랍니다.

21세기형 인재를 '안' 길러 내는 법

- 학습자에게 그의 생각을 절대 묻지 말 것. 자기 생각이 생기면 비판적 사고력을 갖게 될 위험이 있음.
- 비판적 사고를 하지 못하도록 객관식 문제로 평가할 것.
- 창의적 활동을 할 시간이 없도록 교육과정을 빡빡하게 짤 것. 시간은 짧게 주고 외울 내용은 많게 하여 다른 생각을 하지 못하도록 싹을 자를 것.
- 시키는 대로 잘하는 사람만 상을 줄 것. 자기 의견을 제시하는 사람에게는 벌을 줄 것.
- 무슨 일이 있어도 질문을 받지 말 것.
- 새로운 시도를 했다가 실패할 경우 처참한 결과를 맛보게 할 것.
- 모든 학생을 똑같은 잣대로 평가할 것. 공정한 평가를 위해 다른 모든 것을 희생시킬 것.
- 온책 읽기를 못 하게 할 것. 국어 교과서만 보게 할 것.
- 국어 교과서에 나오는 내용을 교사가 가르쳐 주는 대로만 받아 적게 할 것.
- 시를 읽을 때 교사가 해석해 주는 대로만 받아들이게 할 것. 자의적으로 해석하면 큰일 나는 것처럼 해야 시인이 될 꿈도 못 꾸게 할 수 있음.
- 글쓰기 교육을 흉내만 낼 것. 진짜로 고민하며 써야 하는 깊은 글쓰기를 하면 비판적 사고력이 길러질 위험이 있음.
- 주지 과목은 암기하게 하고, 예체능 과목은 무시할 것.
- 연산과 단어 외우기에 목숨 걸게 할 것.

- 계산기를 잘 쓰게 되면 복잡한 문제를 풀 가능성이 있으니 계산기를 못 쓰게 할 것.
- 어려운 문제를 풀이해 내더라도 연산에서 실수를 하면 0점을 줄 것.
- 모든 에너지를 문제 푸는 요령에 집중하도록 하여 정말 중요한 것을 학습하지 못하게 할 것.
- 문제와 답을 외울 때까지 반복 학습시킬 것.
- 교수자는 모든 지식을 갖고 있으며 절대 틀릴 수 없는 존재인 것처럼 행동할 것.
- 억지로 인강을 보느라 인생을 낭비하게 할 것.
- 혹시라도 학습자가 인권 문제에 관심을 가지면 경계할 것.
- 학습자가 질문을 하면 진도를 못 나간다고 타박을 주어 다시는 질문하지 못하게 만들 것.
- 지식을 달달 외우게만 할 것. 자신의 지식을 만들어 낼 틈을 주면 안 됨.
- 학습자들끼리 서로 협력하지 못하도록 비교하고 경쟁시킬 것.
- 의사소통 능력을 키우지 못하도록 말을 못 하게 할 것 .
- 의미 없는 문제 풀이만 시켜서 실제 세계의 문제에 관심을 갖지 못하게 할 것.
- 공부를 지긋지긋하게 만들어서 학교를 졸업하는 즉시 다시는 책을 보고 싶지 않게 만들 것.
- 자기주도적으로 학습하지 못하도록 교사주도적으로만 계속 수업할 것.
- 공부가 인생의 전부인 것처럼 얘기할 것.
- 일류 대학에 가는 것만이 공부의 목적인 것처럼 세뇌할 것.
- 시험을 못 보면 삶을 비참하게 만들어 줄 것.
- ....
- ....
- ....
- ....

08 와이파이가 공기가 되어 버린 시대

최근 우리나라는 1인 크리에이터를 양성해야 한다며 여러 대학에 전공을 만들고, 청년들의 재교육을 지원하고, 국가에서 프로그램을 만들어 배포하고 있습니다. 그런데 다른 한편에서는 크리에이터 활동을 하는 청소년들에게 '인터넷 중독'이라는 낙인을 찍고, 이들을 마치 병에 걸린 환자처럼 취급하고 있습니다. 창의적 콘텐츠 개발이 국가의 미래 경쟁력이라고 하면서, 청소년들이 창의적 콘텐츠를 개발할 기회는 박탈해 버립니다. 그래서 많은 청소년들이 유튜버 활동을 하다가 가족 내 갈등과 학업의 압력 때문에 결국 접고 있습니다. 국가는 전국적으로 인터넷 중독검사를 실시함으로써 국민과 청소년에게 이러한 메시지를 보냅니다. "청소년의 인터넷 사용은 시간 낭비이며, 지나친 몰입은 병이다", "인터넷 하지 말고 공부해라. 공부 외의 활동은 다 쓸데없는 일이다."

인터넷 중독검사에는 큰 맹점이 있습니다. 1990년대에 만들어진 검사라는 점입니다. 당시에는 일반 이용자가 인터넷으로 할 수 있는 일이 별로 없었습니다. 웹브라우징, 채팅, 문서 작업, 지뢰찾기 게임 정도였지요. 하지만 지금은 어떤가요? 저의 하루를 예로 들어 볼까요? 아침에 일어나면 침대에서 나오기도 전에 스마트폰으로 카카오톡과 날씨예보를 확인합니다. 출근할 때는 온라인 지도로 대중교통이 빠른지, 자가용이 빠른지 찾아봅니다. 자가용으로 출근하면 GPS를 켜 놓고 더 빠른 길로 갑니다.

그리고 학교에 도착하자마자 이메일과 온라인 스케줄러를 확인합니다. 강의 중에는 클라우드에 저장해 둔 파워포인트를 사용하고, 학생들과 유튜브 비디오를 시청합니다. 점심때는 카카오톡으로 함께 식사할 사람을 찾고요. 오후에는 구글 문서와 구글 논문 데이터베이스를 활용해 논문을 씁니다. 집에 올 때는 애플 뮤직의 스트리밍 서비스로 음악을 듣습니다. 재택근무 때는 더 많은 시간을 디지털 공간에서 보냅니다. 인터넷은 더 이상 생활과 구분되는 특정한 활동이 아닙니다. 우리의 생활 그 자체입니다. 심지어 저희 집 에어컨과 세탁기도 인터넷에 연결되어 있습니다.

이제 인터넷은 우리의 생활이 되었고, 와이파이는 우리를 둘러싼 공기 같은 존재가 되었으며, 스마트 기기와 컴퓨터는 우리 몸의 일부분처럼 여겨지게 되었습니다. 우리는 잠시도 인터넷과 떨어진 생활을 하기 어려운 시대에 살고 있습니다. 그야말로 인터넷 없이는 아무것도 할 수 없는 시대입니다. 이런 시대에 인터넷 중독검사가 무슨 의미가 있을까요? 시대가 변하고 있는데 우리의 관점과 정책이 따라가질 못하고 있습니다.

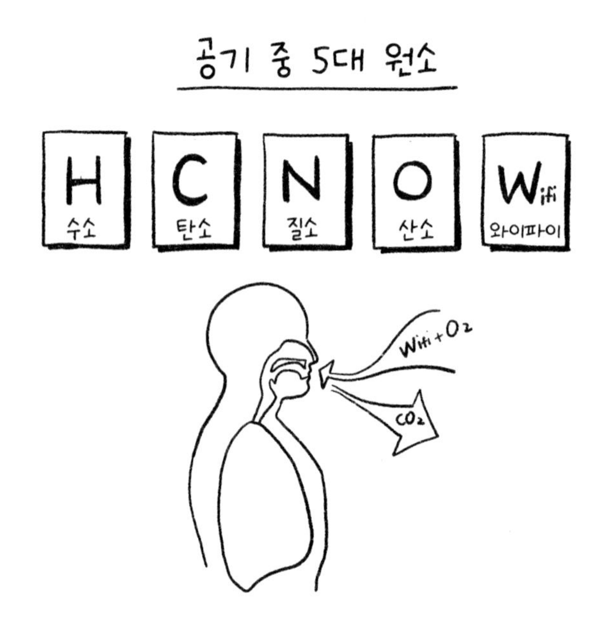

이런 시대의 블렌디드 교육 역시 PC나 인터넷 등의 테크놀로지가 막 보급되기 시작하던 때와는 달라져야 합니다. 우리 삶에서 테크놀로지는 더 이상 보조적인 '장식'이 아니라, 필수적인 도구입니다. 마치 대중교통처럼 말입니다. 자동차가 처음 개발되었을 때는 특별한 사람들이 특별한 경우에만 이용했습니다. 자동차를 타는 일은 일상적인 생활과 구분되는 일종의 '스포츠'처럼 여겨졌지요. 그러나 이제 자동차는 우리 삶의 일부가 되었습니다. 자동차는 대중교통이라는 우리 사회를 이루는 시스템이자 인프라가 되었고, 대중교통은 우리 사회의 혈관과 같은 역할을 하고 있습니다.

교육에서의 테크놀로지도 마찬가지입니다. 학생들이 테크놀로지를 자유자재로 다루고 숨 쉬듯이 사용하는 이 시대에, 테크놀로지는 더 이상 '스티커'와 같은 특별한 보상이 될 수 없습니다. 또 테크놀로지가 일상화된 현실을 무시하고, 1990년대처럼 문서 작업과 검색용으로만 사용하게 하거나 무조건 금지할 수만도 없습니다. 테크놀로지는 마치 대중교통처럼 학생들에게 없어서는 안 될 인프라가 되었습니다. 테크놀로지를 이렇게 바라보면 수업에서 테크놀로지를 활용하는 방법이 달라집니다.

세계적인 영화감독인 스티븐 스필버그Steven Spielberg는 어렸을 때부터 비디오카메라를 갖고 놀았습니다. 온종일 영상을 촬영하고 편집했다고 합니다. 당시에는 필름카메라로 촬영했지만, 그가 현재 우리나라의 중학생이었다면 컴퓨터와 스마트 기기, 그리고 클라우드 서비스를 이용했겠지요. 애니메이션 제작자인 월트 디즈니Walt Disney 역시 어렸을 때 흙바닥이든 남의 집 벽이든 가리지 않고 그림을 그려 댔습니다. 그 디즈니가 현대에 태어났다면 아이패드에 터치펜으로 그림을 그렸을 겁니다. 소설가 버지니아 울프Virginia Woolf도 어렸을 때부터 못 말리도록 글을 써 댔습니다. 그녀가 지금 시기에 살고 있었다면 종이 대신 구글 문서를 종일 붙잡고 있지 않았을까요? 그런데 스필버그, 디즈니, 울프, 이들이 만약 현재 우리나라에서 이렇게 어린 시절을 보내고 있다면 응원을 받기는커녕 국가에 의해 인터넷 중독으로 낙인찍힐 것입니다.

시대가 달라졌습니다. 시대의 변화에 따라 우리의 인식도 변해야 하고, 국가가 국민에게 주는 메시지도 변해야 합니다. 지금은 어떻게 하면 테크놀로지를 이용해 학생들의 잠재력을 발견하고 키워 줄 수 있을지 고민할 때입니다. 크리에이터 활동을 하는 청소년들을 인터넷 중독이라며 낙인찍을 것이 아니라, 그들이 건전하면서도 창의적인 콘텐츠를 만들어 낼 수 있도록 지원해 줄 때입니다. 테크놀로지를 대면의 반대가 아닌, 인터넷을 공부의 반대가 아닌, 우리 삶을 지탱하는 기둥으로 생각할 때, 질 높으면서도 미래지향적인 블렌디드 러닝이 가능합니다.

09 학습자는 지식의 소비자인가, 지식의 생산자인가

학습자를 보는 관점은 크게 두 가지로 나뉩니다. 지식을 먹여 주어야만 먹는 수동적 학습자와, 스스로 지식을 만드는 능동적 학습자입니다.

아이에게 처음 이유식을 주었던 날을 기억하시나요? 그전까지 우유만 먹던 아이는 처음으로 새로운 맛을 경험합니다. 비록 별 맛이 없는 미음이지만 처음 느껴 보는 이유식 맛에 아기는 두 손으로 상을 두드리며 함박웃음을 짓습니다. 그렇게 아이에게 음식을 떠먹여 주며 이유식이 시작됩니다. 그런데 우리는 그 아이가 서른 살이 될 때까지 떠먹여 주고 싶지는 않습니다. 우리는 아이가 스스로 먹을 수 있는 사람이 되기를 원합니다. 처음에는 자기 손으로 음식을 집어 입으로 가져가고, 그다음에는 숟가락 같은 도구를 사용할 줄 알게 되고, 성인이 되었을 때는 자신이 먹을 식사를 스스로 차릴 수 있는 능력을 갖게 되기를 원합니다.

그런데 우리의 교육은 고등학생, 대학생이 된 학생들에게까지도 이유식처럼 정제된 지식을 떠먹여 주고 있습니다. 이 과정에서 우리는 무엇을 가르치게 될까요? 우리는 의도치 않게, 학생들에게 우리가 먹여 주는 지식과는 다른 메시지를 전하고 있습니다. "너는 수동적인 학습자야. 너는 스스로 하면 안 돼. 내가 알려 주는 게 정답이야. 내가 알려 주는 대로만 받아먹으면 돼. 그게 안전해. 스스로 뭔가를 시도하면서 괜히 시간 낭비하지 마." 이것이 앞서 말한 잠재적 교육과정 ▶▶p.028 입니다. 우리는 명시적으로는 학생들에게 비판적 사고를 하라고 요구하지만, 잠재적으로는 정반대의 메시지를 전달하고 있는 것입니다.

저는 만화 위인전인 '후who 시리즈'를 즐겨 봅니다. 어린이를 위한 책이지만 학부모이면서 교육자인 제게도 유익한 책입니다. 위인들이 어린 시절에 부모로부터 어떤 영향을 받았는지, 어떤 교사를 만났는지, 혼자 있는 시간에 무엇을 했는지 등이 생생하게 묘사되어 있기 때문입니다. 후 시리즈는 과학자, 영화감독, 소설가, 사업가, 음악가 등 각 분야에서 탁월한 성취를 이룬 사람들을 골고루 다루고 있습니다. 이 사람들의 어린 시절에서 공통적으로 발견되는 특징이 무엇일까요? 바로 '생산적인' 일을 했다는 것입니다. 이들은 발명품을 만들고, 예술 작품을 만들고, 일자리를 만들었습니다. 한마디로 '지식을 생산해 내는' 사람들이었습니다.

훌륭한 업적을 남긴 위인들은 어렸을 때부터 끊임없이 무언가를 시도하고 만들면서 지식을 생산했습니다. 사진은 왼쪽부터 루이 파스퇴르, 스티브 잡스, 조앤 롤링입니다.

자기 분야에서 뛰어난 업적을 성취한 위인들은 어렸을 때부터 지식을 수동적으로 받아먹기만 하지 않았습니다. 끊임없이 시도하고 만들고 고민하고 토론했습니다. 학창시절에는 남이 주는 지식을 받아먹으며 수동적인 사람으로 살다가 성인이 되어 갑자기 지식을 생산해 내는 사람이 된 것이 아닙니다. 우리가 원하는 인재상이 창의적으로 접근하고, 비판적으로 사고하고, 잘 표현하고 소통하며, 지식을 생산해 내는 사람이라면, 어렸을 때부터 그러한 방식으로 교육이 이루어져야 합니다. 그러려면 학습자를 바라볼 때부터 지식을 받아먹는 소비자가 아닌 지식을 만들어 내는 생산자로 보아야 합니다.

이는 구성주의 교육 ▶▶p.079 의 핵심 철학이기도 합니다. 구성주의 철학에서 학습자는 단순히 정보를 처리하는 사람이 아닙니다. 적극적으로 지식을 만들어 가는 존재입니다. 학습자는 세상을 경험하면서 스스로 지식을 구축하고, 기존의 지식에 새로운 지식을 더해 지식을 확장해 나갑니다.

학습자를 보는 관점은 교육 방법을 결정짓습니다. 다음 표는 학습자를 보는 두 관점을 대조한 것입니다.

'학습자 = 지식의 소비자' 관점에서의 교육	'학습자 = 지식의 생산자' 관점에서의 교육
연산과 같은 기본 기술을 중시함. 전체를 보는 것보다 부분에 집중함.	기본 기술보다 전체 그림을 중시함. 전체에서 시작하여 부분으로 내려감.
교육과정이 정해져 있으며 이를 엄격하게 지킴.	학습자의 질문과 흥미를 중요하게 여김.
교과서와 문제집 위주로 학습함.	원문이나 실제 자료, 구체물을 교재로 사용함.
반복 학습을 중요시함.	학생의 사전지식에 기반하여 상호작용적 수업을 함.
교사는 학생에게 정보를 전달하고, 학생은 이를 받아들임.	교사는 대화를 통해 학생 스스로 지식을 만들 수 있도록 지원함.
교사는 권위적임.	교사는 상호작용적 역할을 함.
정답이 있는 시험을 통해 평가함.	시험도 보지만 수시로 수행평가를 실시하여 평가함. 결과물만큼 과정도 중요하게 여김.
지식은 변하지 않는다고 여김.	지식은 계속 변화한다고 봄.
학생들은 개별적으로 학습함.	학생들은 그룹으로 학습함.
지식을 중요시함.	역량을 중요시함.

이 대조표를 보면 우리나라 교육이 학습자를 어떤 관점에서 보고 있는지 뚜렷이 드러납니다. 교과서가 있고, 시험을 보고, 개별적 학습을 하고, 연산과 같은 기본 기술을 중시합니다. 역량 중심 교육과정을 외치지만 말만 번지르르할 뿐, 실제 교육은 그렇지 않다는 것을 알 수 있습니다. 우리는 학습자를 수동적 존재로 보고 있습니다. 학습자에 대한 이러한 관점이 바뀌지 않는 한, 교육은 근본적으로 바뀌기 어려울 것입니다. 거듭 강조하지만 학습자를 바라볼 때부터 지식을 받아먹는 소비자가 아닌 지식을 만들어 내는 생산자로 보아야만 우리가 원하는 역량 있는 인재를 길러 낼 수 있습니다.

워크숍

다음의 체크리스트를 읽으면서 자신이 '예'에 해당하는지, '아니요'에 해당하는지 체크해 보세요. 그리고 학습자를 바라보는 자신의 관점을 점검해 보시기 바랍니다.

	항목	예	아니요
1	지식을 정확하게 암기하는 것보다 문제해결력이 중요하다고 생각한다.		
2	수업에서 학생들이 (나에게 혹은 서로에게) 질문할 수 있는 기회를 충분히 제공한다.		
3	수업 교재로 원문이나 실제 자료, 구체물을 자주 사용한다.		
4	학생의 사전지식이 무엇인지 고려하여 수업을 계획한다.		
5	수업 시간에 학생과 상호작용하기 위해 적극적으로 노력한다.		
6	과정을 중요하게 여겨 과정 평가 비율을 높게 둔다.		
7	수업 시간에 그룹으로 토론하거나 학습하는 활동을 자주 한다.		
8	수업 시간에 내가 말을 하고 있지 않은 때가 종종 있다.		
9	수업에서 학생들에게 말할 기회를 더 많이 줄 수 있는 방법을 항상 고민한다.		
10	교수자의 역할은 답을 알려 주는 것이 아니라, 학생들이 스스로 답을 깨달을 수 있도록 안내하는 것이라고 생각한다.		
11	수업 시간에 학생들이 스스로 배우게 하기 위해 때로는 정답을 바로 알려 주지 않고 기다린다.		
12	수업에서 학생들의 역량을 어떻게 향상시킬 수 있을지 늘 고민한다.		
13	시험 문제는 지식을 묻는 문제보다, 지식을 기반으로 한 역량을 평가할 수 있는 문제들로 구성한다.		

이 체크리스트에서 '예'가 더 많다면 학습자를 지식의 생산자로 보고 있는 것이며, '아니요'가 더 많다면 학습자를 지식의 소비자로 보고 있는 것입니다.

10 테크놀로지는 힘을 빼앗는가, 힘을 주는가

학습자를 보는 관점과 마찬가지로, 교육에서 테크놀로지의 역할을 보는 관점에도 두 가지가 있습니다. 테크놀로지가 교수자를 대체한다는 관점과 테크놀로지로 교사와 학생을 임파워먼트empowerment한다는 관점입니다. 임파워먼트란 '파워power를 준다', '강하게 만든다'는 뜻입니다.

코로나 원격수업 시기 교사 연수를 하면서 "이러다가 교사가 필요 없어지는 건 아닐까요?"라는 질문을 많이 받았습니다. 선생님들이 왜 이런 걱정을 하게 되었을까요? 앞서 말한 지식 중심의 수업을 해 왔기 때문입니다. 지식 중심의 수업은 유튜브, 인강, 스마트 기기, 인공지능AI 개별화 교육 등으로 대체 가능하지요.

"기계에 의해 교사가 대체되는 것은 아닐까?"라는 걱정은 사실 새로운 이슈가 아닙니다. 라디오가 발명되어 보급되었을 때도, TV와 생방송 기술을 사용한 교육용 콘텐츠가 보편화되었을 때도, 컴퓨터가 처음 등장했을 때도 이번만큼은 진짜 교사가 필요 없어질 거라고 생각하는 사람들이 많았습니다. 그리고 지금, 똑같은 우려가 되풀이되고 있습니다. 로봇을 넘어 AI 기술까지 발전했으니 이제는 정말로 인간 교사가 필요 없어질 거라는 걱정이지요. 시중에 나와 있는 수많은 에듀테크 서비스들이 내세우는 것이 AI 교사입니다. AI가 제안해 주는 내용만 열심히 공부하면 성적을 잘 받을 수 있다는 메시지로 광고를 합니다. 그리고 이러한 메시지는

'이러다가 교사가 필요 없어지는 것은 아닐까?' 하는 두려움을 더욱 크게 만듭니다.

하지만 역사적으로 보았을 때 교사가 필요하지 않았던 적은 없었습니다. 라디오도, TV도, 컴퓨터도, 로봇도 교사를 대체하지 못했습니다. 왜 그럴까요? 교육은 정보전달이 전부가 아니기 때문입니다. 특히 미래 사회로 갈수록 지식의 전수보다 역량의 개발이 중요해지고 있습니다. 역량 개발은 (아직까지는) 기계가 해 줄 수 없습니다. 기계가 교사를 대체할 거라고 생각하는 사람은 '일방적 정보전달'의 교육 모델을 갖고 있을 가능성이 큽니다. 지식 전수만이 교육의 목적이라고 믿는 교사라면, 혹은 역량 개발이 목적이라고 하면서도 사실은 어떻게 역량을 개발해야 하는지 모르는 교사라면, 일방적인 정보전달식 교육을 해 왔을 가능성이 높습니다.

그런데 우리는 지식을 생산하는 학습자를 만들고 싶습니다. 지식을 생산하는 능력이 바로 역량입니다. 역량은 지식만큼 교육의 '방법'도 중요합니다. 학생들에게 시의적절한 질문을 하고, 토론을 통한 깊이 있는 사고를 유도하고, 새로운 것을 창조해 내도록 촉진하는 일은 (아직까지는) 교사만이 할 수 있습니다. 학습자와 함께 고민하고, 생각하고, 대화하고, 창조하는 일은 인간 교사만이 할 수 있는 일입니다.

새로운 테크놀로지가 나올 때마다 교사가 대체될 것이라는 기대와 두려움이 있어 왔던 가운데, 이와 전혀 다른 생각으로 접근한 사람이 있었습니다. 바로 스티브 잡스Steve Jobs입니다. 잡스는 1980년대 초 컴퓨터가 일반 소비자에게 상용화되기 시작하는 시기에, 미국의 모든 학교에 컴퓨터를 한 대씩 놓는 것을 비전으로 삼았습니다. 이후 여러 노력 끝에 애플Apple 컴퓨터는 초·중·고등학교와 대학에까지 보급되었지요. 흥미롭게도, 이 과정에서 잡스는 컴퓨터가 교사를 대체할 거라는 메시지를 주지 않았습니다. 오히려 그 반대의 메시지를 주었습니다.

'애플 II'는 애플이 1977년 개발한 개인용 컴퓨터입니다. 이 '애플 II'가 학교에 보급되던 시기는 인터넷이 보편화되기 한참 전이었습니다. 심지어 컴퓨터를 실제로 본 적 없는 사람이 대다수였던 때였지요. 그래서 처음에는 컴퓨터를 어떻게 다루어야 하는지 몰라서 아무도 사용하지 못하는 일도 있었습니다. 1980년대 중반 애플 II 보급이 더욱 확산되자 애플은 '로고Logo'라는 간단한 코딩 프로그램을 교육과정으로 제시하였습니다. 로고는 화면의 거북이를 움직이면 거북이의 꽁무니에서 거미줄처럼 선이 나와 그림이 만들어지는 초보자용 코딩 학습 프로그램이었습니다. 로고

교육의 목적은 코딩적 사고를 기르기 위함이었습니다. 놀랍지 않게도 로고를 개발한 세 명 가운데 한 명이 현대 구성주의 교육, 그중에서도 구조주의의 선구자인 시모어 페퍼트Seymour Papert ▶▶p.081 입니다.

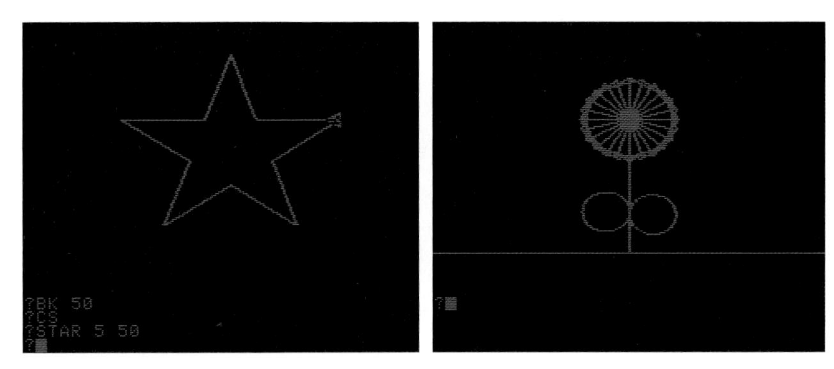

애플 II의 코딩 학습 프로그램인 '로고' 화면
출처: 시드 렉시아(Syd Lexia)

애플은 컴퓨터를 보급하되, 컴퓨터가 교사를 대체하는 방식의 교육 모델을 보급하지는 않았습니다. 교수자와 학습자를 임파워먼트하는 방식을 선택했던 것이지요. 학습자가 핸즈온hands-on으로 코딩을 하며 자신의 학습에 적극적으로 참여하는 방식을 내세웠고, 이것은 교수자 없이는 불가능한 모델이었습니다. 애플은 대학에서도 컴퓨터가 수업이나 교수를 대체하는 기기라는 인식을 주는 대신, 테크놀로지를 이용해 교수자는 더 잘 가르칠 수 있고 학습자는 더 자기주도적으로 배울 수 있다는 '도구'로서의 기능을 강조했습니다. 그리하여 애플은 한때 대학에서 가장 높은 점유율을 차지할 수 있었습니다(지금은 아닙니다. 학습자와 교수자에게 저렴한 가격으로 더 많은 임파워먼트를 해 주는 구글이 부동의 1위입니다).

더 흥미로운 점은 학습자를 어떻게 보는지에 따라 테크놀로지의 역할이 정해진다는 사실입니다. 학습자를 수동적인 지식의 소비자로 보면, 테크놀로지는 지식을 전수하는 사람인 교사를 대체하는 역할로 인식됩니다. 반면 학습자를 능동적인 지식의 생산자로 보면, 테크놀로지는 그 생산을 위한 도구가 됩니다.

학습자를 지식의 생산자로 보는 관점과 테크놀로지를 임파워먼트의 도구로 보는 관점은, 블렌디드 러닝이 성공하기 위해 필히 갖추어야 할 기본적인 마음가짐입니다. 블렌디드 러닝은 학습자에게 도구를 줌으로써 학습자를 임파워먼트하는 교육 방법입니다. 이 과정에서 교수자는 테크놀로지 뒤로 사라지는 것이 아니라, 적극적으로 수업을 디자인하는 역할을 맡습니다. 따라서 블렌디드 러닝은 교수자 임파워먼트이기도 합니다. 성공적인 블렌디드 수업을 하고 싶다면 학습자를 지식의 소비자가 아닌 지식의 생산자로 보고, 테크놀로지를 그 도구로 보는 관점을 먼저 받아들여야 합니다. 그러한 관점 없이는 테크놀로지의 활용이 현재의 잘못된 교육을 강화하고, 학습자를 더 수동적으로 만들고, 결국은 교사를 대체하는 방향으로 가게 됩니다.

더 알아보기

핸즈온 학습

핸즈온 학습이란 두 손을 이용해 구체물을 조작하거나 프로젝트형으로 배우는 학습 방식을 뜻합니다. 연구(Haury & Rillero, 1992)에 의하면 학습자들은 강의형 학습을 할 때보다 핸즈온 학습을 할 때 수업 내용을 더 오래 기억하고, 성취감을 더 크게 느끼며, 배운 내용을 더 쉽게 적용한다고 합니다. 또한 핸즈온 학습은 가만히 앉아 언어로 설명되는 내용을 듣기만 하는 것이 아니라 학습자가 직접 몸을 움직이기 때문에 언어 장벽, 학습 장애, 주의집중 장애 등이 있는 학습자에게 더욱 효과적입니다.

JOHN
COUCH
애플사의 첫 번째
교육사업 책임자이자

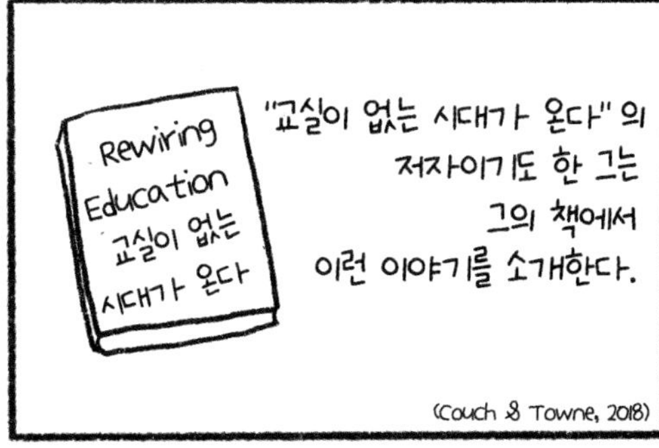
Rewiring
Education
교실이 없는
시대가 온다
"교실이 없는 시대가 온다"의
저자이기도 한 그는
그의 책에서
이런 이야기를 소개한다.
(Couch & Towne, 2018)

컴퓨터가 학교에 보급되기 전 1980년대
세인트 매리스 초,중학교
Apple II
컴퓨터 2대
기증

그러나 학교는 이것을 가지고 무엇을 해야
할지 몰랐다.
?
?

결국 학교는 벽장 하나를 치우고
그곳에 모셔 두기로.
저게 뭐지?
(학생)

?
궁금
궁금

오~ 재밌는데!
(난독증을
갖고 있었음)

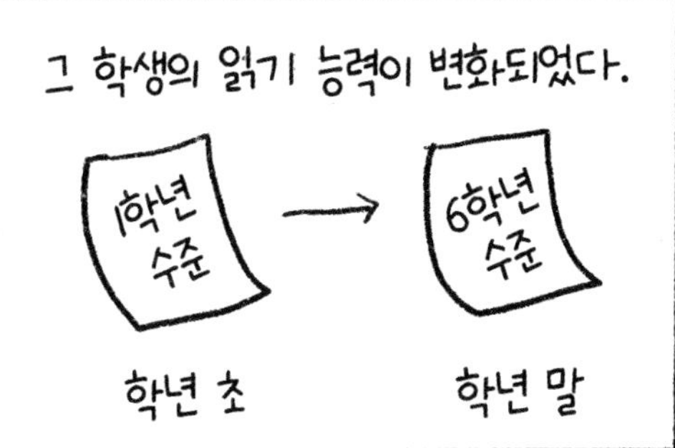
그 학생의 읽기 능력이 변화되었다.
1학년
수준
6학년
수준
학년 초
학년 말

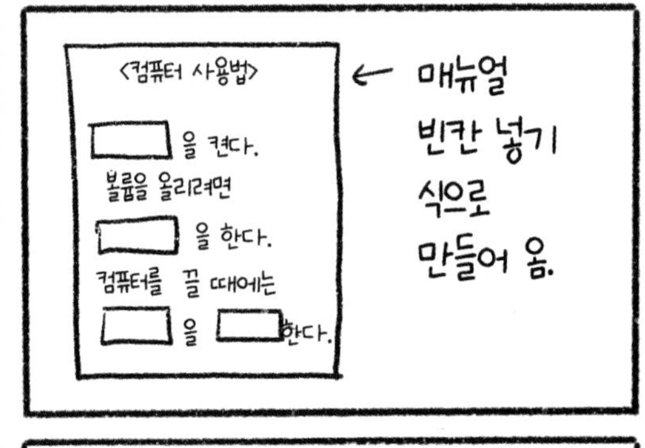

정작 컴퓨터
사용은 거의
못 하게 벽장에
넣고 잠갔다.

기술의 잠재력과 기술이 주는 기쁨을
활용하지 않고 전통적 암기식 수업
용도로만 사용하게 한 것이다.
읽기 능력이 놀랍게 향상되는
사례는 더 이상 나오지 않았다.

컴퓨터는 자전거와 비슷하다.

타고 어디를 가야 한다.
즉, 목적지로 가기 위한
효율적인 수단이다.

컴퓨터를 실내 운동용 사이클처럼
쓰지 말라.

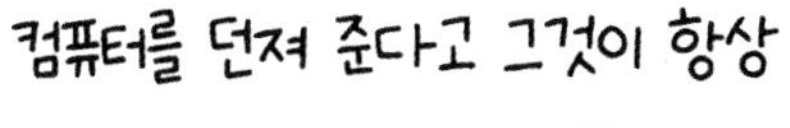

컴퓨터를 던져 준다고 그것이 항상

잘 쓰이는
것은 아니다.

컴퓨터가 그저 또 하나의 과목이나
시험이 되지 않도록

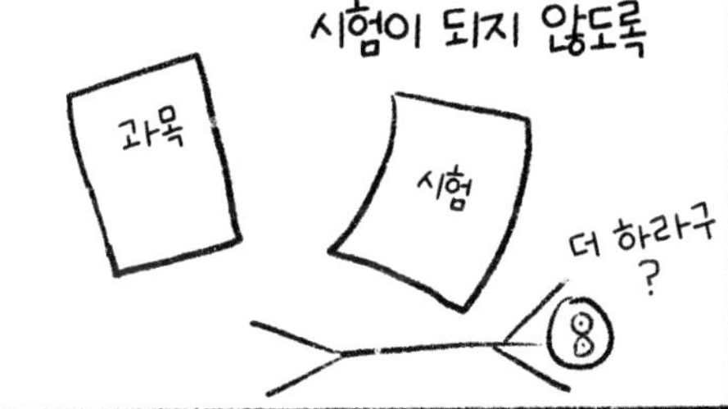

혹은 수업과 관계없는 보상용이
되지 않도록 하려면

교수자의 신중한
플래닝이
필요하다.

존 카우치의 교훈:
컴퓨터를
"새로운 학습 경험"을
만드는 도구로
사용하게 하라!

11 우리는 어떤 인간을 길러 내고 싶은가

교육에서는 인재상이라는 것이 있습니다. "이 교육의 결과로 어떠한 인간이 배출되기를 원하는가?"에 대한 답이 인재상입니다. 인재상은 교육의 최종적 목표라고 할 수 있습니다. 교육은 과목에 따라, 수준에 따라, 기관에 따라 그 내용이 모두 다를 수 있습니다. 한 학교 내에서도 가르치는 사람에 따라 조금씩 내용이 다르지요. 그래서 인재상의 설정은 중요합니다. 세부적인 차이에도 불구하고 공동으로 추구해야 할 방향을 정해주기 때문입니다. 여기 제가 저의 수업에서 추구하는 인재상을 그려 보았습니다.

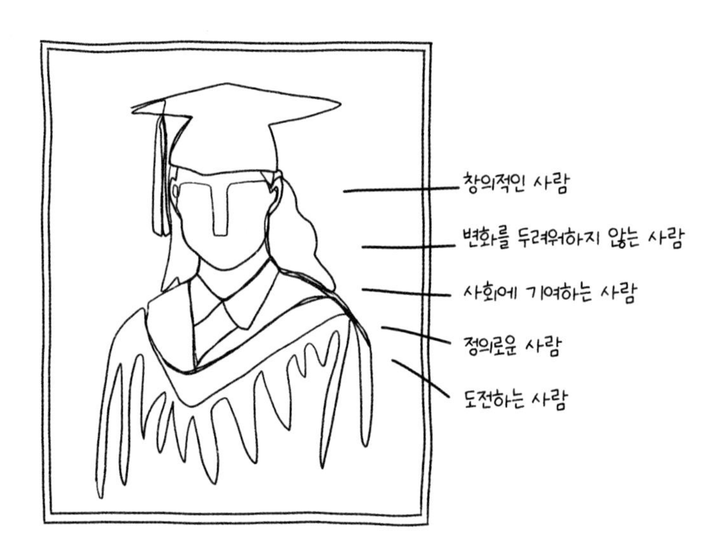

창의적이고, 변화와 도전을 두려워하지 않고, 사회에 기여하고, 정의로운 사람이 제가 추구하는 인재상입니다. 그런데 이 인재상이 졸업생의 모습을 하고 있는 것을 눈치채셨나요? 인재상은 영어로 'Portrait of a Graduate'라고 합니다. 직역하면 '졸업생의 초상'이 되지요. '인재상'이라고 하면 멀고 추상적으로 느껴지지만 '졸업생의 초상'이라고 하면 훨씬 가깝고 구체적으로 느껴질 것입니다. 졸업생이라는 단어는 '학교 교육의 직접적 결과'로서의 사람을 떠올리게 하기 때문에, 학교 교육의 책무성이 강조되는 표현이라 할 수 있습니다.

교육기관(학교, 기업, 정부, 교육청 등)은 개별 교육정책을 마련하기에 앞서, 그 정책의 결과로 어떠한 특성을 가진 졸업생이 배출될지에 대해 깊게 고민하고 이를 모든 정책의 근간에 적용해야 합니다. 정책 결정자뿐만이 아닙니다. 교수자 또한 내 수업의 결과로 어떤 인간이 배출되기를 원하는지 고민해야 합니다. 내 수업을 들은 학생이 지식만 가득 든 사람이 되기를 바라는지, 사회에 기여하는 사람이 되기를 바라는지, 공감 능력을 갖춘 사람이 되기를 바라는지, 시험에서 고득점을 하는 사람이 되기를 바라는지 숙고해야 합니다. 그 상像이 내 수업의 큰 목표가 되고 방향이 됩니다. 그리고 수업을 계획할 때마다 수업의 방식이나 내용이 내가 추구하는 졸업생의 초상을 만들어 내는 데 기여하는지 확인해야 합니다. 만약 기여하지 않는다면 다른 방식과 활동으로 바꾸어야겠지요.

상당히 많은 교수자들이 '창의적인 사람'이라는 인재상을 추구한다고 하지만, 실제로는 학습자가 창의적이 될 수 있는 기회를 전혀 주지 않거나, 오히려 창의성을 깎아 내는 방식의 수업을 하고 있습니다. 실은 현재 우리의 교육과정이 그렇습니다. 창의적 인재를 원한다고 하지만 수업과 시험은 그 반대의 인재상을 추구합니다. 그러한 수업이 매일이 되고, 1년이 되고, 12년이 되고, 16년이 되어 버립니다.

교육의 결과로서 산출되는 것이 바로 인재상입니다. 그래서 인재상은 교육의 방법과 직결됩니다. 앞서 요리사의 예를 들었습니다만, 내가 추구하는 요리사의 인재상이 시각적으로 아름다운 요리를 만드는 요리사라면 음식 디자인을 많이 해 보도록 격려해야 할 것입니다. 환상적인 맛을 내는 요리사가 인재상이라면 좋은 재료와 다양한 요리법으로 여러 맛을 내 보도록 실험할 기회를 많이 주어야 할 것입니다.

여러분은 수업의 결과로 어떠한 인재를 배출해 내고 싶은가요? 오늘 여러분의 수업을 듣고 난 후 학습자가 어떻게 달라져 있을까요? 모든 수업에 대해 이 질문을 하시기 바랍니다. 하루하루의 수업이 모여 한 학기가 되고, 1년이 되고, 과정이 되는 것입니다.

21세기 필수 역량

자신이 추구하는 인재상을 어떻게 설정해야 할지 잘 모르겠다면 미국의 역량 연구 연합체인 21세기 역량 파트너십(Partnership for 21st Century Skills, 2019)에서 제안한 21세기 필수 역량을 참고할 수 있습니다. 여기에서는 학생들이 반드시 갖추어야 할 역량으로 다음과 같이 4C를 제시했습니다.

21세기 필수 역량

- 비판적 사고력Critical Thinking
- 창의력Creativity
- 협력Collaboration
- 의사소통 능력Communication

4C의 하위 요소에는 유연성, 주도성, 사회성, 생산성, 리더십, 리터러시 등이 포함됩니다. 이를 바탕으로 전 세계 학교들에서 가장 많이 선정하는 인재상은 다음과 같습니다.

- 창의적 사고, 비판적 사고를 하는 사람
- 문제를 해결하는 사람
- 해결방안을 고민하는 사람
- 평생학습자
- 자기주도적 학습자
- 효율적 의사소통자
- 혁신가
- 협력자
- 윤리적이고 글로벌한 시민
- 회복 탄력적인 사람
- 활동적인 리더
- 인성과 공감력을 갖춘 사람

워크숍

여러분이 추구하는 졸업생의 초상은 무엇입니까? 여러분에게 수업을 들은 학생들이 어떤 사람이 되기를 바라는지 구체적으로 적어 보시기 바랍니다. 이것을 컴퓨터나 책상 앞에 붙여 두고 매일 보면서 수업을 계획할 때 검토의 기준으로 삼으시기 바랍니다.

12 교육 문제에 대한 솔루션 : 블렌디드 러닝

자기주도적이지 않은 공부, 목적과 방법이 전도된 공부, 모든 것이 입시에 맞춰진 공부. 현재 우리 교육의 문제점이 압축된 이 세 가지 공부에는 공통점이 있습니다. 처음에는 좋은 취지에서 시작했으나 그 방향이 왜곡된 결과물이라는 점입니다.

자기주도적인 학습은 당연히 좋은 것이고, 그래서 모두가 이를 강조했습니다. 그러나 입시 위주로 흘러가다 보니 진정한 의미가 퇴색하고, 자기주도적 학습이라는 이름 아래 실제로는 수동적인 공부만 이루어지게 되었습니다. 미래 역량을 가진 인재를 키워 내는 것이 목적이었지만, 경쟁과 비교 속에서 그 목적은 사라지고 문제 풀이만 중시되고 있습니다. 입시는 공정해야 합니다. 그래서 공정함을 좇다 보니 창의성이나 사고력 등 주관적 판단이 개입될 수 있는 요소들이 평가에서 제외되었습니다. 모두 최초의 의도는 좋았으나 점차 왜곡되면서 비정상적인 교육만 남게 된 것입니다. 저는 이러한 왜곡된 교육을 어느 정도 바로잡아 줄 수 있는 도구가 블렌디드 러닝이라고 생각합니다.

물론 블렌디드 러닝이 모든 교육 문제를 해결해 주지는 못합니다. 특히 블렌디드 러닝이 당장 입시를 바꿀 수는 없을 것입니다. 그러나 아주 조금씩 교실을 바꾸고, 학교를 바꾸고, 교육을 바꾸고, 사회를 바꾸게 될 것이라고 생각합니다. 왜냐하면 그것이 바로 테크놀로지가 가진 힘이기 때문입니다. 간석기와 토기라는 테크놀로지는 농업혁명을 일으켰습니다. 자동차라는 테크놀로지는 전 세계 사람들의 라이프 스타일을 바꾸었지요. 여러분도 잘 아시다시피 스마트폰은 새로운 산업혁명을 일으켰습니다. 마찬가지로 학교에서의 테크놀로지도 변화를 일으킬 수 있는 힘이 있다고 생각합니다.

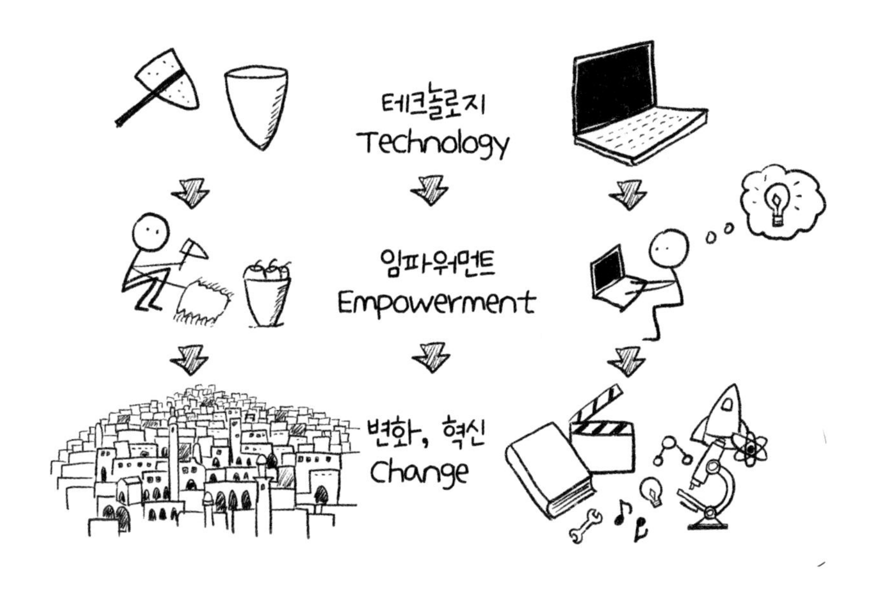

테크놀로지는 왜곡되었던 교육을 바로잡고, 우리가 진정으로 추구해야 하는 교육이 무엇인지 일깨워 줄 수 있습니다. 무기력한 학습자에게 자신을 표현할 수 있는 도구를 줌으로써 학습에 생기를 불어넣을 수 있습니다. 그것은 테크놀로지가 교사를 대체하기 때문이 아닙니다. 교수자와 학습자 모두에게 새로운 파워를 주기 때문입니다.

블렌디드 러닝이란

#깊은 학습 #혁신을 위한 테크놀로지 사용 #하이브리드 러닝 #학습자 중심

1강에서 교육의 기본에 대해 생각해 보았다면, 이번 2강에서는 블렌디드 러닝에 한 발짝 더 다가가 보겠습니다. 블렌디드 러닝을 단순히 대면과 테크놀로지, 혹은 오프라인과 온라인의 조합으로 볼 수 있을까요? 도대체 어디까지가 테크놀로지이고, 어디서부터는 테크놀로지가 아닐까요? 교실에 한 대밖에 없는 컴퓨터를 선생님 혼자 계속 사용하는 지금의 대면수업도 블렌디드 러닝이라고 할 수 있을까요? 블렌디드 러닝이 특별한 이유는 무엇일까요?
블렌디드 러닝의 정의는 정적(靜的)이지 않습니다. 테크놀로지의 발전과 함께 계속 바뀌고 있기 때문입니다. 코로나로 인해 이전까지는 상상도 하기 어려웠던 '전면 원격수업'을 거치면서, 블렌디드 러닝의 정의는 지금도 바뀌어 가는 과정에 있습니다. 창의적 수업을 통해 여러분도 함께 블렌디드 러닝의 정의를 만들어 가면 좋겠습니다.

ONLINE
OFFLINE

01 테크놀로지에 대한 관점

블렌디드 러닝은 흔히 테크놀로지를 블렌드한 수업이라고 설명됩니다. 그렇다면 궁금증이 생깁니다. 도대체 어디까지를 테크놀로지라고 볼 수 있을까요? 본격적으로 블렌디드 러닝을 논하기 전에 우리는 이 질문에 대해 고민해 볼 필요가 있습니다.

다음의 다섯 가지 사례를 보시기 바랍니다. 다음 중 어느 사례를 블렌디드 러닝 장면이라고 할 수 있을까요?

사례 1 집에서 인강을 들으며 공부하는 학생

집에서 컴퓨터로 인강을 들으면서 필기하는 방식의 학습은 블렌디드 러닝일까요? 그렇다면 집에서 스마트폰으로 음악을 들으면서 수학 숙제를 하는 것도 블렌디드 러닝이라고 할 수 있을까요? 여기가 집이 아니라 학교라면 답이 달라질까요?

사례 2 1920년대 라디오가 있는 교실

출처: PBS 위스콘신(PBS Wisconsin)

라디오를 활용하고 있는 이 수업은 블렌디드 수업일까요? (라디오가 처음 보급되던 1920년대 당시 사람들은 라디오 때문에 교사들이 모두 직업을 잃게 될 것이라고 예언했었습니다.) 저 라디오를 켜고 끄고 채널을 바꾸는 사람은 누구일까요? 다시 말해, 저 라디오에 대한 통제권을 누가 가지고 있는 것 같나요? 당시의 라디오 사용과 지금의 교사 주도의 파워포인트 사용은 어떤 차이가 있을까요?

사례 3 학생들의 활동을 게시한 학급 게시판

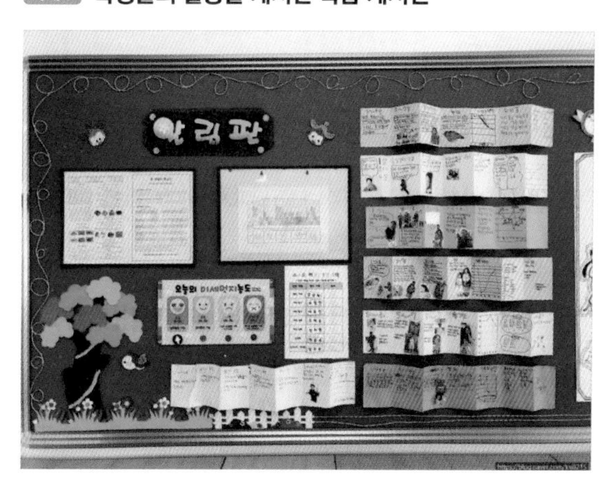

출처: 네이버 블로그 '소통하는 교사, 함께하는 아빠'

학급 게시판은 테크놀로지인가요? 패들렛Padlet과 다른 점은 무엇인가요? 전기로 작동하면 테크놀로지이고, 전기가 필요 없으면 테크놀로지가 아닌 걸까요? 상호작용 활동이 있으면 블렌디드 러닝이 되고, 상호작용 활동이 없으면 블렌디드 러닝이 될 수 없을까요? 이런 물리적 환경의 게시판은 상호작용이 없을까요?

패들렛

TIP

패들렛 | 패들렛은 벽에 메모지를 붙이는 것과 같은 방식의 온라인 게시판입니다. 메모지를 각자 원하는 때에 붙일 수도 있고, 여럿이 동시에 토론해 가며 붙일 수도 있습니다. 학급 내에서만 공개할 수도, 온 세상에 공개할 수도 있지요. 혼자서 마인드맵을 만들며 생각을 정리하는 용도에서부터 불특정 다수가 자신의 생각을 공유하는 오픈된 형태까지 다양하게 활용할 수 있어 블렌디드 러닝에 유용한 도구입니다.

사례 4 **TV로 수업하는 교실**

TV는 테크놀로지인가요? TV가 처음 나왔을 때 이 최첨단 테크놀로지에 감명받은 사람들은 교사라는 직업의 종말을 예언했었습니다. 이제 화면으로 교사를 볼 수 있으니 교사가 필요 없어질 거라고 장담했지요. 위의 사진처럼 교실에 앉아서 함께 TV 화면을 보고 있는 상황도 블렌디드 러닝이라고 할 수 있을까요? 똑같은 내용의 자료 화면을 TV로 다 함께 보지 않고 각자 개별 스마트 기기로 본다면 그것은 블렌디드 러닝이라고 할 수 있을까요?

사례 5 **1980년대 컴퓨터를 활용한 수업**

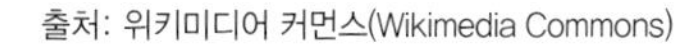

출처: 위키미디어 커먼스(Wikimedia Commons) 출처: 디지타이저 2000(Digitiser 2000)

1970년대에 최초의 개인용 컴퓨터가 만들어졌고, 1980년대 들어 학교에 보급되기 시작했습니다. 당시에는 컴퓨터로 할 수 있는 일이 매우 제한적이었습니다. 그리고 컴퓨터가 교실 안이 아니라 특별한 장소에 있어서, 컴퓨터를 활용한 수업은 따로 신청해서 들어야 했습니다. 이러한 수업은 블렌디드 러닝일까요?

이 다섯 가지 사례에서 알 수 있는 사실은 테크놀로지란 변화하고 발전하며, 그렇기에 시대에 따라 최첨단 테크놀로지였던 것이 더 이상 테크놀로지가 아니게 될 수도 있다는 것입니다. 믿기지 않겠지만, 문자가 처음 만들어졌을 때 '쓰기writing'는 최첨단 테크놀로지였습니다. 플라톤의 『파이드로스Phaedrus』라는 책을 보면 쓰기에 대한 논쟁이 나옵니다. 인류에 문자를 선사한 테우트 신에게 타무스 왕이 "쓰기는 학습자의 기억력을 감퇴시킬 것이다. 왜냐하면 그들은 자신의 기억에 의존하기보다 쓰인 글자에 의존할 것이기 때문이다. 쓰인 글은 진리가 아닌, 진리의 모조품일 뿐이다. 많은 것을 읽어도 배우는 것은 아무것도 없을 것이다. 모든 것을 아는 것처럼 보이지만 아무것도 알지 못할 것이다"라고 말했다는 이집트 신화를 인용한 것이지요.

소크라테스와 플라톤이 쓰기를 부정적으로 여겼는지에 대해서는 논란의 여지가 있습니다. 하지만 이 논쟁은 그때 당시 쓰기가 최첨단의 테크놀로지였고, 이 테크놀로지에 거부감을 가진 사람들이 있었음을 분명하게 보여 줍니다. 당시 수업에서 쓰기 활동을 했다면 그것을 블렌디드 러닝이라고 볼 수 있을까요? 지금은 어떤가요?

생각해 보면 테크놀로지의 경계는 뚜렷하지 않습니다. 현대 교육에서도 그 경계는 분명치 않습니다. 이것은 장애인을 위한 보조공학assistive technology에서 명확히 드러납니다.

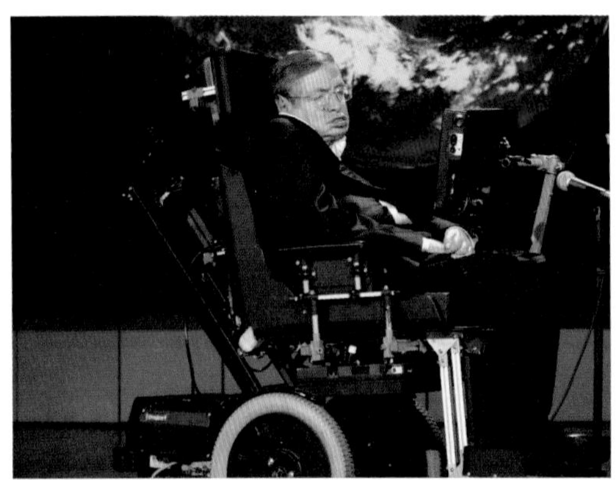

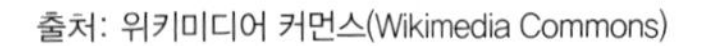

출처: 위키미디어 커먼스(Wikimedia Commons)

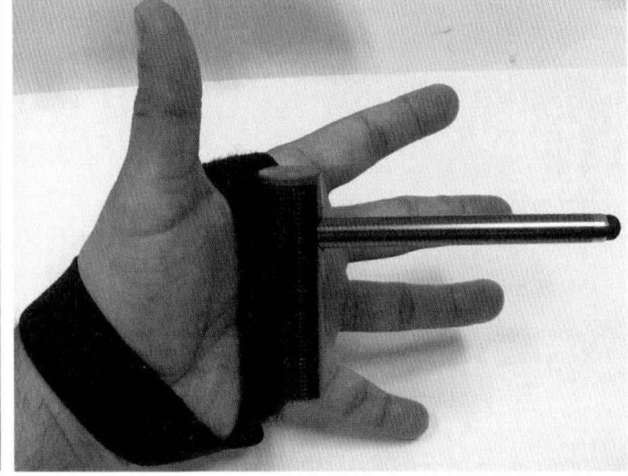

출처: OT's with Apps Blog

왼쪽 사진은 스티븐 호킹Stephen Hawking 박사의 휠체어와 컴퓨터입니다. 루게릭병을 앓던 호킹 박사는 휠체어에 부착된 고성능 음성합성기를 이용해 대화를 했다고 합니다. 호킹 박사가 쓰던 이 첨단 시스템은 물론 테크놀로지입니다. 또한 보조공학에는 비교적 단순한 도구도 있습니다. 오른쪽 사진과 같이, 손으로 물건을 쥐기 힘든 사람들이 터치스크린 펜을 쥘 수 있게 도와주는 벨크로 테이프도 테크놀로지에 해당합니다.

현재 보조공학에서는 테크놀로지를 로테크low-tech, 미드테크mid-tech, 하이테크high-tech로 분류합니다. 물론 보조공학에서도 테크놀로지의 경계는 지속적으로 변하고 있습니다. 테크놀로지가 발달하면서 점차 미드테크가 줄어들고 로테크와 하이테크가 많아지고 있기도 하지요.

- **로테크**: 수첩, 시간표, 특수하게 디자인된 종이(예 모눈종이, 엠보싱 종이), 특수한 연필(예 두꺼운 연필, 가는 연필, 무거운 연필, 삼각 연필), 연필 그립, 잡기 쉬운 지우개, 포스트잇, 말랑이, 벨크로 테이프, 수치가 점자로 표시된 자, 클립 등
- **미드테크**: 전자기기, 오디오북, 스피커, 마이크, 휠체어, 스쿠터, 점자정보단말기, 버튼식 입력장치, 계산기, 전자사전, 특수 키보드 등
- **하이테크**: 컴퓨터, 태블릿, 전동 휠체어, 음성인식 기기, 스마트보드, 알람기기, 보완대체 의사소통 기기 등

흥미로운 점은 보조공학에서 테크놀로지를 분류할 때 '얼마나 많은 훈련이 필요한가'를 기준으로 삼는다는 것입니다. 별도의 훈련 없이 사용할 수 있으면 로테크, 훈련이 많이 필요하면 하이테크로 분류합니다. 이 책에서는 보조공학에서 하이테크로 분류하는 기술들을 블렌디드 러닝에 활용할 만한 의미 있는 테크놀로지로 보려고 합니다. 이렇게 본다면 연필 사용은 많은 훈련이 필요하지 않으므로 우리가 정의하는 테크놀로지에 포함되지 않고, 컴퓨터나 스마트 기기의 사용은 아직 훈련이 필요하므로

테크놀로지에 포함될 수 있겠습니다. 하지만 우리는 지금 테크놀로지인 것이 미래에는 더 이상 테크놀로지가 아닐 수도 있음을 염두에 두어야 합니다.

블렌디드 러닝을 잘하기 위해서는 말랑말랑한 인식, 즉 유연성을 유지하는 것이 중요합니다. 블렌디드 러닝을 잘하기 위한 핵심 역량이 바로 이 유연성입니다. 생소한 테크놀로지나 새로운 교수법이 등장할 때마다 두려움과 거부감이 느껴질 수 있습니다. 그럴 때 덮어놓고 "싫어"라고 말하기보다, "뭔지 알아보기라도 할까?" 혹은 "나도 한번 해 볼까?"라고 유연하게 생각해 보셨으면 합니다. 그래도 테크놀로지에 거부감이 든다면 플라톤의 시대에는 쓰기에 거부감을 가졌던 사람들이 있었음을 기억하시기 바랍니다. 그 당시 최첨단 테크놀로지였던 쓰기는 이제 일상이 되었습니다.

보완대체 의사소통(AAC) 기기

장애인 중에는 다양한 이유로 구어口語(소리 내어 하는 말)를 하지 못하는 이들이 있습니다. 머릿속으로 말을 생각할 수는 있지만 입 주변의 근육이 경직되어 소리 내어 말하지 못할 수도 있고, 원하는 말과는 다른 말이 자꾸 튀어나올 수도 있고, 아예 말이 생각나지 않을 수도 있습니다. 그러한 경우에 말을 대신할 수 있는 다른 의사소통 수단을 이용해 자기표현을 할 수 있게 도와주는 장치가 바로 보완대체 의사소통augmentative and alternative communication: AAC 기기입니다. 가장 대표적인 AAC 기기는 호킹 박사가 사용했던 기계음입니다. 자신이 하려는 말을 손끝으로 선택하여 컴퓨터가 대신 말해 주게 하는 장치이지요. 호킹 박사는 그러한 AAC 기기를 이용해 논문도 쓰고 발표도 했습니다.

하지만 호킹 박사의 기계음처럼 하이테크인 AAC 기기만 있는 것은 아닙니다. 인지 능력이 낮은 사람이나 나이가 어린 아이들은 기계를 다루는 데 미숙할 수도 있고, 글씨를 잘 읽지 못해 자신이 원하는 단어를 찾기 어려울 수도 있습니다. 이때 의사표현을 위해 간단한 그림카드를 이용할 수 있습니다. 예를 들면 화장실을 가고 싶을 때 화장실 그림이 그려진 카드를 꺼내 선생님에게 준다거나, 물을 마시고 싶을 때 물이 그려진 그림카드를 가리키는 방식입니다. 이러한 그림카드도 AAC의 일종이라 할 수 있습니다.

02 테크놀로지를 누가 사용하는가

블렌디드 러닝에서는 테크놀로지를 누가 사용하는지를 중요하게 여깁니다. 예를 들어 교사가 파워포인트를 사용하는 것도 블렌디드 러닝이라고 볼 수 있을까요? 라디오, TV, 컴퓨터, 시디롬CD-ROM, 파워포인트 등이 수업에 처음 사용되기 시작했을 때는 분명 특별한 방식의 교수·학습 방법이었습니다. 그러나 이 테크놀로지들은 이제 칠판이나 연필처럼 흔해졌고 거의 대부분의 수업에서 교수자가 활용하고 있기에 더 이상 특별한 이름을 붙여 연구하고 장려할 필요가 없어졌습니다.

따라서 최근의 연구 동향에서는 수업 중에 테크놀로지를 활용한다고 해서 모두 블렌디드 러닝이라고 보지 않습니다. 지금은 학습자의 경험과 주도적 학습을 위해 테크놀로지를 활용하는 수업만을 블렌디드 러닝이라 합니다. 이러한 관점에서 보았을 때 블렌디드 러닝은 테크놀로지가 풍부한technology-rich 환경과는 구분됩니다. 교사가 파워포인트를 많이 사용하는 것만으로, 또는 여러 종류의 테크놀로지를 활용하는 것만으로 블렌디드 러닝이 되는 것은 아니라는 뜻입니다.

우리가 테크놀로지를 활용해 추구하는 것은 교육의 효율성을 높이는 것 이상입니다. 우리는 테크놀로지를 통해 '깊은 학습deeper learning' ▶▶p.074이 일어나기를 원합니다. 그렇다면 테크놀로지를 어떻게 사용할 때 깊은 학습이 일어날까요? 바로 학습자가 주도적으로 사용할 때입니다. '테크놀로지가 풍부한 환경'과 '블렌디드 러닝'을 구분 짓는 결정적 특징은 테크놀로지 사용의 주도성이 누구에게 있는가 하는 것입니다.

크리스텐슨 연구소

미국의 블렌디드 러닝 싱크탱크인 크리스텐슨 연구소Christensen Institute에 의하면 학습자가 시간time, 장소place, 경로path, 속도pace 중 한 가지 혹은 그 이상에서 어느 정도의 주도성을 가져야만 블렌디드 러닝이라고 할 수 있습니다(Horn & Staker, 2014). 예를 들어 수업 시간에 교사가 일방적으로 유튜브 영상을 보여 주는 것은 블렌디드 러닝이 아닙니다. 하지만 학생들이 그 유튜브 영상을 언제 볼지(시간), 어디에서 볼지(장소), 어떻게 접속해서 볼지(경로), 한 번에 다 볼지 아니면 중간중간 끊어 가며 볼지(속도) 등을 스스로 결정할 수 있다면, 그것은 블렌디드 러닝이라 할 수 있습니다.

블렌디드 러닝에서 테크놀로지를 누가 사용하는지를 중요하게 여기는 이유는 다음과 같습니다.

여기 마이크가 있습니다. 이 마이크는 테크놀로지를 상징합니다. 어떤 강사가 이 마이크를 이용해 역량 있는 가수를 길러 내길 원한다고 합시다. 그런데 마이크가 존재한다고 해서 노래를 배우는 학생의 실력이 저절로 늘지는 않습니다. 강사 혼자만 마이크를 쥐고 계속 노래한다면, 강사의 가창력이 나아질 수는 있어도 학생이 노래를 더 잘하게 되지는 않습니다. 의미 있는 학습은 강사가 쥐고 있는 마이크를 학생에게 넘겨주고 직접 노래하는 경험을 부여할 때 비로소 일어납니다. 즉, 테크놀로지의 존재만으로 학습자의 역량이 저절로 높아지지 않는다는 얘기입니다. 진정한 학습, 깊은 학습은 그 테크놀로지를 학습자가 사용할 때 일어납니다. 지금 여러분의 수업에서 파워포인트를 사용하고 있나요? 파워포인트를 '누가' 사용하고 있나요? 혹시 교수자만 사용하고 있지는 않나요? 테크놀로지를 활용해 깊은 학습이 일어나는 수업을 하려면 테크놀로지 사용의 주도권을 학습자에게 넘겨야 합니다.

이렇듯 블렌디드 러닝에서는 그 도구를 누가 사용하느냐가 아주 중요한 이슈입니다. 코로나로 원격수업이 한창일 때 몇몇 교육 관련 회사들이 저에게 자문을 요청했습니다. 파워포인트 같은 교사용 저작도구를 설계하려고 하는데 조언을 구한다는 것이었지요. 제가 "교사용 저작도구가 필요한 이유가 무엇인가요?"라고 물었더니, 교사들이 쉽게 콘텐츠를 제작하도록 도와주기 위해서라고 합니다. 이는 교사를 위한 마이크를 또 만든다는 의미입니다. 국가에서도 콘텐츠 및 교사용 저작도구 개발을 지속적으로 지원하고 있습니다. 역량 강화와 상호작용적 수업을 추구한다고 하면서, 실제적으로는 인강형의 일방향적 수업을 강화하는 데 큰 비용을 들이고 있는 것입니다. 교사를 위한 마이크는 이제 그만 만들어도 될 것 같습니다.

블렌디드 수업의 핵심은 교사가 쥐고 있던 마이크를 학생에게 넘기는 것입니다. 다시 말해 블렌디드 수업이란 학생이 학습의 주도권을 갖는 수업입니다. 이는 물론 교수자가 미리 치밀하게 계획해 놓은 수업 설계 안에서 이루어져야 합니다. 저작도구를 교사가 아닌 학생이 사용하게 하십시오. 콘텐츠를 학생이 만들게 하십시오. 학습이 일어나게 하는 것은 대단하고 화려한 콘텐츠가 아닙니다. 학생이 스스로 문제를 발견하고 조사하고 고민할 때, 진정한 학습이 일어납니다.

깊은 학습이란

미국 휴렛 재단Hewlett Foundation의 바버라 초Barbara Chow에 의하면 깊은 학습에는 '고차원 기술을 적용하여 교육과정을 철저하게 숙달할 수 있는 능력, 비판적 사고와 문제해결력, 협력, 의사소통 능력, 자기주도 학습, 학업에 임하는 마음가짐' 등 여섯 가지 주요 특징이 있습니다(Bellanca, 2014/2019).

이 중 비판적 사고와 문제해결력, 협력, 의사소통 능력, 자기주도 학습은 우리도 익히 아는 학습 역량입니다. 그런데 여기에 더하여 '핵심 학업 내용의 숙달 및 융합'과 '학업에 임하는 마음가짐'이 제시되어 있습니다. '핵심 학업 내용의 숙달 및 융합'이란 단편적 지식이 아닌 깊이 있는 지식, 연결된 지식의 습득을 의미합니다. '학업에 임하는 마음가짐'이란 평생학습을 위한 역량으로, 학교 안을 넘어 학교 밖, 나아가 졸업한 후에도 자기주도적으로 학습하는 태도를 뜻합니다.

03 블렌디드 러닝의 정의

블렌디드 러닝의 정의는 학자들마다 조금씩 다릅니다. 여기서는 블렌디드 러닝에 있어 권위를 지닌 크리스텐슨 연구소의 정의를 소개합니다(Horn & Staker, 2014). 크리스텐슨 연구소는 블렌디드 러닝을 "형식 교육 내에서 일부분을 온라인으로 학습하며, 여기에는 시간, 장소, 경로, 속도 중 한 가지 이상에 대하여 학습자가 스스로 조절할 수 있는 요소가 있다"라고 정의합니다.

이 정의에는 세 가지 핵심 개념이 포함되어 있습니다. "학습자가 조절", "형식 교육", 그리고 "통합적 학습 경험"입니다(Horn & Staker, 2014). 우선 학습자가 조절한다 함은 학습을 하는 시간, 장소, 경로, 속도에 대하여 학습자가 어느 정도의 통제권을 가진다는 뜻입니다. 예를 들면 단순히 선생님이 시켜서 계산기로 문제를 풀거나 컴퓨터로 필기를 한다면 그것은 블렌디드 러닝이 아닙니다. 그러나 고대 잉카문명을 연구하는 과정에서 온라인으로 자료를 찾아보고(경로), 그렇게 찾은 자료를 각자 편한 시간에 편한 장소에서 구글 문서를 활용해 정리한다면(장소/시간), 혹은 주어진 기간 동안 자율적으로 계획해서 연구를 진행한다면(속도), 그것은 블렌디드 러닝이라 할 수 있습니다.

그다음 핵심 개념은 형식 교육입니다. 형식 교육 내에서 이루어지는 학습이어야 블렌디드 러닝에 포함될 수 있습니다. 형식 교육이란 쉽게 말해 학교 교육을 뜻합니다. 그러니 취미나 여가, 자기계발, 취업 또는 시험 대비를 위한 학습은 형식 교육이 아닙니다. 홈스쿨링의 경우에도 공식적인 학교 교육이 아니므로 형식 교육이라 할 수 없습니다. 또한 형식 교육에는 학교라는 물리적 공간과, 학습을 기획하고 운영하는 교수자가 있어야 합니다. 따라서 인강을 활용해 집에서만 하는 학습은 블렌디드 러닝이 아닙니다. 형식 교육도 아니고, 이를 기획하고 운영하는 선생님도 없기 때문입니다. 그런데 최근에는 코로나로 인해 형식 교육 공간의 경계가 모호해진 면이 있습니다. 따라서 포스트 코로나 시대에는 원격수업이라는 형태로 학교에서의 학습이 가정으로 확장되는 것까지는 형식 교육에 포함될 수 있겠습니다.

TIP

교육은 그 형태에 따라 형식 교육, 비형식 교육, 무형식 교육으로 구분되기도 합니다.

형식 교육 formal learning | 공식적인 교육 시스템에서 이루어지는 교육입니다. 교육과정과 교육계획, 구체적인 목표가 있고 시험으로 평가합니다. 학교 교육이 대표적인 형식 교육입니다. 형식 교육에서는 교육을 수료했다는 증명인 졸업장이나 학위를 수여합니다.

비형식 교육 non-formal learning | 형식 교육 외에서 이루어지지만 어느 정도 구조가 있고 '의도된' 교육입니다. 특정 기술을 배우기 위해 의지를 가지고 수업을 받는다면 이는 비형식 교육에 해당합니다. 하지만 교육과정이 있거나 꼭 시험을 보지는 않습니다. 축구 클럽, 토론 활동, 합창단 활동, 오케스트라 연주 등이 비형식 교육에 속합니다.

무형식 교육 informal learning | 지역사회에서 이루어지는 교육으로, 가족 생활, 박물관 방문, 놀이터에서 놀기, 혼자 유튜브 보기, 장난감 갖고 놀기, 요리, 쇼핑 등 일상적인 활동을 통해 자연스럽게 학습이 일어날 때 이를 무형식 교육이라고 합니다. 교육이 일차적 목적이 아니라는 점에서 '의도되지 않은' 교육이라 할 수 있습니다. 대체로 미취학 아동일 때는 무형식 교육을 통해 언어를 습득하다가, 학교에 들어가면 형식 교육을 통해 언어를 공부하게 됩니다.

마지막 핵심 개념은 통합적 학습 경험입니다. 이는 수업의 모든 요소가 서로 긴밀히 연결되어 있어야 한다는 의미입니다. 예를 들어 수학 시간에 주어진 문제를 다 풀고 나면 마음대로 연산 게임을 하게 해 주는 것은 블렌디드 러닝이 아닙니다. 두 수업 요소가 분리되어 있기 때문입니다. 반면 과학 시간에 대면으로 실험을 하고 그 데이터를 컴퓨터에 입력해 확장된 시뮬레이션을 구동해 보면서 발견 학습을 한다면, 이것은 블렌디드 수업이라 할 수 있습니다. 블렌디드 수업에서는 대면적 요소와 온라인적 요소가 잘 '블렌드'되어 시너지 효과를 내는 것이 중요합니다. 이를 통합적 학습 경험이라고 합니다.

학급에서 교수자들은 다음 중 한 가지 방법으로 테크놀로지를 사용할 수 있습니다(Bonk et al., 2005).

❶ 편리함을 위한 테크놀로지 사용 To Enable

편리함과 접근성을 높이는 데에만 테크놀로지를 사용합니다. 편리함만을 위해 현재 교실에서 하는 수업의 일부분을 테크놀로지로 대체합니다. (예 계산기로 계산하기)

❷ 풍성함을 위한 테크놀로지 사용 To Enhance

교수법이 조금 수정되긴 하지만, 완전히 바뀌지는 않습니다. 현재 교실에서 하는 수업의 일부분을 테크놀로지로 보충함으로써 수업을 좀 더 풍성하게 만듭니다. (예 위키백과 활용하기)

❸ 혁신을 위한 테크놀로지 사용 To Transform

테크놀로지의 활용으로 인해 교수법이 완전히 바뀝니다. 교수자가 주도권을 잡고 있던 기존의 교수·학습 모델에서 벗어나, 학습자가 학습의 주도권을 갖습니다. 테크놀로지를 이용하여 기존의 교실에서는 할 수 없었던 새로운 활동들을 하게 됩니다. (예 학생들이 디지털 툴로 콘텐츠 생산하기)

그럼 이 세 가지 중에서 무엇이 블렌디드 러닝일까요? 바로 ❸번 '혁신을 위한 테크놀로지 사용'입니다. 블렌디드 러닝의 핵심 개념인 '학습자가 조절, 형식 교육, 통합적 학습 경험'의 조건을 모두 만족시키는 것이 ❸번이기 때문입니다. 편리함이나 풍성함을 위한 테크놀로지 사용은 이제 더 이상 블렌디드 러닝이라고 보기 어렵습니다. 이상적인 블렌디드 러닝 ▶▶p.100 은 오프라인과 온라인의 단순한 물리적 결합이 아닙니다. 오프라인수업과 온라인수업의 요소가 밀접히 연관되어 있으며 두 요소가 통합되어 더 깊은 학습이 일어날 때, 이를 블렌디드 러닝이라고 할 수 있습니다.

04 블렌디드 러닝의 포커스 : 인지적 구성주의

이전 책인『최고의 원격수업 만들기』에서는 상호작용적 수업을 강조했습니다. 학생들이 대면으로 만나지 못하는 상황에서 가장 부족했던 것이 상호작용을 통한 학습이었기 때문입니다.

> **TIP**
>
> **상호작용** | 전통적으로 교육에서의 상호작용은 사람과 사람 간의 의사소통적 주고받음을 의미합니다. 대화, 눈 맞춤, 제스처, 이메일, 피드백, 문자 등이 모두 상호작용에 포함되지요. 커뮤니케이션과 비슷한 의미이지만, 커뮤니케이션은 언어적 주고받음에 좀 더 초점이 맞춰져 있습니다. 반면 상호작용은 언어적 소통과 비언어적 소통을 포괄하는 개념이며, 사람과 사람 간의 관계, 즉 개인적인 관계에 좀 더 초점을 둡니다.

교육에서 상호작용을 강조하는 이유는 인간의 학습 방식 때문입니다. 우리는 어떻게 학습할까요? 예전에는 교수자가 학습자에게 지식을 입력해 준다고, 혹은 먹여 준다고 생각했습니다. 학습자를 철저히 수동적인 존재로 여겼지요. 학습이란 기존의 지식을 복사해서 학습자의 머릿속에 붙여넣는 것, 소위 '복붙'하는 것으로 이해되었습니다. 그런데 장 피아제 Jean Piaget라는 심리학자는 자녀들을 관찰하면서 학습자가 놀이를 통해 스스로 지식을 만들어 간다는 것을 알게 되었습니다. 학습자가 자신의 학습에 수동적으로 임하는 것이 아니라, 적극적으로 관여한다는 생각을 하게 된 것입니다.

그 뒤를 이은 존 듀이John Dewey ▶▶p.215 라는 교육학자는 학습자가 놀이뿐 아니라 경험 전반을 통해 학습하게 된다고 주장했습니다. 책이나 강의는 물론, 경험을 통해서도 학습이 일어난다는 것이지요. '겨울에는 춥다'는 사실은 글로 읽어서 학습할 수도 있지만, 한겨울에 밖에 나가 추위를 경험함으로써 알게 되기도 합니다. 듀이는 후자가 더 의미 있는 학습이라고 보았습니다.

한편 레프 비고츠키Lev Vygotsky라는 심리학자는 사람이 경험뿐 아니라 다른 사람과 대화할 때, 즉 상호작용할 때 깊은 학습을 하게 된다고 주장했습니다. 여러분도 학창시절에 그런 경험이 있으신가요? 시험을 보기 전에 친구와 서로 예상 문제를 내고 맞혀 보면서 공부했던 경험요. 혹은 내가 이해하지 못한 내용을 다른 사람에게 물어보다가 스스로 깨달은 적은 없으신가요? 여러 사람과 토론하는 과정에서 새로운 사실을 알게 된 적은요? 이러한 것들이 비고츠키가 말한 상호작용을 통한 학습입니다. 비고츠키는 우리가 경험을 통해서도 지식을 만들지만, 상호작용을 통해서도 만든다고 보았습니다.

피아제와 듀이처럼 지식이 개인의 머릿속에서 만들어진다고 보는 관점을 인지적 구성주의라고 합니다. 그리고 비고츠키처럼 지식이 사회적 상호작용을 통해 만들어진다고 보는 관점을 사회적 구성주의라고 하지요. 두 관점 모두 '구성주의'라는 용어가 포함되어 있습니다. 구성주의는 영어로 'constructivism'이고, 여기서 'construct'는 '건설하다'라는 뜻입니다. 그러니 쉽게 말해 구성주의란 학습자가 건물을 짓듯 머릿속에서 지식을 스스로 건설해 나간다고 보는 관점이라 할 수 있습니다.

레고Lego라는 블록 장난감이 있습니다. 구성주의 교육의 상징이 바로 레고입니다. 아이들에게 레고는 놀이입니다. 아이들은 스스로 레고 블록들을 조립하여 의미 있는 형태를 만들어 나갑니다. 또 블록을 조립하는 핸즈온 조작을 통해 무언가를 만드는 '경험'을 하지요. 아이들은 혼자 블록을 쌓으며 놀기도 하지만, 다른 사람과 이야기하며 함께 만들기도 합니다. 그런데 레고는 아이들에게 블록을 조립하여 정해진 결과물을 만들도록 직접적으로 가르치거나 주입하지 않습니다. 하지만 아이들은 레고를 조작하면서 의미 있는 경험을 하고, 이러한 경험을 통해 자연스럽게 학습을 하게 됩니다. 구성주의에서는 아이들이 레고로 건물을 짓는 것처럼 학습자들이 머릿속에 지식을 짓는다고 봅니다.

원격수업에서는 대면 상호작용이 부족하기 때문에 사회적 구성주의가 강조되었다면, 상호작용이 어느 정도 충족되는 블렌디드 러닝에서는 인지적 구성주의에 대해 생각할 여력이 있습니다. 블렌디드 러닝은 대면수

레고와 구성주의, 구조주의

앞서 언급한 시모어 페퍼트는 레고의 교육적 의미를 연구한 학자 중 가장 유명한 사람입니다. 페퍼트는 피아제의 제자이자 동료였습니다. 피아제가 구성주의의 대표 학자라면, 페퍼트는 구조주의의 대표 학자입니다.

구성주의는 인간이 어떻게 학습하는가에 대한 교육심리학으로서, 인간의 머릿속에서 일어나는 보이지 않는 인지적 과정을 추측하는 이론입니다. 한편, 구조주의constructionism는 일종의 교육 방법입니다. 눈에 보이는 구체물을 가지고 무언가를 만드는 construct 활동을 통해 구성주의적 학습을 할 수 있다는 방법론인 것이지요. 따라서 구성주의가 상위 개념이고, 구조주의가 하위 개념이라고 할 수 있겠습니다. 페퍼트는 어떤 것을 만들 때 학습이 가장 활발하게 일어난다고 하였습니다. 예를 들면 바닷가에서 모래성을 만들 때, 혹은 우주를 연구하며 이론을 만들 때 가장 활발하게 학습한다는 뜻입니다. 앞서 소개한 애플 II의 코딩 학습 프로그램 '로고'도 바로 이러한 철학을 반영한 교육이었습니다. 레고가 물리적 환경에서 블록을 가지고 무언가를 만드는 것이라면, 로고는 가상의 환경에서 코딩을 통해 무언가를 만들어 내는 것입니다.

업을 전제로 하므로 상호작용에 대한 욕구와 사회적 구성주의를 통한 학습이 꽤 충족된다고 볼 수 있습니다. 그래서 강조되어야 할 우선순위가 바뀌는 것입니다.

상호작용이 부족한 원격수업에서는 사회적 구성주의(왼쪽)를 강조해야 했습니다. 블렌디드 러닝에서는 인지적 구성주의(오른쪽)에 더 초점을 맞출 수 있습니다.

블렌디드 러닝에서는 학습자가 자신의 학습에 대해 어느 정도의 통제권을 가져야 한다고 했습니다. 이는 학습자를 수동적 존재가 아닌 적극적 존재로 보아야 가능합니다. 이렇듯 학습자를 지식의 '소비자'가 아닌 지식의 '생산자'로 보는 관점은 인지적 구성주의에 그 근거가 있습니다.

05 블렌디드 러닝과 하이브리드 러닝

교육계에 있던 사람이라면 블렌디드 러닝이라는 용어가 예전부터 익숙했을 것입니다. 반면 하이브리드 러닝hybrid learning은 코로나로 원격수업이 시작된 이후부터 자주 접하게 되었을지도 모릅니다. 블렌디드 러닝이라는 용어가 더 오래 사용되기는 했지만, 하이브리드 러닝도 코로나 이전부터 있었던 교육 방식입니다.

그럼 블렌디드 러닝과 하이브리드 러닝, 이 둘은 무엇이 다를까요? 여기에 대해서는 학자들 사이에서도 의견이 분분합니다. 어떤 이들은 아래 그림처럼 수업에서 오프라인과 온라인이 차지하는 비중에 따라 수업의 종류를 크게 네 가지로 분류합니다.

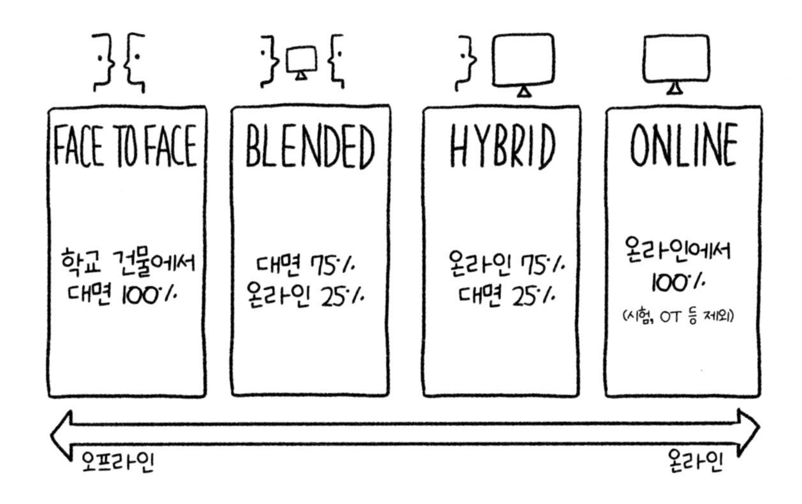

가장 왼쪽의 대면수업이 100% 오프라인수업을, 가장 오른쪽의 원격수업이 100% 온라인수업을 의미한다면, 블렌디드는 오프라인수업이 주가 되고 온라인수업이 부가 되는 경우를 뜻합니다. 반면 하이브리드는 온라인수업이 주가 되고, 오프라인수업이 부가 되는 경우를 말합니다. 즉, 온라인수업과 오프라인수업 중 어느 것이 중점이 되느냐에 따라 블렌디드와 하이브리드를 구분하는 방법이지요. 만약 혼란스럽다면 시간의 비중으로 생각해 보셔도 됩니다(College of DuPage, 2020). 수업 시간의 25~50%를 온라인으로 하고 나머지를 오프라인으로 하는 경우를 블렌디드 수업, 25~50%를 오프라인으로 하고 나머지를 온라인으로 하는 경우를 하이브리드 수업으로 보는 것입니다. 그러나 두 가지를 동시에 사용할 수도 있기 때문에 이 분류 방식을 항상 적용할 수 있는 것은 아닙니다.

또 어떤 이들은 한 번의 수업에서 오프라인과 온라인을 모두 하는 경우를 블렌디드 수업으로, 둘 중 한 가지만 하는 경우를 하이브리드 수업으로 분류합니다. 예를 들어 등교하는 날에는 대면수업만 하고, 등교하지 않는 날에는 원격수업만 하는 방식이 하이브리드 수업입니다. 블렌디드 수업의 경우 오프라인 모드에서 온라인 모드로의 전환이 눈에 띄지 않고 그 경계가 모호한 반면, 하이브리드 수업에서는 오프라인 모드와 온라인 모드 사이의 환경적·시간적 구분이 분명합니다. 이러한 관점에서 보면 코로나 시기의 원격수업은 하이브리드 수업이라고 할 수 있겠습니다.

시스템적 관점이 아닌 교수·학습적 관점에서 본다면, 블렌디드 러닝은 대면수업, 하이브리드 수업, 원격수업 모두에서 사용할 수 있는 방법입니다. 블렌디드 러닝은 최고의 교육 효과를 내기 위해 온라인 경험과 오프라인 경험을 어떻게 어우러지게 '디자인'할지에 관심을 두기 때문입니다. 따라서 이 책에서는 하이브리드와 블렌디드를 통틀어 '블렌디드'라는 용어를 사용하였습니다.

06 블렌디드 러닝 모델

블렌디드 러닝의 모델을 어떤 이는 여섯 가지로, 어떤 이는 네 가지로, 또 어떤 이는 열두 가지로 제시합니다. 이렇게 학자마다 의견이 다른 이유는 블렌디드 러닝의 역사가 짧기 때문이기도 하지만, 테크놀로지가 계속 변화하기 때문이기도 합니다. 그래서 이 책에서는 현재 사용되는 블렌디드 러닝 모델을 종합하여, 그중 우리나라 시스템에서 활용 가능한 것만 골라 소개하고자 합니다.

1 대면주도 모델

대면주도 모델Face-to-Face Driver Model은 대면수업에 테크놀로지를 곁들이는 방식으로, 전통적인 대면수업과 가장 가까운 모델입니다. 이전에는 수업 중에 교사가 시디롬이나 파워포인트를 사용하는 것도 이 모델에 해당한다고 보았지만, 지금은 너무 일반화된 테크놀로지라 특별히 블렌디드 러닝으로 분류할 필요가 없어졌습니다. 따라서 최근에는 학생들이 온라인 자료를 활용하여 독립적으로 학습하는 수업 방식을 이 모델의 전형으로 봅니다.

대면주도 모델의 수업에서는 학생들이 각자 기기를 이용해 자신의 수준에 맞게 속도를 조절해 가며 학습합니다. 이 모델은 대면수업을 개별화

할 수 있다는 장점이 있으며, 다양한 수준의 학생들이 있는 수업에서 가장 유용합니다.

| 수업 적용 | 영어 수업에서 학생들이 1인 1기기로 각자 전자책e-book을 읽습니다. 자신의 수준에 맞는 책을 골라 읽을 수 있습니다. 책을 읽은 후에는 모여서 토론을 합니다.

2 로테이션 모델

로테이션 모델Rotation Model은 학생들이 여러 장소(스테이션station)를 돌아다니며 학습하는 방식입니다. 기존의 대면수업에서도 많이 사용되던 모델인데, 블렌디드 러닝에서의 로테이션 모델 역시 이와 거의 동일합니다. 다만 학습 스테이션 중 적어도 하나가 온라인 학습이라는 점에서 전통적인 로테이션 수업과 차이가 있습니다.

학생들은 정해진 순서와 시간에 맞춰 한 스테이션에서 다른 스테이션으로 이동합니다. 이 이동은 교실 내 이동일 수도 있고, 다른 교실로의 이동일 수도 있으며, 온라인으로의 이동일 수도 있습니다. 예를 들어 '온라인 학습 스테이션 – 소그룹 토론 스테이션 – 연필로 쓰는 과제 스테이션' 사이를 이동할 수 있습니다. 또는 '온라인 학습 스테이션 – 교사와의 소그룹 학습 스테이션' 사이를 이동할 수도 있지요. 필요에 따라 교사가 여러 가지 스테이션을 설정해 사용하면 됩니다. 단, 로테이션 모델에서는 일정 시간이 지나면 교사가 "다음 스테이션으로 가세요"라고 지시를 내리는 것이 중요합니다.

로테이션 모델은 여러 스테이션을 통해 다양한 학습 경험을 제공할 수 있다는 장점이 있습니다. 또 학습자 관리가 용이한 편이라 활용도가 높지요. 로테이션 모델을 적용한 수업 방법들을 좀 더 구체적으로 살펴볼까요?

스테이션 로테이션

스테이션 로테이션Station Rotation은 하나의 교실 안에 여러 개의 스테이션을 만들어 놓고, 그룹별로 시간에 맞춰 스테이션을 돌게 하는 방법입니다. 예를 들면 '온라인 학습 스테이션 – 소그룹 학습 스테이션 – 독립적 학습 스테이션'을 돌게 하는 것입니다. 교수자는 이 중 소그룹 학습 스테이션에 위치하여 학생들을 직접 가르칩니다. 독립적 학습 스테이션에서는 개별적으로 학습지를 풀게 하거나 특정한 결과물을 만들게 할 수 있습니다.

예시 스테이션 로테이션

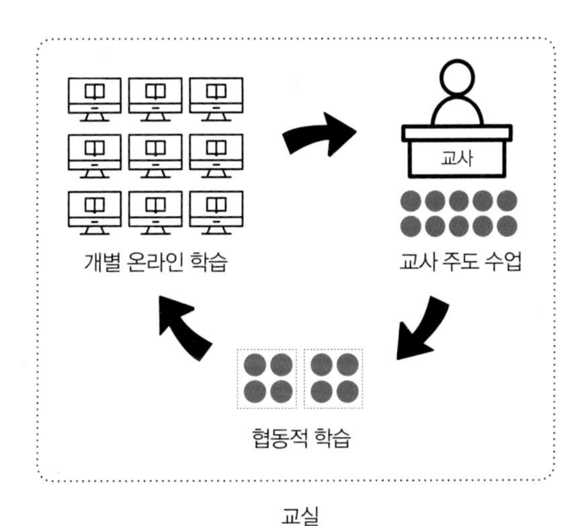

교실

랩 로테이션

랩 로테이션Lab Rotation은 여러 개의 교실을 각각 하나의 스테이션으로 사용하는 방법입니다. 일정 시간이 지나면 원래 있던 교실에서 나와 다음 교실로 가게 합니다.

예시 **랩 로테이션**

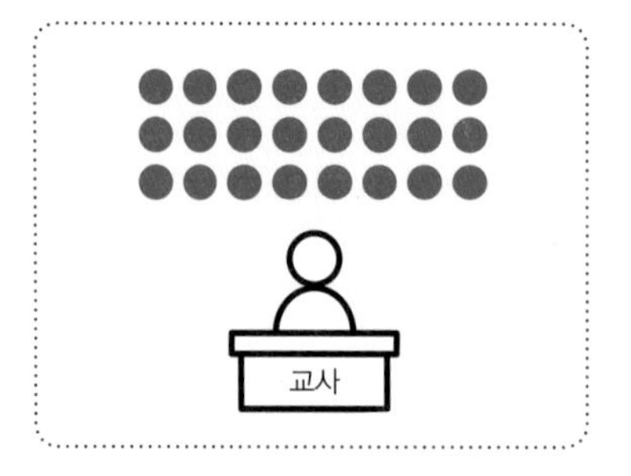

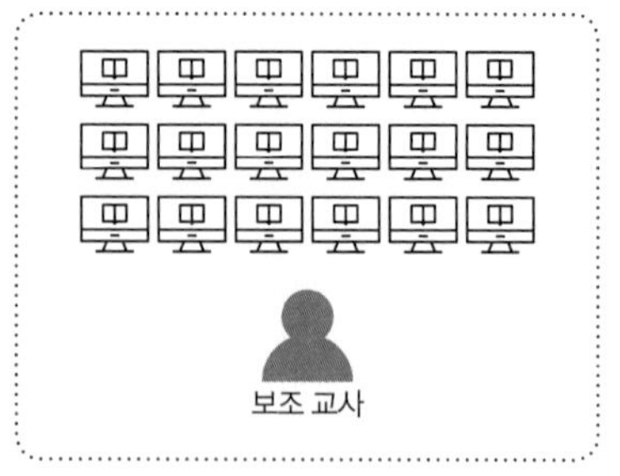

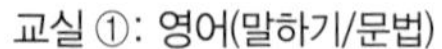
교실 ①: 영어(말하기/문법)

교실 ②: 영어(듣기/퀴즈)

| **수업 적용** | 영어 수업에서 두 개의 교실을 마련하여 교실 ①은 교수자와 대면하여 대화 수업을 하는 교실로, 교실 ②는 각자 온라인으로 학습하는 교실로 정합니다. 학생들은 두 그룹으로 나뉘어 서로 다른 교실에 들어가 학습합니다. 20분이 지나 교수자가 종을 울리면 교실을 바꾸어 들어가서 학습 활동을 합니다.

거꾸로 교실

거꾸로 교실Flipped Classroom은 집(혹은 학교 밖 장소)을 하나의 스테이션으로 보는 모델입니다. 독립적 학습은 각자 학교 밖에서 하고, 협력적 학습은 교실에 모여서 하도록 디자인하는 것이 좋습니다.

예시 **거꾸로 교실**

가정: 개별 온라인 학습

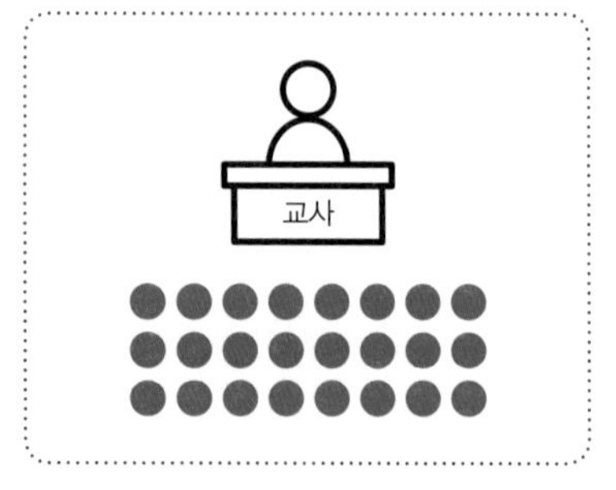

학교: 연습/프로젝트

개별 로테이션

개별 로테이션Individual Rotation은 그룹이 아닌 개별로 스테이션을 이동하는 방법입니다. 이 모델에서는 모든 학생이 모든 스테이션을 다 돌지 않고, 자신의 학습적 필요에 따라 선택하여 이동할 수 있습니다. 스테이션은 교실 내뿐만 아니라 교실 밖(예 다른 교실, 컴퓨터실, 실험실, 도서관)에 위치해도 됩니다.

예시 개별 로테이션

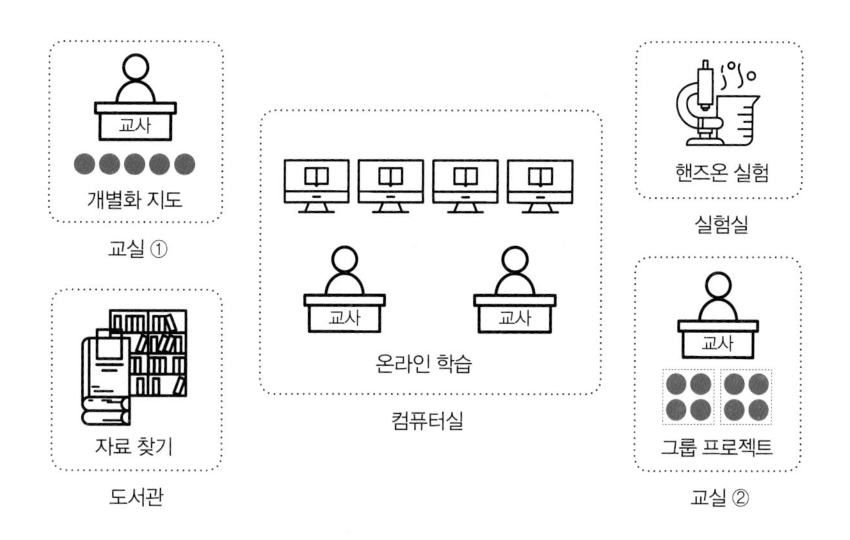

3 플렉스 모델

플렉스 모델Flex Model은 학생들이 대부분의 수업을 교실에서 온라인으로 듣고, 그 대신 자유로워진 시간을 교수자가 소그룹 지도 혹은 개인 지도를 하는 데 사용하는 모델입니다. 학생들이 등교를 하기는 하지만 온라인으로 수업을 들으므로 각자 자신의 속도에 맞게 학습할 수 있는 동시에, 밀착 지도가 필요한 학생에게 적절한 교수를 제공할 수 있습니다.

플렉스 모델은 학급 내에서 일회적으로 할 수도 있지만, 외국의 경우 시스템적으로 시행하기도 합니다. 외부 기관이 온라인 교육과정을 제공하고, 학생들은 등교하여 학습관리시스템Learning Management System: LMS으로 교육과정에 따라 수업을 들으면서 틈틈이 교사의 개별 지도나 소그룹 지도를 받는 방식입니다. 이 모델은 위험군 학생이 많을 때 활용하기 좋으며, 중등 이상의 학습자에 적합합니다.

| 수업 적용 | 음악 수업에서 학생들이 온라인 교재와 디지털 피아노를 이용하여 피아노 연주를 배웁니다. 이 중 개별 지도가 필요한 학생은 교수자가 1:1로 레슨을 해 줍니다.

| 수업 적용 | 매일 특정 장소에 가서 고등학교 검정고시 과정을 온라인으로 수강합니다. 교수자는 학생들의 질문에 답해 주거나 도움이 필요한 학생들을 지원합니다.

학습관리시스템 | 학습자의 수업이나 훈련을 관리·추적·보고·자동화하는 소프트웨어입니다. 수업 관리의 극히 일부분(공지, 과제 제출 및 채점, 단순한 퀴즈 기능 등)만 제공하는 구글 클래스룸과 달리 출석, 진도, 성취도, 진전도, 정답과 오답, 과제 제출, 시험, 발표 등 수업과 관련하여 매우 종합적인 기능을 제공합니다. 미국에서는 초등학교부터 대학교까지 블랙보드Blackboard, 캔버스Canvas 등의 상업용 패키지를 사용하는 경우가 대부분인 반면, 우리나라에서는 주로 대학에서 자체적인 LMS를 사용해 왔습니다.

4 셀프 블렌드 모델

셀프 블렌드 모델Self-Blend Model은 미국의 중·고등학교에서 흔히 사용하는 방법이며, 아라카르트 모델이라고도 불립니다. '아라카르트à la carte'란 식당에서 세트나 코스로 제공하는 메뉴가 아닌 단품 메뉴를 의미합니다. 이 단어 뜻처럼 셀프 블렌드 모델은 학교에서 제공하지 않는 수업을 자신의 필요에 따라 온라인으로 수강하는 방식입니다.

이 모델은 대면수업을 듣지만 보충 학습이 필요한 경우 또는 대학 수업을 미리 듣고 싶은 경우(미국의 AP 수업)에도 활용할 수 있습니다. 학생이 자신의 필요에 따라 수업을 듣고 학습해야 하므로, 동기가 높은 중·고등학생들에게 효과적입니다. 우리나라도 고교학점제 하에서 가능한 모델입니다.

| 수업 적용 | 듣고 싶은 외국어 수업을 학교에서 제공하지 않는 경우, 타 기관에서 제공하는 온라인 외국어 수업을 듣고 기말 시험을 쳐서 통과하면 학점을 인정받습니다.

TIP

AP 수업 | AP는 'Advanced Placement'의 줄임 말로, 미국의 대학교육협의회College Board에서 승인한 대학 수준의 교육과정과 시험을 고등학생이 수료할 수 있도록 한 프로그램입니다. 해당 수업을 수강하고 시험을 봐서 점수를 받으면(5점 만점) 대학 입학 시 가산점으로 인정받을 수 있습니다. AP 수업은 고등학교에서 교사가 개설하며, 대학교육협의회로부터 교육과정을 승인받아야 합니다. AP 수업으로 개설되는 교과목은 수학, 영어, 물리, 화학, 역사 등의 주지과목뿐 아니라 음악 이론, 미술 실기, 외국어, 컴퓨터, 경제학, 정치학, 문화학, 연구, 세미나 등 다양합니다.

5 강화된 가상 학습 모델

강화된 가상 학습 모델Enriched-Virtual Model은 온라인수업이 중심이지만 100% 온라인은 아닌 모델입니다. 오프라인 교실 또는 캠퍼스 경험 역시 중요하기 때문에 필요에 따라 교수자가 대면으로 개별 지도나 수업을 제공합니다. 말하자면 학생들이 대부분의 수업을 온라인으로 듣고, 이따금씩 대면수업을 하는 방식이지요. 코로나 시기에 주로 원격으로 수업하다가 1~2회 정도 대면수업을 했다면 이 모델을 적용했다고 볼 수 있겠습니다.

| 수업 적용 | 집에서 온라인으로 미술전공 석사 과정을 수강합니다. 전체 2년 과정 중에서 세 학기가 끝나면, 여름방학 동안 2주간의 대면수업에 참여해야 졸업 요건을 채울 수 있습니다.

6 기타 모델

앞서 블렌디드 러닝은 형식 교육 내에서 이루어지는 학습만을 포함한다고 설명하였습니다. 이는 블렌디드 러닝이 제도의 영향을 받는다는 뜻입니다. 따라서 우리와 학교 시스템이 다른 외국의 블렌디드 러닝 모델들을 우리나라에 모두 적용하기는 어렵습니다. 여기에서는 블렌디드 러닝 모델의 다양성을 확인하는 차원에서, 외국에는 있으나 우리나라에서는 아직 불가능한 모델 두 가지를 소개합니다.

온라인 랩

온라인 랩Online Lab은 완전히 온라인으로만 이루어지지만 특정 장소에 가서 학습하는 방법입니다. 이 장소에는 교수자는 없고 관리자만 있습니다. 미국처럼 땅이 넓고 인구 밀도가 낮아 교사 수급이 어려운 시골 지역 학교에서 주로 사용됩니다. 예를 들면 교육청이 동네 쇼핑몰의 빈 상점을 빌려 교육 공간으로 만들면, 학습자가 여기에 가서 온라인으로 수업을 듣는 방식입니다. 이 모델은 직업이 있는 학습자 또는 학습 속도가 유독 빠르거나 느린 중등 이상의 학습자에게 적합합니다. 그러나 일반적인 학교에서 활용되기는 어려우며 현재 우리나라의 제도에서는 불가능한 방법입니다.

온라인 드라이버

온라인 드라이버Online-Driver는 대면수업의 정반대 모델로, 오직 온라인 환경에서만 완전히 자기주도적으로 학습하는 방법입니다. 따라서 엄밀히 말하자면 블렌디드 수업이 아니라 원격수업에 해당합니다. 학생은 채팅, 이메일, 게시판 등을 활용해 교수자와 상호작용합니다. 학습 시간과 속도 등을 학생 개인의 스케줄에 따라 조절할 수 있으나 대면 상호작용이 없습니다. 장애나 질병으로 학교에 나올 수 없는 학생, 직업이 있는 학생, 학습 속도를 스스로 조절할 필요가 있는 학생에게 적합합니다.

스테이션 아이디어

로테이션 모델을 적용한 수업에서 여러 개의 스테이션을 만들 때 아이디어가 필요하다면 다음을 참고하세요.

오프라인 스테이션	온라인 스테이션
• 글 읽고 그림 그리기 • 글을 읽은 후 소그룹 토론하기 • 짝과 연습하기 • 자기가 한 것을 채점/평가하기 • 주어진 주제에 대한 자신의 생각 또는 답을 메모지에 적어 붙이기 • 메이커 스페이스 • 그림을 그리거나 만들기 • 악기 연습하기 • 측정하기 • 인터뷰하기	• 온라인상의 글 읽기 • 비디오 시청하기 • 온라인 퀴즈 풀기 • 학습 게임하기 • 온라인 게시판에서 토론하기 • 주어진 주제에 대한 자신의 생각 또는 답을 패들렛에 적어 붙이기 • 마인드맵 만들기 • 온라인으로 글쓰기 • 검색하기 • 음악 듣기 • 온라인 퀴즈 만들기

학교 안 블렌디드 러닝 vs. 확장된 블렌디드 러닝

앞에서 블렌디드 러닝의 모델들을 살펴보았습니다만, 사실 이 모델들은 컴퓨터를 여러 명이 공동으로 써야 했던 시절 혹은 컴퓨터를 사용하기 위해 특정 장소(㉠ 랩)에 가야 했던 시절의 모델이라 할 수 있습니다. 그러나 최근 몇 년 사이 클라우드 컴퓨팅(㉠ 구글 문서)이 일반화되고, 하드웨어 가격이 내려가고, 코로나로 인해 통신 인프라가 확충되면서 1인 1기기의 시대가 성큼 다가왔습니다. 하드웨어가 흔해지고 누구나 클라우드를 사용할 수 있는 환경에서의 블렌디드 러닝은, 소수의 컴퓨터를 다수가 공유해야 했던 시절의 모델과는 또 다를 것입니다. 따라서 여기에서는 1인 1기기 시대에 우리나라 교육 현실에서 고려해야 할 점에 대해 생각해 보려 합니다.

1인 1기기, 클라우드 컴퓨팅은 유비쿼터스ubiquitous한 학습을 가능하게 합니다. 그러면서 '블렌디드 러닝을 학교 안으로 제한할 것이냐, 학교 밖으로까지 확장할 것이냐' 하는 고민이 생깁니다. 이는 학교에 있는 소수의 데스크톱 컴퓨터를 다수가 공유하던 때에는 없었던 새로운 고민입니다. 1인 1기기로 블렌디드 러닝을 하고 있는 미국 페어팩스 카운티의 경우, 블렌디드 러닝이 학교 밖으로 확장되는 것을 당연하게 여깁니다. 미국에는 대학에 안 가도 된다고 생각하는 사람들도 많고, 가정에서 학습 관리가 안 되는 아이들도 많습니다. 그래서 기기 관리 이슈를 제외하고는 블렌디드 러닝의 학교 밖 확장이 크게 문제 되지 않습니다. 아니, 학교 공부를 가정으로까지 확장하기 위해 1인 1기기로 블렌디드 러닝을 하고 있다고 볼 수 있습니다.

그러나 우리나라의 교육 현실은 미국과 다릅니다. 사교육 과열, 청소년의 공부 스트레스, 소득에 따른 교육격차 등의 문제가 심각한 우리나라에서는 블렌디드 러닝을 학교 밖으로 확장하는 것에 대해 구성원 간의 합의가 필요합니다. 이미 사교육의 부담이 크고, 게임이나 인터넷 중독에 대한 사회적 우려가 있으며, 학생들의 학습 부담을 덜기 위해 숙제를 줄이려 하는 흐름을 고려하면, 학교 밖으로 확장된 블렌디드 러닝의 필요성에 대해 사람마다 의견이 다를 수 있는 것입니다.

또한 블렌디드 러닝이 학교 밖으로 확장되려면 학생들이 기기를 들고 다닐 수 있어야 합니다. 기기는 무겁고 관리도 쉽지 않으므로 학생의 나이 또한 고려해야 합니다. 페어팩스 카운티의 경우 초등학교 저학년은 기기를 학교에 두고 학교 안에서만 블렌디드 러닝을 하는 반면, 초등학교 3학년부터는 노트북을 집에 가져갈 수 있게 합니다.

그럼 이제 학교 안에서만 하는 블렌디드 러닝 모델과 학교 밖으로 확장된 블렌디드 러닝 모델에 대해 살펴보고자 합니다.

1 학교 안에서만 하는 블렌디드 러닝

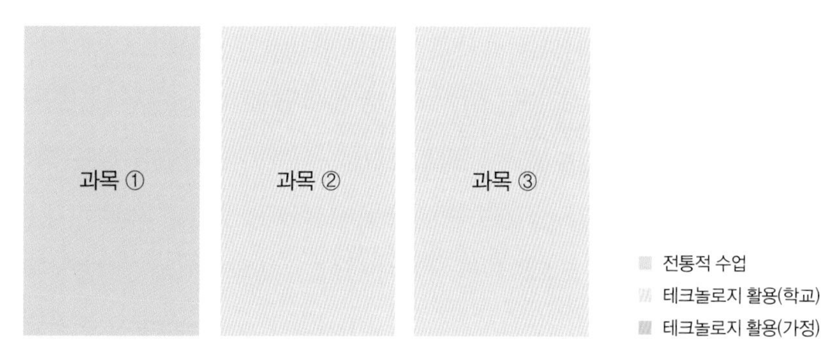

앞의 그림은 학교 안으로 제한된 블렌디드 러닝의 모델입니다. 일부 과목에서 테크놀로지를 활용하여 수업이 이루어집니다. 과목을 융합하여 수업할 수는 있지만, 정해진 학교 수업 시간 이상으로 시간을 더 들이지는 않습니다. 테크놀로지는 수업과 직접적으로 관련 있는 활동을 할 때만 사용합니다.

2 학교 밖으로 확장된 블렌디드 러닝

이제부터는 학교 밖으로 블렌디드 러닝이 확장된 모델을 소개합니다. 하루를 단위로 보았을 때와 한 과목을 단위로 보았을 때로 나누어서 설명하겠습니다.

하루를 단위로 보았을 때

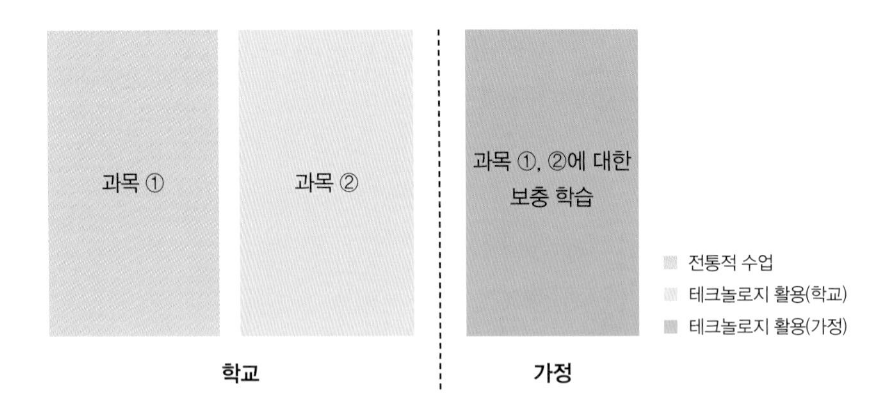

테크놀로지를 이용해 가정에서 보충 학습을 하는 형태로 블렌디드 러닝을 합니다. 이 모델에서 가정 보충 학습은 새로운 내용을 학습하는 대신, 이미 배운 것에 대한 유창성을 향상시키고 깊이를 더하는 데 집중합니다. 예를 들면 그날 배운 역사적 사건이나 과학적 현상에 대해 더 상세하게 조사하는 것, 새로 배운 영단어를 사용해 온라인으로 글쓰기를 하는 것 등입니다. 여기서 주의할 점은 학교에서 배운 내용과 긴밀히 연관된 학습 활동이어야 한다는 점입니다. 가정에서의 학습과 학교에서의 수업이 유기적이어야 진정한 블렌디드 러닝이라고 할 수 있습니다.

한 과목을 단위로 보았을 때

한 과목 내에 여러 활동이 있을 때 이를 블렌디드 러닝 방식으로 기획할 수 있습니다. 여기에는 여러 가지 방법이 있습니다. 첫 번째는 이미 잘 알려져 있는 플립드 러닝flipped learning입니다.

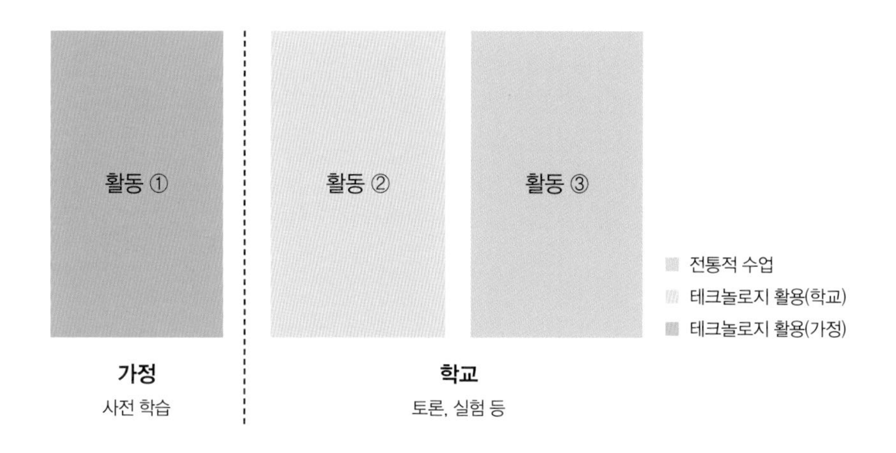

플립드 러닝은 전통적 교육 방식인 '학교=강의, 가정=개별 숙제'라는 공식을 뒤집는 방식입니다. 강의는 가정에서 온라인 비디오 등을 이용해 사전에 학습합니다. 그 후 학교에 와서는 실험이나 그룹 활동, 토론 등 대면 상호작용이 필요한 학습을 합니다. 앞 장에서 설명한 로테이션 모델 중 거꾸로 교실 ▶▶p.088 방식이기도 합니다.

코로나 시기 저희 대학에서는 대면수업 전환 여부를 매번 투표로 정했습니다. 그런데 학생들이 원격수업에 대한 불만을 토로하면서도 투표에서는 대부분 원격수업을 원한다는 응답을 했습니다. 그 이유를 물어보았더니 학생들이 이렇게 대답했습니다. “수업만 관련해서는 원격이 좋아요. 편해서요. 그런데 수업 외적인 부분에서는 대면이 좋아요.” 저는 이 말이 흥미로웠습니다. 학생들은 수업에서는 시간적·공간적 자율성을 선호하고, 수업 외 상호작용에 대해서는 대면을 선호하였습니다. 플립드 러닝은 바로 이러한 특성을 최대한 활용한 학습 방식입니다. 가정에서는 자율적으로 공부하는 과제를 주고, 학교에서는 상호작용을 요하는 활동에 집중하는 것이지요.

두 번째 방법은 한 과목 내에서 계획된 여러 가지 활동 중 일부를 가정에서 과제로 하게 하는 것입니다. 기존의 숙제 개념과 유사하지만, 테크놀로지를 활용한다는 점이 다릅니다.

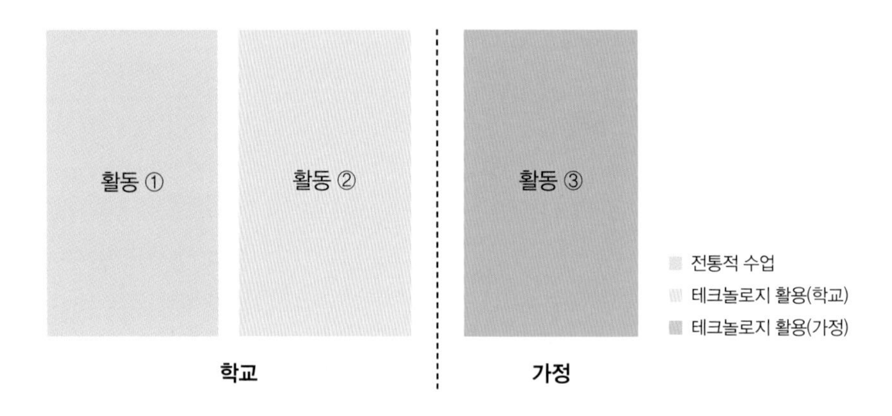

이 방법에서 과제는 해도 그만, 안 해도 그만인 형식적인 과제여서는 안 됩니다. 학교에서의 활동과 긴밀히 연관된 것이어야 하며, 테크놀로지의 강점과 학교 밖 환경을 백분 활용할 수 있다면 더욱 좋습니다. 예를 들어 집 근처 식물의 종류를 조사해서 파워포인트 만들기, 실내 기온과 실외 기온을 측정해서 엑셀에 입력하기 등입니다. 하루 만에 끝나지 않는 과제여도 괜찮습니다. 프로젝트 수업을 할 시간이 넉넉지 않은 우리나라 교육 환경에서, 이 모델은 며칠 또는 몇 주에 걸친 장기 프로젝트를 할 수 있는 좋은 방법이기도 합니다.

마지막으로 학교에서 하다가 못 끝낸 블렌디드 러닝 활동을 집에 가서 마저 해 오는 방법이 있습니다.

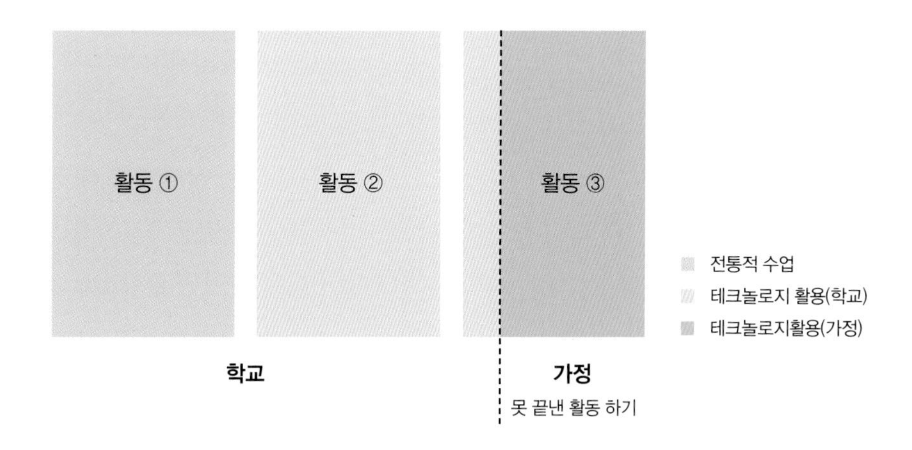

어떻게 보면 지나치게 단순해서 이런 것도 블렌디드 러닝이냐고 반문할 수 있습니다. 하지만 학교에서 하던 학습을 가정에서 이어 할 수 있다는 점이 바로 테크놀로지의 가장 큰 장점입니다. 예를 들면 학교에서 친구들과 구글 프레젠테이션으로 역사신문을 만들다가 완성하지 못한 채 수업 시간이 끝났다고 합시다. 그럴 때 다음 수업 시간까지 기다리는 것이 아니라, 학교에서 함께 하던 활동을 그대로 집에 가져가 이어서 할 수 있습니다. 이 방법은 교수자와 학습자 모두에게 유용합니다. 교수자는 부족한 활동 시간에 대한 부담을 덜 수 있고, 학습자는 학교에서 배운 것을 가정에서 자기주도적으로 이어서 학습할 수 있기 때문이지요. 테크놀로지의 강점인 유비쿼터스 환경을 가장 잘 활용하는 방법이기도 합니다.

08 이상적인 블렌디드 러닝의 모습

블렌디드 러닝은 학습자의 나이에 따라, 국가나 도시의 교육 시스템에 따라, 테크놀로지와 인프라에 따라, 혹은 시대에 따라 모두 다른 모습일 수 있습니다. 그럼에도 불구하고 다수의 전문가들이 동의하는 이상적인 블렌디드 러닝의 모습이 있습니다. 이상적인 블렌디드 러닝은 어떤 특징을 가졌을까요? 연구에 의하면 '목표와 설계의 일치, 자연스러운 흐름, 학습자 중심'으로 요약할 수 있습니다(McGee & Reis, 2012).

1 목표와 설계가 일치합니다

블렌디드 러닝을 설계하는 데에는 두 가지 방법이 있습니다. 하나는 기존의 대면수업을 기본 바탕으로 하되, 그 일부분만 테크놀로지를 이용한 수업으로 대체하는 방법입니다. 이는 원래 하던 대면수업의 일부를 테크놀로지로 '번역'하는 것과 비슷합니다. 이런 수업의 장점은 수업에서 무엇을 해야 할지 교수자가 확실히 알고 있다는 것입니다. 하지만 활동을 테크놀로지로 '직역'하기란 생각보다 쉽지 않습니다. 그래서 테크놀로지 사용이 피상적으로 되기 쉽지요. 아니면 기존 수업에 테크놀로지 활동을 단순히 '얹는' 방식을 택할 가능성이 높습니다. 이 경우 학생들의 학습 부담이 커져 부정적인 결과를 초래할 수 있습니다.

다른 하나는 백지에서 다시 설계하는 방법입니다. 백지에서 시작하면 기존의 활동을 꼭 해야 한다는 강박관념에서 벗어나 훨씬 자유롭고 새로운 방식으로 설계할 수 있다는 장점이 있습니다. 이렇듯 백지에서 시작할 때 테크놀로지는 훨씬 더 자연스럽게 블렌드될 수 있습니다. 그러나 이 방법은 교수자의 업무 부담을 늘린다는 단점이 있음을 염두에 두어야 합니다.

어떤 방법으로 블렌디드 러닝을 설계하든, 명심해야 할 점은 테크놀로지에 포커스를 맞춰서는 안 된다는 것입니다. 그렇다면 무엇이 포커스가 되어야 할까요? 바로 교육 목표입니다. 교육 목표는 저절로 달성되지 않습니다. 교육 목표를 이루기 위해서는 교수자가 세심하게 수업을 계획해야 합니다. 수업의 모든 요소가 목표 달성에 이바지하도록 설계하고, 목표 달성과 관계없는 요소는 과감히 빼야 합니다. 그래야 우리의 유한한 시간과 에너지를 목표 달성에 집중할 수 있습니다.

교육 목표는 블렌디드 러닝의 모든 활동에서 고려되어야 합니다. 그리고 교수자가 이를 명시적으로 써 두는 것이 좋습니다. 그래야 수업이 하나의 목표로 집중될 수 있습니다. 다음의 예시를 참고하세요.

예시 교육 목표와 일치하는 수업 설계

목표	방정식을 이용해 각도를 계산할 수 있다.		
활동	① 각도의 기본 개념에 대한 비디오를 본다.	② 각도 문제를 푼다.	③ 문제 풀이 방법을 설명한다.
장소	온라인	오프라인	온라인+오프라인
과제	문제 풀이 방법을 완성한다.		
평가	기준에 맞게 수행했는지 평가한다.		

2 흐름이 자연스럽습니다

질 높은 블렌디드 러닝에서는 오프라인과 온라인의 흐름이 자연스럽습니다. 온라인 학습만 강조되지도, 반대로 온라인 학습이 무시되지도 않습니다. 최고의 블렌디드 러닝은 블렌드가 아주 잘된 수업이라 할 수 있습니다.

딸기우유를 만든다고 생각해 봅시다. 딸기와 우유를 놓고 딸기 한 알을 먹은 뒤 우유 한 모금을 마신다면, 그것은 딸기와 우유일 뿐 딸기우유가 아닐 것입니다. 딸기와 우유를 곱게 갈아 잘 섞어야 맛있는 딸기우유가 만들어집니다. 이때 두 재료가 제대로 섞이지 않으면 맛도 따로 놀고 목구멍에 잘 넘어가지도 않습니다. 잘 만들어진 딸기우유는 부드럽게 넘어가고, 딸기와 우유를 따로 먹을 때와는 다른 고유의 맛이 느껴집니다. 블렌디드 러닝을 딸기우유라고 본다면, 이상적인 블렌디드 러닝은 딸기와 우유를 잘 갈아서 만든 완전히 새로운 맛의 음료라고 볼 수 있겠습니다.

딸기우유처럼 그 블렌드가 자연스럽게 설계된 블렌디드 수업에서는 교육 목표를 달성하는 데 꼭 필요한 활동들이 적절한 시점에 적절한 방식으로 이루어집니다. 앞서 설명했듯 대면수업의 일부를 테크놀로지형으로 번역하다 보면 흐름이 부자연스러워지거나, 불필요한 테크놀로지 활동이 들어갈 가능성이 높아집니다. 그러면 대면 활동과 테크놀로지 활동의 경계가 분명한, 다시 말해 재료들을 억지로 섞어 놓은 수업이 됩니다. 자연스러운 블렌드가 이루어지기 위해서는 전체 수업을 통합적으로 보는 관점과 설계가 중요합니다.

3 학습자 중심입니다

블렌디드 러닝은 학습자가 스스로 주도하는 학습이 중심이 되어야 합니다. 진정한 블렌디드 수업이라면 교수자뿐만 아니라 학생에게도 학습의 혁신을 의미해야 한다는 뜻입니다. 학습자 중심은 블렌디드 러닝의 오프라인 학습과 온라인 학습 모두에서 추구되어야 합니다. 그러므로 블렌디드 교실에서는 학생들이 똑같이 책상에 앉아 있더라도 전통적 수업에서보다 더 활동적이어야 합니다.

학습자 중심 수업을 설계하는 것이 아직 어렵다면 다음의 방법을 사용해 보시기를 제안합니다.

- **프로세스 중심 수업**: 프로세스process, 즉 과정에 의미를 두는 수업입니다. 이는 주요한 학습이 과정을 통해 진행된다는 뜻입니다. 학습자의 경험이 중요시되기 때문에 학습자 중심 수업이 일어납니다.
- **프로덕트 중심 수업**: 프로덕트product는 상품처럼 유용하고 가치 있으며 일정한 완성도를 갖춘 산출물을 뜻합니다. 또한 그저 우연히 나온 결과 또는 어쩌다 만들어진 결과가 아닌, 의도적으로 생산한 결과물입니다. 즉, 프로덕트 중심 수업에서는 처음부터 산출물을 낼 목적을 가지고 학습을 합니다. 프로덕트를 만들어 내고자 하는 학습자의 계획과 의지가 중요하기 때문에 학습자 중심 수업이 일어납니다.
- **프로젝트 중심 수업**: 프로세스와 프로덕트를 합친 것이 프로젝트project입니다. 프로젝트는 과정과 결과물 모두 중요합니다. 학습자의 경험과 목표가 중시되기 때문에 학습자 중심 수업이 일어납니다.

09 Seamless: 매끄러운

운동복이나 속옷 쇼핑을 하다가 '심리스seamless'라는 용어를 보신 적이 있나요? '심seam'은 옷의 솔기를 뜻하고, '리스less'는 '~이 없는'을 의미하는 접미사입니다. 그러니 심리스란 '솔기가 없는'이라는 뜻이 되겠지요. 옷을 만들다 보면 오른쪽 사진처럼 천을 이어서 꿰맨 부분인 솔기가 생깁니다. 이 솔기는 피부에 자국을 남기기도 하고 가끔 터지기도 하지요. 그런데 최근에는 직조 기술이 발달하여 여러 조각을 이어 붙이지 않고도 옷을 만들 수 있게 되었습니다. 솔기와 같은 이음매 없이 매끈하게 제작한 심리스 옷들이 나오게 된 것입니다.

그런데 이 심리스라는 단어가 블렌디드 러닝 문헌에서 종종 등장합니다. 잘 계획된 블렌디드 러닝은 마치 심리스 옷처럼, 이어 붙인 자국이 없고 매끄럽다는 특징이 있습니다. 심리스한 블렌디드 수업은 어떤 모습일까요? 이에 대한 이해를 돕기 위해 매끄럽지 않은 수업의 예를 먼저 들어 보겠습니다.

수학 수업에서 계산기를 사용한다고 해 봅시다. 계산기 없이 수학 문제를 풀다가, 교수자가 "자, 그럼 이제 계산기를 가지고 문제를 풀어 볼까요?"라고 말합니다. 이 말을 경계로, 계산기가 없는 활동에서 계산기를 사용하는 활동으로 넘어갑니다. 활동과 활동 사이에서 일부러 전환을 하는 느낌, 부자연스럽게 꿰매 붙인 것 같은 느낌이 들지요. 왜 그럴까요? 이 수업에서 계산기로 문제를 푸는 활동의 목적이 계산기 사용 그 자체이기 때문입니다. 즉, 테크놀로지가 학습의 도구가 아닌 목적인 수업이기 때문입니다.

혹은 학생들이 연산 학습지를 다 풀면 컴퓨터로 수학 게임을 할 수 있게 해 주는 수업을 생각해 봅시다. 이 역시 수업과 테크놀로지가 분리된 수업입니다. 테크놀로지가 이 수업의 목표를 이루는 데 도움을 주지 않는 별도의 활동으로 사용되었기 때문입니다. 여기서 테크놀로지는 일종의 스티커, 즉 보상처럼 사용되었습니다.

이처럼 수업 중 테크놀로지 사용이 수업 목표와 관련 없는 활동이거나 시간 때우기인 경우, 불필요하게 반복되는 경우, 혹은 테크놀로지 그 자체가 목적인 경우, 질 높은 블렌디드 러닝이라고 할 수 없습니다. 질 높은 블렌디드 수업은 심리스합니다. 심리스라는 개념은 블렌디드 수업이 제대로 계획되었는지, 잘 이루어지고 있는지, 질이 높은지를 판단하는 데 가장 뚜렷한 잣대가 됩니다. 이쯤 되면 다들 심리스한 블렌디드 수업이 어떤 수업일지 궁금하실 것 같습니다.

다시 계산기를 사용하는 수학 수업으로 돌아가 봅시다. 질 높은 블렌디드 수업에서는 오늘 수업 시간에 계산기를 사용한다는 것 자체에 의미를 두지 않습니다. 그 대신 문제해결에 의미를 둡니다. 예를 들면 학생들이 직접 나무를 잘라 벤치와 같이 실생활에 필요한 물건들을 만들어 보면서 소수점의 계산을 배우는 활동을 합니다. 학생들은 직접 목재를 사고, 설계도를 보며 목재와 합판 등을 자르고 연결해 물건을 완성합니다. 이러한 프로젝트 수업에서 계산기는 필수 도구입니다. 계산기로 목재의 수량과 크기, 제작에 드는 비용 등을 계산해야 하기 때문입니다. 하지만 이 활동의 초점은 계산기 사용에 맞춰져 있지 않습니다. 계산기는 이 수업의 도구일 뿐이지, 목적이 아닙니다. 이 수업의 목적은 주어진 예산 내에서 필요한 만큼의 목재를 구매하여 쓸모 있는 물건을 만드는 것입니다. 하지만 학생들은 수업을 하면서 자연스럽게 소수점의 계산을 배웁니다.

이런 수업이 어렵게 느껴지신다면, 좀 더 쉬운 예를 들어 보겠습니다. 국어 수업에서 시에 대해 배운다고 합시다. 이 수업의 학습 목표는 "비유와 상징의 표현 효과를 이해하고, 이를 바탕으로 시를 감상할 수 있다. 그리고 비유와 상징을 활용하여 자신의 생각이나 느낌, 경험을 표현할 수 있다"입니다. 대부분의 교사 주도형 주입식 수업에서는 교사가 비유와 상징이 사용된 시어에 대해 설명하면, 학생들이 교과서나 공책에 그 내용을 받아 적고 외울 것입니다. 이를 학습자 중심의 블렌디드 수업으로 설계해 보겠습니다.

교사는 학생들로 하여금 시에 나오는 표현과 관련된 형상imagery을 온라인에서 찾게 합니다. 예를 들어 시에 '수석水石, 송죽松竹, 구천九泉, 눈서리, 뿌리' 등의 상징 표현이 나온다면, 각자 몇 개씩 골라 상징과 관련된 형상을 찾습니다. 학생들은 자신이 찾은 형상을 학급 모두가 공유하는 구글 프레젠테이션에 정리하고 설명을 씁니다. 교사는 학생들이 서로의 설명을 읽고 공통점과 차이점에 대해 토론하게 합니다. '눈서리'라는 표현을 두고 어떤 학생은 차가움의 형상을, 어떤 학생은 따뜻함의 형상을 찾았다면, 동일한 상징이라도 서로 다른 해석이 가능함에 대해 토론할 수 있습니다. 이후 교사는 그 시를 학생들과 '함께' 해석해 보면서 하나의 시어를 다양하게 해석할 수 있다는 점을 알려 줍니다. 마지막으로 학생들이 각자 구글 프레젠테이션에 새로운 시를 쓴 다음, 서로의 시를 해석해 보고 그

시가 자신에게 어떤 의미로 다가오는지 피드백을 해 줍니다.

이 수업에서 테크놀로지는 검색하고 해석하고 시를 쓰는 데 사용되었습니다. 여기서 교사는 검색 방법이나 프레젠테이션 제작법에 초점을 맞추지 않습니다. 학생들이 구글 프레젠테이션을 처음 써 본다면 사용법을 간단히 설명해 줄 수 있겠으나, 수업의 초점을 테크놀로지 사용법에 두지는 않습니다. 테크놀로지를 도구로 사용하기 때문입니다.

심리스한 수업에서는 테크놀로지를 사용하는 부분을 따로 떼어 내기가 어렵습니다. 수업에 완전히 녹아 있기 때문입니다. 딸기우유처럼 말입니다. 테크놀로지 부분을 분리하면 수업의 목표를 이룰 수 없도록 설계된 수업이 심리스한 블렌디드 수업입니다. 바꿔 말하면, 테크놀로지 부분을 떼어 내도 수업의 목표를 이루는 데 큰 문제가 없는 수업은 질 높은 블렌

블렌디드 수업을 계획할 때 고려해야 할 질문들

다음은 블렌디드 수업을 계획할 때 수업의 목표에서부터 인재상, 방법, 평가, 분량까지 다 생각해 볼 수 있는 가이드라인과 같은 질문들입니다(Iowa State University Center for Excellence in Learning and Teaching, 2020). 이 질문들은 여러분의 블렌디드 수업의 질을 높이는 데 도움이 될 것입니다.

1. 이 수업/학기가 끝난 후 학생들이 무엇을 성취하기를 원하는가? 또는 어떤 사람이 되어 있기를 원하는가?
2. 어떤 활동이 대면에 더 적합하고, 어떤 활동이 온라인에 더 적합한가?
3. 블렌디드 수업은 단순히 대면을 온라인으로 번역하는 것이 아니다. 기존의 대면수업에서는 할 수 없었던 활동 중 무엇을 온라인 활동으로 개발할 수 있을까?
4. 블렌디드 수업에 온라인 토론과 협력을 어떻게 포함시킬 것인가?
5. 한 수업 안에 대면과 온라인을 어떻게 심리스하게 넣을 수 있을까?
6. 학습자들이 블렌디드 수업에서 자기관리를 잘할 수 있도록 어떤 도움을 줄 것인가?
7. 대면과 온라인의 시간 배분을 어떻게 할 것인가?
8. 대면과 온라인의 평가 배분을 어떻게 할 것인가?
9. 어떤 테크놀로지를 쓸 것인가? 그 테크놀로지로 어떤 활동을 할 것인가?
10. 과제가 너무 많지는 않은가?

디드 수업이 아닙니다. 테크놀로지 사용이 필수적이고, 도구적이고, 자연스러울 때, 그 수업은 매끄러운 블렌디드 수업이 됩니다. 이 심리스함, 즉 매끄러움은 내가 계획한 수업의 질이 높은지 아닌지를 측정할 수 있는 잣대가 됩니다. 그러니 블렌디드 수업을 계획할 때, 모든 수업에 대하여 다음의 세 가지 질문을 해 보시기 바랍니다.

- ▶ 테크놀로지를 사용할 때와 사용하지 않을 때 사이의 전환이 자연스러운가?
- ▶ 테크놀로지 요소를 제외하면 수업의 목표를 이룰 수 없는가?
- ▶ 테크놀로지가 도구로 사용되는가?

10 1인 1기기 vs. BYOD

코로나를 겪으면서 1인 1기기에 대한 관심이 높아졌습니다. 학교에서 1인 1기기를 실현하는 방법에는 두 가지가 있습니다. 하나는 기관에서 중앙 구매하여 학습자에게 보급하는 것이고, 다른 하나는 각자 자신의 기기를 가져오는 것입니다. 후자를 'BYOD'라고 부르기도 합니다. 이는 'Bring Your Own Device'의 앞 글자를 딴 용어입니다. 직역하면 "네가 쓸 기기는 네 것을 가져와라"라는 뜻인데, 1970년대부터 파티에서 사용된 "네가 마실 술은 네가 가져와라Bring Your Own Beer/Bottle: BYOB"라는 표현을 변형한 말입니다. BYOD는 2000년대 초반 기업에서 직원이 개인 기기를 가져와 업무에 사용하게 하는 전략으로 시작되었고, 지금도 여러 기업과 교육 기관에서 활용되고 있습니다.

더 알아보기 기업의 BYOD 전략

BYOD는 2004년 미국의 통신서비스 제공 업체인 브로드보이스Broadvoice에서 처음 시도한 전략입니다. 브로드보이스에서는 직원들에게 컴퓨터를 나눠 주지 않고 각자 기기를 가져와서 근무하게 하였습니다. 그러다가 2009년 IT기업인 IBM에서 직원들이 자꾸 자신의 기기를 회사에 들고 와 사내 네트워크에 연결한다는 사실을 알게 되면서 BYOD에 대한 본격적인 연구가 시작되었습니다. 이후 BYOD는 2011년 유니시스Unisys와 시트릭스 시스템즈Citrix Systems라는 회사에 의해 기업 전략의 하나로 유명해지게 되었습니다. 현재는 전 직원에게 기기를 지원해 주기 어려운 국가들에서 종종 사용되고 있습니다. BYOD는 때로 생산성을 높이기도 하지만, 보안 문제와 공사公私 구별의 어려움 등 단점이 훨씬 많은 것으로 알려져 있습니다.

우리나라 학교에서도 BYOD 정책을 쓰고 있는 곳들이 있습니다. 교육청이나 공기관을 통해 학생들에게 기기를 일률적으로 배포하는 방식이 아니라, 학생들이 집에서 쓰던 개인 기기를 가져오는 BYOD 방식으로 사실상 1인 1기기를 실현하는 것이지요. 대표적인 기관이 대학입니다. 대학생과 대학원생들은 모두 '내돈내산(내 돈 주고 내가 산)' 기기를 사용해 수업을 듣습니다. 학교 BYOD 정책의 장점은 많은 재원 없이도 블렌디드 러닝을 시작할 수 있고, 기기가 없는 저소득층 학생들에게 예산을 집중적으로 사용할 수 있다는 점입니다. 반면 학생들마다 기기가 다르고 성능의 편차가 큰데, 수업에 사용하기 어려운 낮은 사양의 기기를 갖고 오는 경우가 많다는 단점도 있습니다.

앞서 설명한 미국 페어팩스 카운티의 경우▶▶p.094 BYOD가 아닌, 중앙에서 일률적으로 배포한 기기를 사용합니다. 교육청에서 학교용 크롬북chromebook을 나누어 주면, 학교에서 학생에게 1년 단위로 대여하고 학년이 끝날 때 학교에 반납하게 합니다. 그리고 새 학년이 시작될 때는 다시 다른 기기를 대여해 줍니다. 소유가 아닌 대여 개념이므로 학생들은 기기를 잘 관리해야 하고, 기기가 파손되면 40만 원 정도의 보상비를 내야 합니다. 기기 사용 환경을 보장하기 위해 학기 초에 가정 내 인터넷 연결 여부를 조사하여 인터넷이 안 되는 저소득 가정에는 교육청이 설치를 지원합니다.

TIP

크롬북 | 크롬북은 일반 노트북보다 크기가 작은 미니 노트북으로, 구글의 크롬 OS를 탑재했기 때문에 크롬북이라고 불립니다. 값이 저렴하고 크기가 작아 학생들의 학습용으로 많이 사용됩니다. 가격대를 낮춘 대신 저장 용량을 최소화하여 대부분의 프로그램과 파일을 클라우드에 저장합니다. 문서 작업, 인터넷 검색과 같은 기본적인 기능을 사용하기에 적합합니다.

블렌디드 러닝이 학교 교육의 일상이 되기 위해서는 1인 1기기와 학교 및 가정의 통신 인프라가 실현되어야 합니다. 또한 기본적인 교육 소프트웨어 패키지(예 구글 클래스룸, 패들렛, 카훗, MS 오피스)를 지원할 필요가 있습니다. 예를 들면 교육청이 교육용 소프트웨어 업체와 구매 계약을 맺어 모든 기기에서 프로그램을 사용할 수 있게 해야 합니다. 이와 관련된 구체적인 내용은 블렌디드 러닝의 성공 사례와 실패 사례를 다룬 5강에서 설명하겠습니다.

카훗

카훗

카훗Kahoot!은 게임 기반의 학습 플랫폼입니다. 카훗을 활용하면 한 사람이 문제를 출제하고 다른 사람들이 그에 대해 답을 하는 방식의 수업을 할 수 있습니다. 퀴즈 형식이나 플래시 카드 형식의 학습 활동을 하기에 적합하지요.

카훗의 강점은 화면에 나오는 문제를 보고 여러 사람이 동시에 각자 자신의 기기에서 답을 입력할 수 있다는 점, 그리고 그 결과를 설문조사poll 결과처럼 모두 함께 볼 수 있다는 점입니다. 카훗은 특히 사회적 학습, 즉 학습자끼리 상호작용하며 배우는 동료 학습Peer Tutoring을 가능하게 하고, 학습자들의 열정적인 참여를 끌어낼 수 있다는 점에서 유용합니다. 그런데 저는 이 책에서 여러분에게 다른 도전을 제한하고 싶습니다. 테크놀로지라는 도구를 교사가 사용하지 말고 학생이 사용하게 하라고 했지요? 카훗을 학생들이 사용하게 해 보십시오. 교사가 아닌 학생이 직접 문제를 내게 하라는 것입니다. 실제로 제가 페어팩스 교육구에서 관찰한 수업에서는 카훗을 주로 학생들이 문제를 내는 활동에 활용하였습니다. 문제를 풀 때보다 문제를 낼 때 훨씬 더 깊이 있고 정확한 공부를 하게 된다는 것을 교사인 여러분은 익히 아실 것입니다. 깊은 학습은 고뇌할 때 일어납니다. 문제를 만드는 일에는 고뇌의 과정이 동반됩니다. 학생들이 낸 문제에 오류가 있다면 그 오류도 상호작용을 통해, 교사의 도움을 통해 찾아내게 하십시오. 문제를 푸는 일은 경쟁심을 유발하기 쉽지만, 문제를 내는 일은 창의성을 발휘하게 합니다.

어떻게 블렌드할 것인가

#과정적 지식 #블룸의 교육 목표 휠 #학생이 사용하게 하라 #교수자를 위한 질문 가이드

블렌디드 러닝은 단순히 대면수업에 테크놀로지를 얹는 것이 아닙니다. 블렌디드 러닝에서 테크놀로지는 교육 목표와 밀착되어 있어서 따로 떼어 낼 수 없는 수업의 일부분이어야 합니다. 또한 테크놀로지는 경험을 통한 학습을 가능하게 하는 도구로써 활용되어야 합니다. 수업에 테크놀로지를 도입하는 것 자체가 목적이 되어서는 안 된다는 뜻입니다.

우리가 테크놀로지 활용을 통해 추구하는 것은 깊은 학습이 일어나는 수업입니다. 학습자가 스스로 생각하고, 문제를 해결하고, 의미와 지식을 만들어 내는 수업입니다. 그렇다면 이러한 수업을 설계하기 위해 테크놀로지를 어떻게 블렌드하면 좋을까요? 이제까지는 주로 교수자가 테크놀로지를 사용해 왔습니다. 3강에서는 학습자가 학습의 도구로 테크놀로지를 사용하는 방법들을 소개합니다.

ONLINE
OFFLINE

01 경험을 블렌드하는 것

문자 그대로 보면 블렌디드 러닝은 '테크놀로지를 블렌드한 학습 방법'을 뜻합니다. 하지만 테크놀로지는 목적이 아닌 도구이기 때문에 단순히 테크놀로지를 블렌드한다고 해서 좋은 수업이라는 결과물이 나오지는 않습니다. 그렇다면 블렌디드 러닝에서 블렌드해야 하는 것은 무엇일까요? 궁극적으로는 '경험'입니다. 우리가 추구하는 인재상은 역량을 지닌 인재입니다. 그리고 역량은 사실적 지식만을 많이 안다고 해서 길러지지 않습니다. 그러한 지식을 습득하는 실제적인 과정과 경험 속에서 키워지고 갖춰지는 것이지요. 노래를 잘하는 인재를 길러 내려면 어떻게 해야 하나요? 마이크를 사용해서 노래하는 법을 외우게 하는 것보다, 직접 노래해보는 경험을 부여하는 것이 더 좋은 방법입니다.

테크놀로지 사용을 통해 더 많은 주입식·암기식 수업을 한다면, 이는 진정한 블렌디드 러닝이 아닙니다. 우리는 테크놀로지를 사용해서 더 많은 학습자 경험을 추구해야 합니다. 따라서 블렌디드 수업을 계획할 때 '어떻게 테크놀로지를 블렌드할까?'를 생각하기보다 '어떻게 경험을 만들어 낼까?'를 고민해야 합니다. 그럴수록 더 좋은 수업을 설계할 수 있습니다. 사실 학습자 경험은 블렌디드 러닝뿐 아니라 모든 수업에서 일차적으로 고려해야 할 요소입니다.

저는 100% 대면수업에서도, 100% 원격수업에서도 경험을 블렌드하기 위해 노력합니다. 대면수업에서는 테크놀로지를 매개로 한 경험을 블렌드함으로써 블렌디드 수업을 만듭니다. 반면 원격수업에서는 실제 세계에서의 물리적 경험을 블렌드함으로써 블렌디드 수업을 만듭니다. 각 매체의 강점이나 독특성을 활용해 특별한 경험을 만들어 내는 것, 이 점이 블렌디드 러닝 기획의 핵심 노하우입니다.

02 블룸의 교육 목표 분류법과 학습 동작 동사

벤저민 블룸Benjamin Bloom이라는 교육심리학자가 있었습니다. 그는 대학 교육의 질을 높이기 위한 프로젝트를 맡아 다른 학자들과 수년에 걸쳐 연구한 끝에 교육 목표를 단계별로 분류한 시스템을 개발하였습니다. 이를 흔히 블룸의 교육 목표 분류법Bloom's Taxonomy이라고 합니다. 블룸은 교육 목표에는 낮은 수준과 높은 수준이 있다고 보았습니다.

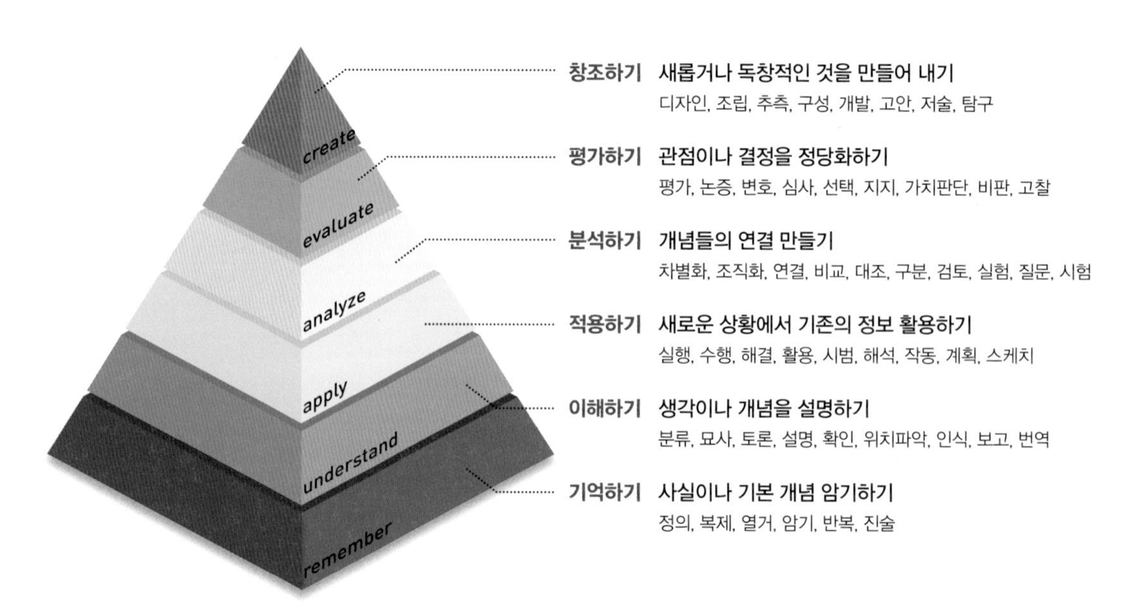

블룸의 교육 목표 분류법(2001년 밴더빌트 대학교 공식 수정모델)

앞의 그림에서 볼 수 있듯, 가장 낮은 수준의 교육 목표는 '기억하기'와 '이해하기'입니다. 중간 수준은 '적용하기'와 '분석하기'이고, 가장 높은 수준은 '평가하기'와 '창조하기'입니다. 지식을 외우는 학습은 가장 낮은 수준인 '기억하기'에 해당합니다. 수학에서 문제 풀이를 이해했다면 이 역시 낮은 수준인 '이해하기'에 해당합니다. 배운 내용을 적용하거나 분석하는 데 활용하는 것은 중간 수준의 교육 목표에 해당하겠지요. 그리고 배운 내용을 바탕으로 비판적 사고를 하고('평가하기') 새로운 것을 만들어 낼 수 있기까지 하다면('창조하기'), 교육의 가장 상위 목표를 달성한 것이라 볼 수 있겠습니다.

우리는 수업을 할 때 교육 목표를 명시화해야 합니다. 명시적인 목표는 학습자를 위해서도 필요하지만 교수자에게 더욱 필요합니다. 교수자는 오늘 내 수업의 목적과 목표가 무엇인지, 수업을 듣고 난 후 학습자가 어떻게 달라져 있기를 기대하는지를 말이나 글로 명확하게 표현할 수 있어야 합니다.

그러나 정작 교육 목표를 써 보려고 하면 어렵게 느껴질 수 있습니다. 지금부터 소개할 블룸의 교육 목표 휠wheel은 교육 목표를 구체적이고 명료하게 설정하는 데 도움을 주는 유용한 틀입니다. 교육 목표 휠은 동심원 형태로 되어 있는데, 가장 안쪽에는 블룸의 교육 목표가, 그다음에는 각각의 교육 목표와 관련된 동사가, 그리고 가장 바깥에는 학습자가 만들어 내는 결과물의 형태가 정리되어 있습니다. 교육 목표 휠은 전 세계의 교수자들에 의해 조금씩 변형되어 왔고 지금도 업데이트되고 있습니다. 여기에서는 가장 일반적인 형태의 교육 목표 휠을 제시하였습니다. 그림을 보면서 자세히 살펴볼까요?

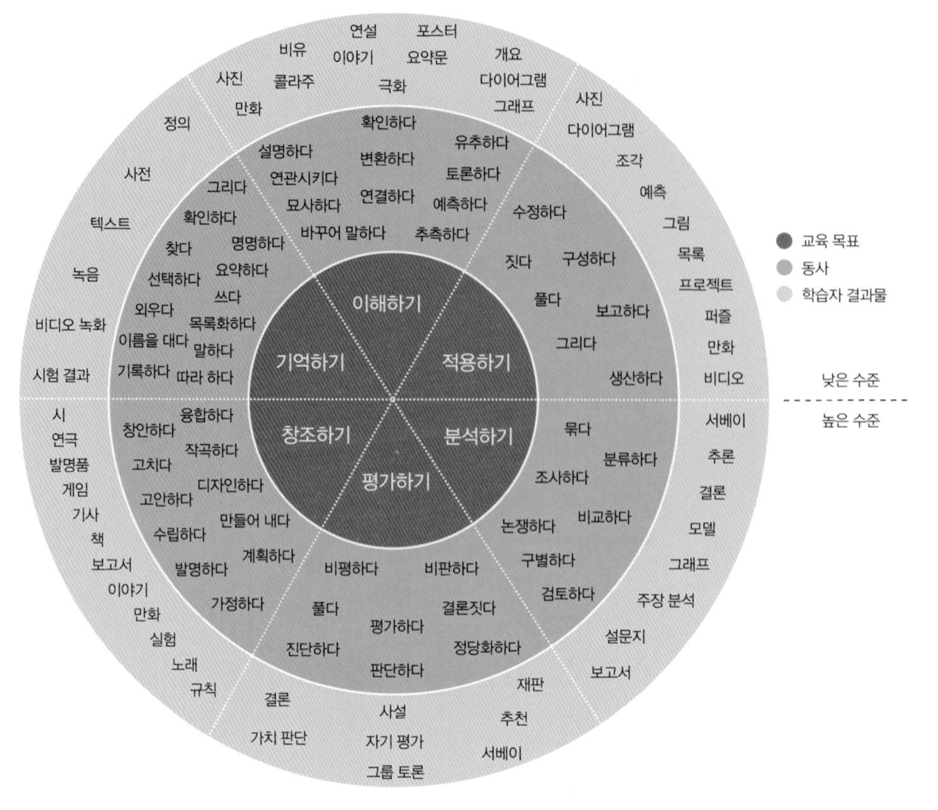

블룸의 교육 목표 휠

여기에 사용된 '동사' 항목을 보면, 학습자가 적극적으로 무언가를 해야 하는 '동작 동사action verb'임을 알 수 있습니다. 수동적으로 듣고 이해하는 것이 아닌, 측정 가능하고 관찰 가능한 행위를 요구하는 동사들입니다. 우리는 학습 목표를 서술할 때 "~을 이해한다"라는 표현을 자주 사용합니다. 그러나 학습자가 무언가를 이해했는지 여부를 실제로 알기는 어렵습니다. 따라서 "~을 이해한다"라는 학습 목표는 사실 바람직한 학습 목표가 아닙니다. 학습 목표는 더 구체적이고, 가시적이고, 행동적인 표현으로 서술되는 것이 좋습니다. 여기 나오는 동작 동사들은 사실적 지식과 융합하여 궁극적으로 경험을 만들어 냅니다. 학생들이 이 동사들을 수행하려면 가만히 듣기만 하거나 머리로 생각만 할 수가 없습니다. 배운 내용을 바탕으로 요약하고, 연결 짓고, 설명하고, 그리고, 조사하고, 비판하고, 평가하고, 융합하고, 계획하고, 디자인하는 등 구체적인 행동을 해야 합니다. 즉, 이 동사들은 학습자 주도적 활동을 통한 경험 중심의 교육을 추구합니다.

또한 이 휠에서는 교육 목표에 따라 사용되는 동사가 다릅니다. 따라서 수업을 계획할 때에도 유용하지만, 자신의 수업을 평가하는 데에도 유용합니다. 예를 들어 오늘 수업에서 학생들이 주로 외우거나 따라 하는 활동을 했다면, 그 수업은 교육 목표의 가장 낮은 수준인 '기억하기'에 머물러 있었을 가능성이 큽니다. 한편 수업의 목표를 '창조하기'에 놓고 싶다면, 이 휠에서 '창조하기'를 찾은 뒤 여기에 속한 동사들을 교육 목표에 활용하면 됩니다. 예를 들면 '디자인하다', '만들어 내다', '계획하다' 등이 해당합니다. '창조하기' 수업에서 학생들이 만들어 내기에 적합한 결과물에는 시, 연극, 발명품, 책, 이야기, 만화, 규칙 등이 있겠습니다.

블룸의 분류법에 따른 교육 목표는 대면수업뿐 아니라 원격수업에서도, 블렌디드 수업에서도 똑같이 적용됩니다. 수업을 잘하는 교수자는 원격수업과 대면수업, 블렌디드 수업에서 교육 목표를 다르게 설정하지 않습니다. 매체의 특성에 따라 수업 방식이 조금씩 달라질 수는 있지만, 교육 목표는 변하지 않습니다. 이 말은 곧, 교육 목표란 교수자에게 달려 있는 것이지 매체에 달려 있는 것이 아니라는 뜻입니다. 블렌디드 환경에서 컴퓨터를 사용한다고 해서 교육 목표가 저절로 '창조하기'가 되는 것도 아니고, 코로나 때문에 원격수업을 한다고 해서 교육 목표를 '기억하기'로 정해야 하는 것도 아닙니다.

블렌디드 수업에서 컴퓨터를 어떻게 활용하면 좋을까요? 아이디어가

떠오르지 않을 때는 이 교육 목표 휠을 활용해 보시기 바랍니다. 컴퓨터를 이용해 '계획하다', '토론하다', '구분하다', '조사하다' 등의 동사를 넣은 다음 아이디어를 내 보세요. 이 휠을 복사해서 여러분의 책상에 붙여 놓고 수시로 활용하시기 바랍니다.

디지털 교육 목표 분류법

2008년 뉴질랜드의 교사 앤드루 처치스Andrew Churches는 블룸의 교육 목표 분류법을 디지털 시대에 적용한 '블룸의 디지털 교육 목표 분류법'을 제안한 바 있습니다(Churches, 2008). 그러나 이 분류법은 현재의 관점에서 지나치게 단순해 보이는 측면이 있습니다. 그 이후에 디지털 툴과 소프트웨어, SNS, 클라우드, 디지털 문화 등이 빠른 속도로 변화하고 발전했기 때문입니다. 그래서 저는 이 분류법을 클라우드와 SNS, AI 시대적 관점에서 우리나라 교육 현실에 적합하게 재구성해 보았습니다. 아래는 그 결과인 '한국형 블룸의 디지털 교육 목표 분류법'입니다.

교육 목표	디지털 툴 활동	
창조하기	유튜브 채널 성공적으로 운영하기, 비즈니스 시작하기, 앱 개발하기, 온라인 사회운동 시작하기, 출판하기, 게임 만들기, 영화 프로듀싱하기, 실제적 프로젝트 진행하기, AI를 이용해 사회적 문제 해결하기, 코딩을 이용해 실제 세계에서 필요로 하는 솔루션 만들어 내기	높은 수준
평가하기	비평하는 글쓰기, 문제나 현상 진단하기, 정보의 신뢰성 판단하기, 학습에 대해 자기 평가하기, 온/오프라인 토론하기	
분석하기	조사하기, 표 만들기, 통계 내기, 마인드맵 만들기, 분석적 보고서 쓰기	
적용하기	심화문제 풀기, 간단한 만들기(글, 영상, 발표, 코딩 등), 편집하기, 공유하기	
이해하기	비디오/인강 보고 문제 풀기, 읽고 답하기, 요약하기, 개념 정리하기, 간략한 보고서 쓰기	
기억하기	인강 보며 필기하기, 암기형 문제 풀기, 검색하기, 목록 만들기, 정의 찾아 쓰기	낮은 수준

03 탑 룰: 사용하게 하라

여기서부터는 블렌디드 수업에서 테크놀로지를 활용하는 방법들에 대해 알려드리려 합니다. 여러 번 말씀드렸듯 테크놀로지는 그 자체가 목적이 되어서는 안 되며, 깊은 학습을 위한 도구로써 활용되어야 합니다. 질 높은 블렌디드 수업에서는 학생들이 테크놀로지를 사용해서 생각하고, 찾고, 쓰고, 말하고, 움직이고, 만드는 활동을 합니다. 이때 교사가 아닌 '학생'이 테크놀로지를 사용해야 한다는 점이 가장 중요합니다. "사용하게 하라"라는 룰이 앞으로 설명할 모든 룰을 아우르는 탑 룰top rule인 것이지요.

그럼 학습자로 하여금 무엇을 사용하게 해야 할까요? 테크놀로지를 사용하게 하십시오. 눈을 사용하게 하고, 머리를 사용하게 하고, 몸을 사용하게 하십시오. 공간의 물건들, 벽이나 가구 등의 물리적 환경을 사용하게 하십시오. 교사, 친구, 가족과 같은 학습자의 사회적 자원을 사용하게 하십시오. 즉, 학습자가 스스로 이 모든 것을 활용하여 학습하게 하십시오.

"사용하게 하라"는 학습자가 주도적으로 학습 활동을 하게 하라는 의미입니다. 이제까지 무언가를 사용하는 일은 대부분 교수자가 해 왔습니다. 파워포인트도 교수자가 사용했고, 머리를 쓰는 일(생각하기)도 교수자가 했습니다. 입을 쓰는 일(말하기)도 교수자가 했고, 눈을 쓰는 일(찾기)도 교수자가 했습니다. 손을 쓰는 일, 몸을 쓰는 일도 교수자가 했지요. 결과적으로 누가 가장 많이 학습하게 되나요? 수업을 받는 사람인가요, 수업을 준비하는 사람인가요? 당연하게도 수업을 준비하는 사람이 가장 많은 학습을 하게 됩니다. 그것을 학습자가 하게 하십시오.

학습자가 자기 자신을, 테크놀로지를, 환경을 도구로 사용함으로써 자기 학습의 주체가 되어 활동하게 해야 합니다. 최초로 학교에 컴퓨터를 보급한 잡스가 학생들로 하여금 컴퓨터를 '사용'하게 했다는 것을 기억하십시오. 구글도 학습자가 테크놀로지를 툴처럼 '사용'할 수 있는 플랫폼을 제공하기 때문에 시장 점유율 1위를 차지하고 있는 것입니다.

지금부터 학습자가 무엇을 어떻게 사용하게 할지 구체적으로 소개하겠지만, 이것들을 다 기억하지 못해도 괜찮습니다. "사용하게 하라"라는 탑 룰 하나만 기억해도 됩니다.

깊은 학습을 위한 블렌디드

캐나다의 교육학자 마이클 풀런Michael Fullan은 블렌디드 러닝에서 깊은 학습이 일어나기 위해서는 다음의 네 가지 조건이 충족되어야 한다고 했습니다(Fullan, 2014/2019).

1. 학생들과 교사 모두의 깊은 참여를 불러일으켜야 한다.
2. 테크놀로지는 효율적이고 사용하기 쉬워야 한다.
3. 기술적으로 어디서든 사용 가능해야 한다.
4. 실제 생활의 문제를 해결하는 데 초점을 두어야 한다.

저는 풀런이 제시한 이 네 가지 원리에 기초하여, 참여적이고 사용하기 쉽고 기술적 접근성이 높으며 실생활과 관련 있는 수업을 하는 데 용이한 전략들을 제안하고자 하였습니다.

04 생각하게 하라

생각은 학습의 가장 기본적인 활동입니다. 생각할 기회 없이 깊은 학습이 일어나기는 어렵습니다. 우리는 비판적 사고력을 지닌 인재를 원한다지만, 비판적으로 사고할 기회를 주질 않습니다. 창의적인 인재를 원한다지만, 창의적으로 생각할 시간을 주지도 않지요. 그 대신 누가 생각을 가장 많이 하나요? 교수자입니다. 수업을 준비하는 과정에서 가장 많이 고민하고, 사색하고, 찾고, 검토하는 이가 교수자입니다. 결과적으로 누가 가장 학습을 많이 하게 되나요? 바로 교수자입니다.

미국 콜로라도의 초등학교 선생님이자 트위터 유명인사인 앤절라 왓슨Angela Watson은 이런 말을 했습니다. "Don't steal the struggle from your students(학생의 고뇌를 훔치지 마라)." 여기서 'struggle'은 머릿속에서 일어나는 고생, 몸부림, 다시 말해 고뇌와 깊은 생각을 의미합니다. 이 말은 곧 사고하는 과정을 교사가 다 하고 학생들에게는 결과만 먹이는 그런 수업을 하지 말라는 것입니다. 왜냐하면 진정한 학습은 바로 그 고뇌, 고생, 머릿속 몸부림의 과정에서 일어나기 때문입니다.

비판적 사고를 하는 인재를 양성하고 싶다면 비판적 사고를 훈련할 수 있는 시간과 기회를 주어야 합니다. 비판적 사고가 무엇인지 알려주는 데서 그친다면, 그것은 오히려 비판적 사고를 할 수 없는 인간을 만드는 길일 것입니다. 또한 불러 주는 대로 받아 적고, 중요한 내용을 밑줄

쳐서 외우고, 다른 사람의 생각을 그저 받아들이게만 하는 수업을 한다면 비판적 사고를 훈련할 기회가 없습니다. 자신의 사고, 스스로의 생각이 없는 수업만 12년을 듣게 하는 그런 교육에서 길러 낼 수 있는 인재란 사실상 무비판적인 사람입니다. 생각하는 것, 그것은 비판적 사고의 기본 토대입니다.

마찬가지로 수업을 통해 창의성을 지닌 인재를 길러 내고 싶다면, 매 수업 시간에 창의성을 기르는 활동을 할 기회를 주어야 합니다. 창의성은 위험 감수risk-taking를 요합니다. 새로운 발상, 새로운 방법, 새로운 시도가 항상 정답을 낳지는 않습니다. 먼지 봉투가 없는 혁신적인 진공청소기를 개발한 제임스 다이슨James Dyson은 제품을 구상하고 완성하기까지 5년 동안 무려 5,127번을 실패했다고 합니다. 이렇듯 창의성을 발휘하여 끊임없이 새로운 시도를 해 보려면 실패해도 큰일 나지 않는다는 믿음이 필요합니다.

하지만 우리나라 교육은 한 번 실패하면 그 결과가 너무나도 참담한 시스템입니다. 그러다 보니 리스크를 피하려 하고, 안전하고 검증된 방법만을 추구합니다. 불행히도 가장 안전한 방법은 끝없는 암기와 문제 풀이 요령입니다. 단시간에 다량의 지식을 머릿속에 저장했다가 시험 때 꺼내는 것이 제일 위험 부담이 적고 확실한 방법이지요. 그런데 여기에는 학생이 스스로 생각하고, 새로운 시도를 하고, 실패를 해 볼 시간이 없습니다. 우리의 교육은 창의적일 수 있는 시간적 사치luxury를 허락하지 않습니다.

이는 블렌디드 러닝 환경에서도 똑같이 적용됩니다. 테크놀로지를 이용해 단순히 정보를 검색하거나 기계적으로 정리하게 하는 것은 우리가 추구하는 인재상을 배출해 내는 방법이 아닙니다. 단순한 게임 플레이, 반복적인 타자 연습, 의미 없는 파워포인트 만들기는 깊은 생각을 유도하

- 답을 내가 가르쳐 주지 않고 학생들이 생각해서 말하게 할 수 있을까?
- 내가 예상한 답 외에 어떤 답들이 나올까? (기대감)
- 다양한 생각들이 나오게 할 수는 없을까?
- 다양한 관점에서 보게 하는 방법에는 무엇이 있을까?

는 활동이 아닙니다. 깊은 학습이 일어나게 하려면 학습자로 하여금 테크놀로지를 매개로 생각하게 해야 하고, 생각할 수 있는 시간을 주어야 합니다.

테크놀로지를 이용해 생각하게 하는 방법에는 여러 가지가 있습니다. 이후에 나오는 모든 방법도 궁극적으로는 학생이 스스로 생각하게 하는 활동입니다. 따라서 이 장에서는 생각하는 과정 자체를 도울 수 있는 도구인 마인드맵mind map을 중심으로 설명합니다.

1 마인드마이스터로 마인드맵 그리기

마인드맵은 생각을 정리할 수 있는 도구입니다. 무료로 사용할 수 있는 전문 마인드맵 프로그램으로는 알마인드나 패들렛, 마인드마이스터Mind-Meister를 추천합니다. 여기서는 별도의 다운로드 없이 온라인에서 바로 사용할 수 있는 마인드마이스터를 보여 드립니다. 마인드마이스터는 전문 마인드맵 프로그램이지만 사용자 친화적이고 튜토리얼이 잘 되어 있어 초등학생 수준부터 사용할 수 있습니다. 웹기반이라 따로 설치할 필요가 없고 어디서든 접속 가능합니다.

아니면 패들렛▶▶p.066을 활용할 수도 있습니다. 패들렛은 메모지 같은 네모난 텍스트 박스를 만들어 붙이는 웹기반 프로그램입니다. 여러 사용자가 동시에 접속할 수 있고 학생들의 작업을 교수자가 모니터링할 수 있으며 사용이 간편하다는 장점이 있는 반면, 마인드맵 전문 프로그램은 아니어서 매우 간단한 기능만 제공한다는 한계도 있습니다.

이제 마인드마이스터로 기본적인 마인드맵을 만드는 방법을 설명하겠습니다.

마인드마이스터

01 마인드마이스터 홈페이지(mindmeister.com/ko)에 접속하여 회원가입을 하고 로그인합니다. 들어가면 보이는 화면에서 템플릿을 골라도 되고, 빈 문서에서 시작해도 됩니다. 여기서는 빈 문서로 시작해 보겠습니다. 상단의 + 표시를 누르고, "새 마인드맵"을 클릭하세요.

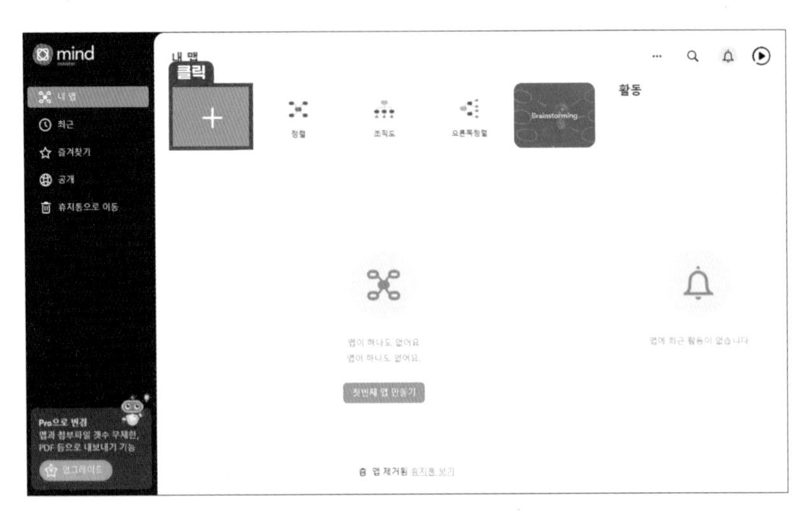

02 그러면 아래와 같은 화면이 나올 것입니다. 약간 어두컴컴한 회색 화면인데요. 왼쪽 아래를 보면 튜토리얼이 시작되었음을 알 수 있습니다. 튜토리얼에서는 기본적인 기능을 쉽게 안내하기 때문에 "시작하기"를 눌러 튜토리얼을 따라 해 보실 것을 강력히 추천합니다.

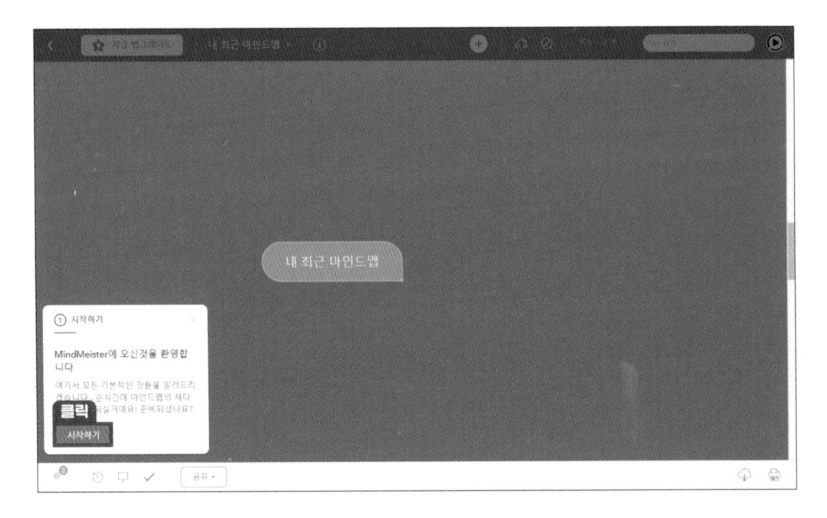

03 튜토리얼이 닫히면 다시 환한 배경이 됩니다. 가운데 파란색 바탕의 도형(버블)을 클릭하여 대주제를 입력하세요. 글씨를 쓴 후 Enter키를 누르면 입력됩니다. 그런 다음 키보드의 Tab키를 눌러 보세요. 대주제 옆에 흰색 버블이 나올 것입니다. 여기에 소주제를 입력하면 됩니다.

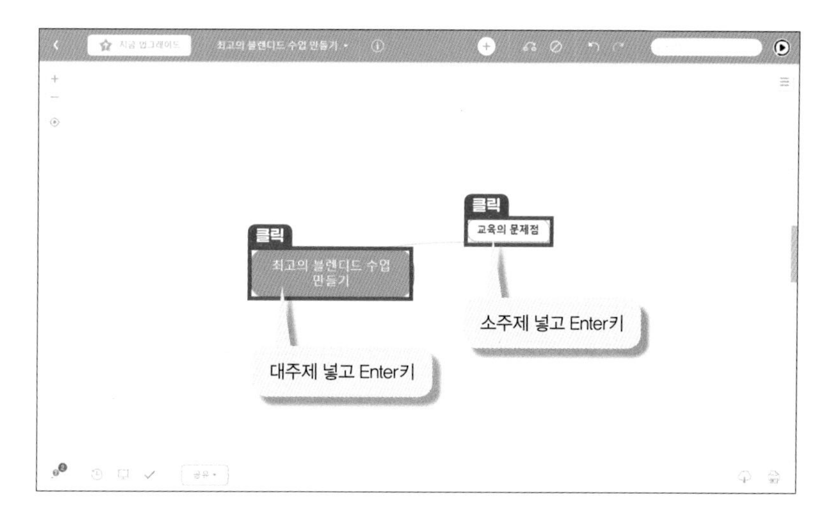

04 처음에 만들었던 대주제 버블을 한 번 클릭한 후 다시 Tab키를 누르면 또 다른 흰색 버블이 열립니다. 여기에도 소주제를 입력합니다.

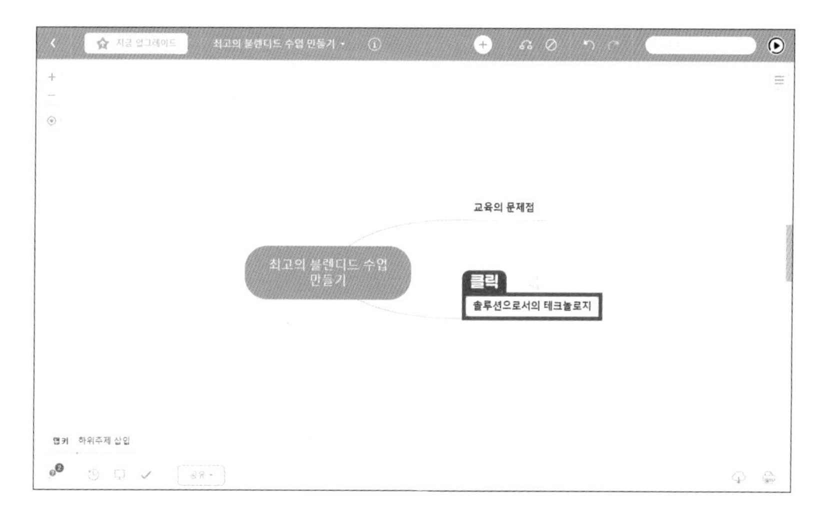

05 동일한 방법으로 나머지 소주제들을 만듭니다.

06 소주제의 하위 주제를 만들려면 소주제를 클릭한 후 Tab키를 누르세요. 그러면 소주제보다 하위 위계의 주제를 입력할 수 있는 버블이 열립니다.

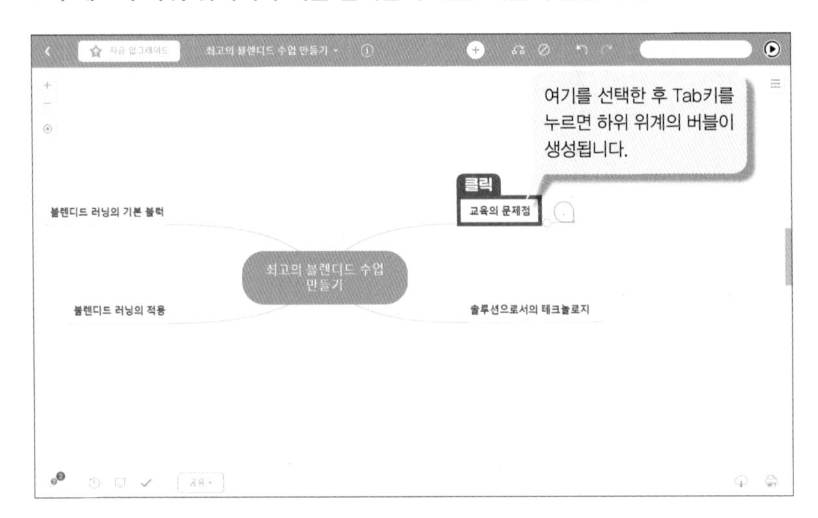

07 원하는 만큼 버블을 만들어 하위 주제들을 입력합니다.

참고 상위 주제와 하위 주제의 위계를 바꾸고 싶다면 마우스로 버블을 클릭하여 끌고 간 다음, 바꾸고자 하는 위계의 버블 위에 올려놓아 보세요. 상위 주제와 하위 주제의 위계를 자유롭게 바꿀 수 있습니다.

08 모든 소주제에 하위 주제를 입력해서 마인드맵을 만들었습니다.

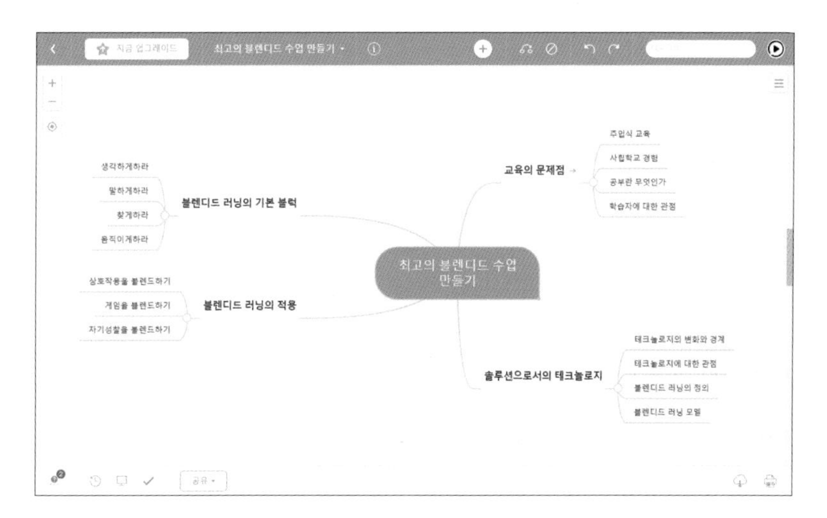

09 모양을 좀 바꿔 보고 싶군요. 이리저리 자유롭게 옮기며 모양을 좀 더 보기 좋게 바꾸어 보았습니다. 아직 뭔가 부족하다면 오른쪽 상단의 아이콘(≡)을 눌러 보세요.

10 색상을 변경하거나 스티커를 붙일 수 있는 꾸미기 기능 창이 뜹니다. 마음껏 꾸며 보시기 바랍니다.

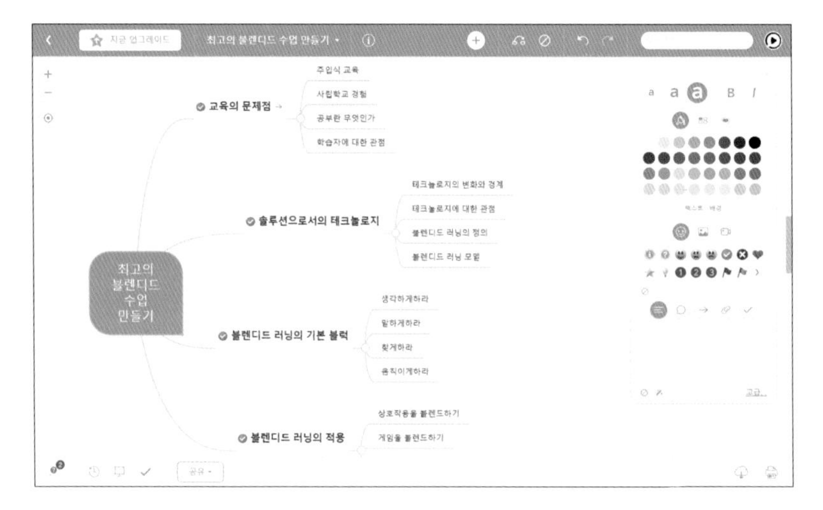

2 수업에서 할 수 있는 마인드맵 활동

연구에 의하면 마인드맵은 학생들의 학습 효율성을 높이고 깊은 학습이 일어나게 하는 데 효과적인 도구입니다(Robinson & Kiewra, 1995). 마인드맵은 생각의 도구이므로 모든 분야의 수업에서 다음과 같이 다양한 방법으로 활용될 수 있습니다.

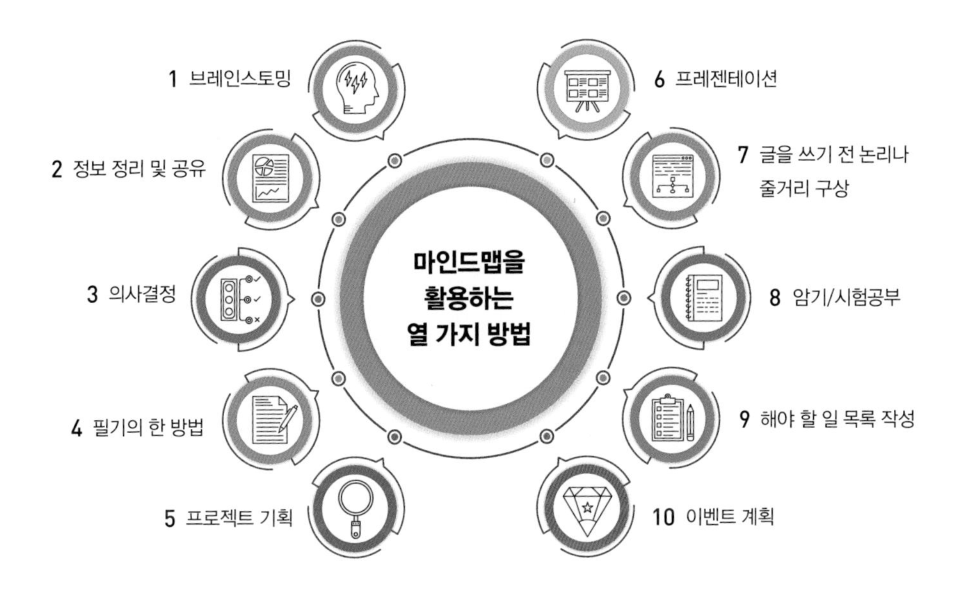

이렇듯 마인드맵은 교과서나 책에 나와 있는 내용을 정리하는 데에도 편리한 도구이지만, 프로젝트 기획이나 브레인스토밍처럼 새로운 내용을 생각해 내고 이를 의미 있는 방식으로 구조화하는 데도 유용합니다. 그럼 이제 마인드맵을 활용한 여러 수업 활동들을 소개하겠습니다.

수업의 개념맵으로 사용하기

교수자가 수업 내용의 흐름과 구조를 마인드맵으로 정리해서 보여 주면 학생들이 전체 개념을 이해하는 데 도움이 됩니다. 블렌디드 러닝을 위해서는 교수자가 기본 마인드맵을 만들고, 세부적인 내용은 학습자가 더하게 할 수 있습니다.

지식 연결하기

새로운 개념을 가르칠 때 마인드맵을 활용해 보세요. 기존에 알고 있던 지식에 새로운 지식이 어떻게 더해지는지를 시각적으로 표현할 수 있습니다.

디지털 창고 만들기

마인드맵에 링크를 삽입하여 일종의 디지털 창고를 만들 수 있습니다. 수업 내용을 마인드맵으로 정리하고, 학생들에게 필요한 자료를 제공하는 웹사이트 링크를 걸면 됩니다. 이러한 디지털 창고는 학습자가 필요에 따라 자기주도적으로 자료를 찾아볼 수 있는 좋은 도구가 됩니다. 어항 전략에도 유용한 도구입니다.

TIP

어항 전략 | 학습자들이 안전한 온라인 환경에서 과제나 활동을 할 수 있도록, 교수자가 제공하는 자료만으로 학습하는 환경을 만들어 주는 것을 의미합니다. 자세한 내용은 163쪽을 참고하세요.

학급 토론 내용 정리하기

학급 토론은 여러 사람이 서로 의견을 주고받는 회의입니다. 학생들의 의견을 마인드맵으로 정리하여 문제와 해결책의 범위, 의견 동향, 소수 의견과 다수 의견 등을 한눈에 개념적으로 정리하여 볼 수 있습니다.

브레인스토밍하기

학생들이 그룹으로 혹은 개별로 브레인스토밍을 하는 데 마인드맵을 활용할 수 있습니다. 개별적 글쓰기, 협력적 글쓰기, 메이커 프로젝트 ▶▶ p.188 등 새로운 것을 만들어 내기 위한 사전 작업을 돕는 도구로 사용합니다.

창의적 스토리텔링

마인드맵은 이야기를 전개하는 스토리텔링 도구가 되기도 합니다. 주인공이 선택할 수 있는 여러 가지 행동을 입력하고, 각각의 선택에 따른 가능한 시나리오 등을 이어 나가면 훨씬 더 수월하게 이야기를 만들어 낼 수 있습니다. 이때 글과 함께 그림이나 사진 등을 이용하면 더욱 좋습니다. 스토리텔링 외에도 여럿이 협업하는 창의적 작업에 두루 활용할 수 있습니다.

글의 구조와 내용 정리하기

한 권의 책처럼 분량이 긴 글, 뉴스 기사와 같이 5W1H(When, Where, Who, Why, What, How)가 명확한 글, 인과관계가 복잡하게 얽혀 있는 글 등을 읽은 후 마인드맵으로 글의 구조와 내용을 정리하게 해 보세요. 읽은 내용을 쉽게 파악하고, 오래 기억하며, 다른 지식과 연결하여 깊이 이해하는 데 도움이 됩니다.

워크숍

마인드마이스터로 마인드맵을 만들기 어렵다면 패들렛이나 파워포인트, 구글 프레젠테이션을 이용해도 좋습니다. 패들렛은 텍스트 박스를 화살표로 이어 마인드맵을 만들어 나가면 됩니다. 파워포인트나 구글 프레젠테이션의 경우 교수자가 직접 그린 그림을 배경으로 설정하여 그 위에 텍스트를 입력하게 합니다.

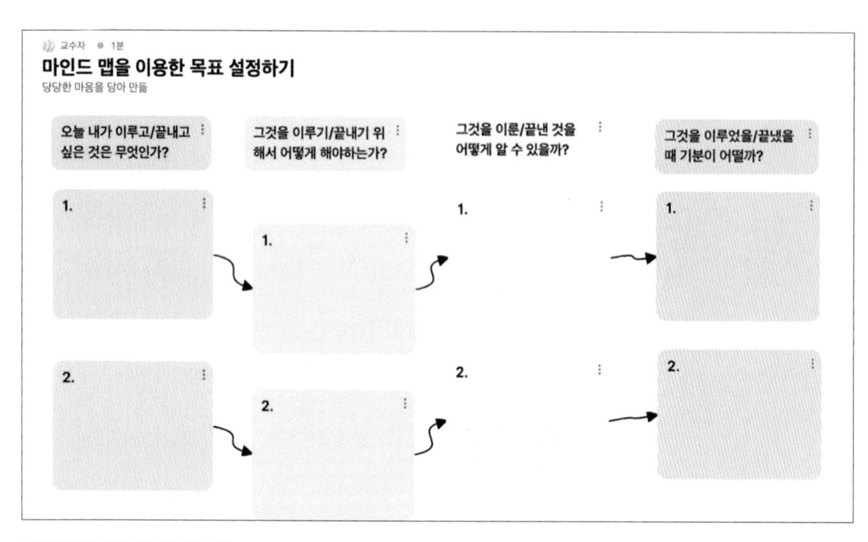

패들렛을 활용한 마인드맵

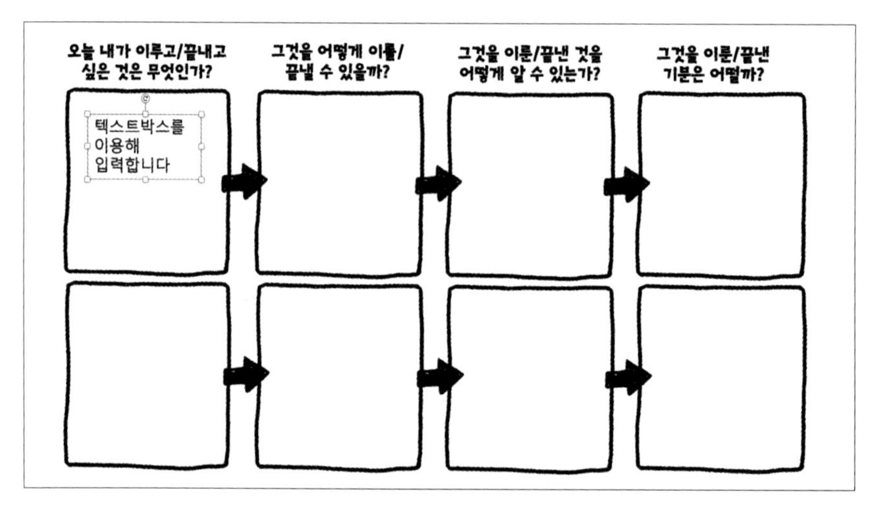

파워포인트(또는 구글 프레젠테이션)를 활용한 마인드맵

05 찾게 하라

코로나 시대 원격수업에서 가장 문제가 되었던 것은 학습자에게 일방적인 인강형의 강의 비디오만 보게 했다는 점입니다. 파워풀한 도구인 컴퓨터 앞에 학습자를 앉혀 놓고 가만히 보고만 있게 했습니다. 누구든 컴퓨터를 앞에 두고 있으면 그 컴퓨터를 사용하고 싶어 합니다. 그러니 컴퓨터 앞에 앉으라고 해 놓고 사용하지 못하게 하는 것은 요즘 아이들에게 고문에 가까운 일일 것입니다. 그래서 많은 학생들이 강의 비디오를 틀어 놓은 채 다른 탭을 열어 웹 서핑을 하는 것이겠지요. 심지어 줌Zoom으로 하는 실시간 원격수업 중에도 게임을 하는 학생들이 있습니다. 학습자는 강력한 도구인 컴퓨터를 사용하고 싶어 합니다. 교수자는 이를 막을 것이 아니라, 그러한 학습자의 행동 특성을 활용해야 합니다.

원격수업에서도, 블렌디드 수업에서도 테크놀로지 기기가 지닌 기능상의 강점을 최대로 살려서 사용할 때, 테크놀로지를 사용하는 의미가 있습니다. 그렇다면 컴퓨터나 스마트 기기의 강점은 무엇일까요? 교수자는 이를 자신의 관점에서 분석해 볼 필요가 있습니다. 저는 결과물을 쉽게 만들거나 수정할 수 있다는 점, 무한한 정보에 접속할 수 있다는 점, 누구나 온라인상에 글이나 영상을 업로드할 수 있다는 점, 시간과 장소의 제약 없이 물건을 살 수 있다는 점, 전 세계 사람들과 소통할 수 있다는 점 등을 꼽아 보았습니다. 저는 이 중에서도 일반적으로 교수자들이 가장 두려워하는 '정보 검색' 기능을 수업 시간에 활용하는 방법에 대해 이야기해 보겠습니다.

초·중·고등학교에서는 학생들이 수업 시간에 핸드폰을 보는 일이 거의 없습니다. 반면 대학에서는 수업 중 핸드폰 사용이 상대적으로 관대한 편이라 학생들이 강의 중에 종종 정보를 검색하기도 합니다. 그런데 많은 교수자들이 이러한 행위에 대해 상당히 불편한 감정을 내비칩니다. 교수자의 권위를 무너뜨리는 행동이라는 것이지요. 그도 그럴 것이, 학생들이 수업을 듣다가 내용을 검색하고 나서 "교수님, 제가 찾아보니 그게 아닌데요?"라며 이의를 제기하는 일이 발생하기 때문입니다. 이러한 일을 경험한 교수님들은 당황해하거나 불같이 화를 낸 후, 그다음부터 핸드폰 사용을 금지하곤 합니다. 이는 교수자와 학습자의 역할이나 관계를 전통적 모델에 기초해 인식할 때 나타나는 반응입니다.

전통적 모델에서는 교수자가 모든 지식을 갖고 있고, 학습자는 교수자가 가르쳐 주는 내용을 받아먹는다고 보기 때문에 교수자의 권위가 중요하게 여겨집니다. 그러나 구성주의 이후 현대 교육학의 모델에서 이는 최선의 교수·학습 방법이 아닙니다. 특히 정보의 양이 많아지고 접근이 쉬워졌으며, 새로운 지식이 매 순간 쏟아져 나오고, 지식이 변화하는 속도가 인터넷의 속도만큼이나 빨라진 이 시대에 교수자는 더 이상 지식의 절대자가 될 수 없습니다. 인터넷에는 나보다 권위 있는 학자나 전문가들이 셀 수 없이 많은 데다가, 새로운 지식으로 자신을 항상 업데이트해 놓을 수도 없기 때문입니다.

현대 교육학에서 교수자는 학습자들이 스스로 학습할 수 있도록 옆에서 기다리며 도와주는 역할을 합니다. 물론 때때로 필요할 경우 직접 가르쳐 주기도 하지만, 교수자가 모든 지식의 원천이라거나 절대적 권위를 지닌다고 여기지는 않습니다. 학습자들 역시 교수자를 더 이상 절대적 지식의 권위자라고 보지 않습니다. 시대가 빠르게 변하고 있기 때문에 교수자들은 더 이상 자신이 모든 지식을 갖고 있다고 자만하면 안 됩니다. 항상 자신이 틀릴 수 있음을, 나도 모르는 사이에 지식이 새롭게 업데이트되었을 수 있음을 염두에 두어야 합니다. 이런 시대에, 이런 학습자들에게, 우리는 어떻게 훌륭한 교수자가 되어 깊은 학습이 일어나게 할 수 있을까요? 바로 학습자들이 정보를 직접 찾게 하는 것입니다.

정보 검색을 활용하는 수업을 하기 위해서는 두 가지가 중요합니다. 하나는 교수자의 역할입니다. 교수자는 자신의 역할에 대해 분명히 이해하고 있어야 합니다. 교수자는 관련 주제에 대한 깊이 있는 지식을 충분히 갖고 있어야 하지만, 자신이 모든 지식을 다 알고 있고 그 지식이 절대적이라고 생각해서는 안 됩니다. 그래서 학생들이 새로운 지식을 찾아서 가져왔을 때 분노하거나 당황하지 말고, 이를 적극적으로 이해하고, 비판적으로 사고해 보고, 기존의 지식을 수정하거나 기존의 지식과 연결하려는 노력을 보여야 합니다. 이를 지식의 협력적 구성co-construction이라고 합니다. 지식은 교수자와 학습자가 서로 상호작용하는 가운데 함께 배우며 만들어 가는 것입니다.

또한 여기에는 '학습자로서의 교수자teacher as learner'라는 개념도 들어가 있습니다. 교수자가 학생들에게 가르쳐야 하는 것은 지식의 내용뿐 아니라, 그 지식을 대하는 자세도 포함됩니다. 학습자들이 새로운 지식을 적극적으로 받아들이기를 원한다면 교수자도 그러한 자세를 행동으로, 가시적으로 보여야 합니다. 이러한 수업에서 교수자는 세세한 지식을 일방적으로 전달하는 역할을 하지 않습니다. 학습자들이 스스로 찾아서 학습할 수 있도록 안내하는 역할, 학습자들이 찾은 파편화된 지식을 모아서 개념화해 주는 역할, 잘못된 정보(오개념)를 수정해 주는 역할, 거짓 정보를 걸러 내는 일을 도와주는 역할, 수업의 목표를 설명하고 디자인하는 역할을 합니다. 이러한 역할을 분명히 함으로써 교수자는 부드럽고 따뜻한 권위를 세울 수 있습니다.

다른 하나는 수업의 목표입니다. 수업의 목표가 (정보검색사 시험 준비반을 제외하고는) '정보 검색 역량 향상'이 될 수는 없습니다. 정보 검색은 이제 일상적인 활동이지, 특별한 기술이 아니기 때문입니다. 그럼 무엇이 수업의 목표여야 할까요? 첫 번째는 지식 그 자체입니다. 지식은 나쁜 것이 아닙니다. 지식과 역량은 떨어질 수 없습니다. 곡이나 악보에 대한 지식 없이 악기 연주 역량이 습득될 수 없듯이, 역량과 지식은 함께 추구되어야 합니다. 다만 현재 우리나라의 교육은 역량조차도 지식화하여 지식만을 추구하기 때문에 문제인 것입니다. 교수자는 학습자가 오늘 습득해야 할 지식을 분명한 목표로 세우고, 교수자의 일방적인 설명이 아닌 다른 어떤 방법으로 목표를 달성할 수 있을지 고민해야 합니다. 그 방법 중 하나로 학습자가 스스로 지식을 찾는 활동을 할 수 있습니다.

수업의 두 번째 목표는 역량입니다. 이때 역량은 정보 검색 역량이 아닌 비판적 사고 역량입니다. 신뢰할 만한 정보인지 확인하기, 다른 자료와 비교하기, 의미를 해석하기, 여러 의견을 종합하기 등을 통해 궁극적으로는 자신의 지식을 만들어 나가는 모든 과정이 비판적 사고에 포함됩니다. 동시에 그렇게 형성한 지식 자체가 비판적 사고의 결과물이기도 합니다. 그러므로 수업 시간에 인터넷으로 정보를 찾는 행위는 검색 결과를 보고 베껴 쓰거나, 무비판적으로 받아들이거나, 단순 암기 또는 발표를 하기 위한 것이 아니어야 합니다. 비판적 사고를 통한 지식 습득, 의미 해석, 나아가서는 새로운 지식 창출이 목표가 되어야 합니다. 이제 인터넷 검색을 활용하여 지식을 습득하고 비판적 사고 역량을 기를 수 있는 활동들을 소개하겠습니다.

- 학생들이 스스로 무엇을 찾게 할까?
- 수업 주제가 아닌 것을 찾아오면 어떻게 활용할까?
- 온라인, 교실 내, 교실 밖에서 무엇을 찾아오게 할까?
- 찾은 것을 통합하여 새로운 지식을 창출하려면 어떻게 해야 할까?
- 모두에게 의미 있는 발표가 되려면 어떤 가이드라인을 주어야 할까?

1 수업에서 할 수 있는 검색 활동

심화 조사하기

배운 내용 중에서 하나를 선택하여 더 깊이 조사해 보는 활동입니다. 제가 대학 수업에서 자주 사용하는 방법인데, 학습자에게 자율적 학습의 기쁨을 알게 하고 동기를 부여하는 데 효과적입니다. 수업이나 교육과정에서 반드시 알아야 하는 지식들이 있지요. 이 지식에 대한 기본적인 학습을 마친 후 그중 한 가지를 골라 심화 자료를 찾아보면서 더 깊이 연구하게 하는 방식입니다. 하이퍼 도큐먼트hyper document로 하기 용이합니다.

TIP

하이퍼 도큐먼트 | 하이퍼 도큐먼트는 한마디로 '디지털 학습지'라고 할 수 있습니다. 워드나 파워포인트, 클라우드 기반의 구글 프레젠테이션에 교사가 학습지를 만들어 넣고, 학생들이 이를 풀어 제출하게 하는 것입니다. 하이퍼 도큐먼트에는 텍스트뿐 아니라 그림, 게임, 영상 등 다양한 형태의 자료를 삽입할 수 있습니다.
하이퍼 도큐먼트에 들어가는 내용은 크게 ① 학생들이 봐야 할 자료 또는 그 자료를 제공하는 웹사이트 링크, ② 선생님의 설명이나 강의 비디오, ③ 학생들이 답해야 할 문제나 질문입니다. 하이퍼 도큐먼트는 원격수업과 블렌디드 러닝 모두에서 활용할 수 있으며, 학생들이 자신의 속도에 맞춰 스스로 공부할 수 있게 하는 매우 간단하고도 효과적인 방법입니다. 하이퍼 도큐먼트를 만드는 방법은 이 책의 170쪽과 전작인 『최고의 원격수업 만들기』, 저의 유튜브 영상(bit.ly/하이퍼도큐먼트만들기)을 참고하시기 바랍니다.

인문사회 프로젝트 수업

위대한 인물, 역사적인 사건, 우리 지역사회의 쟁점, 최근의 국제 이슈 등 역사적·사회적 주제 중 하나를 선정하여 검색합니다. 단순 검색을 넘어 총체적 이해와 비판적 사고를 도모하기 위해서는 선정한 주제에 대한 하위 주제들을 만들고, 검색해서 찾은 정보들을 하위 주제별로 배치한 뒤 자신의 언어로 정리하도록 합니다. 계획 단계에서는 앞서 설명한 마인드맵을 활용해도 좋습니다. 찾은 정보를 구글 프레젠테이션에 정리하여 발표하거나 서로 볼 수 있게 합니다. 그룹 프로젝트로 해도 되고, 개별 프로젝트로 해도 됩니다.

소논문이나 비판적 글쓰기

검색해서 찾은 내용을 자신의 지식으로 만드는 데 가장 효과적인 활동은 글쓰기입니다. 글쓰기에 대해서는 바로 다음 장인 "쓰게 하라"▶▶p.151에서 자세히 설명하도록 하겠습니다.

지도, 통계 자료 검색하기

검색은 네이버나 구글과 같은 포털 사이트에서만 할 수 있는 것이 아닙니다. 구글 지도 등의 웹기반 지도를 활용할 수도 있고, 구글 트렌드Google Trends나 통계청 국가통계포털KOSIS에서 통계 자료를 활용할 수도 있습니다.

구글 트렌드

통계청 국가통계포털

왼쪽은 구글 트렌드에서 '코로나'와 '줌'에 대한 관심도를 검색한 화면이고, 오른쪽은 국가통계포털에서 제공하는 국내 주제별 통계 검색 화면입니다.

과학 실험하기

자신이 하고자 하는 실험과 관련된 지식을 인터넷에서 검색한 다음, 그 내용을 실험 수행 및 결과 해석에 활용합니다. 최종적인 실험 보고서를 파워포인트나 구글 프레젠테이션에 정리합니다.

토론하기

수업 주제와 관련된 토론을 계획하고 있다면, 여기에 인터넷 검색 활동을 추가해 보세요. 예를 들어 특정 주제에 대한 찬반 토론이라면, 먼저 각 입장의 기본적인 내용을 교수자가 직접 교수합니다. 그다음 학생들이 인터넷을 검색하여 그 입장들이 실제로 어떻게 나타나는지, 주장에 내재된 관점에는 어떤 것이 있는지, 관련된 동향은 어떠한지 등을 개별 학습한 후 그 자료를 근거로 사용하여 토론하게 합니다.

2 구글 프레젠테이션으로 협력적 발표 자료 만들기

검색 활동을 한 후에는 그 정보를 의미 있는 지식으로 만들어야 합니다. 여기서는 구글 프레젠테이션으로 협력적 발표 자료를 만들어 보겠습니다.

01 구글이나 지메일에 접속하여 로그인합니다. 화면의 오른쪽 상단에 점 아홉 개 모양의 아이콘(⠿)이 있습니다. 이 아이콘을 클릭하면 오른쪽과 같은 메뉴가 나옵니다. 여기서 노란색 "프레젠테이션" 아이콘을 선택하세요.

02 그러면 프레젠테이션 화면으로 들어가질 것입니다. 상단의 "새 프레젠테이션 시작하기" 메뉴에서 ＋ 표시가 있는 항목을 눌러 새 프레젠테이션을 만드세요.

03 새 프레젠테이션이 열리면 이런 모양입니다. 오른쪽 테마 창은 닫아도 됩니다.

04 제목 추가 부분을 클릭하여 제목을 입력하세요.

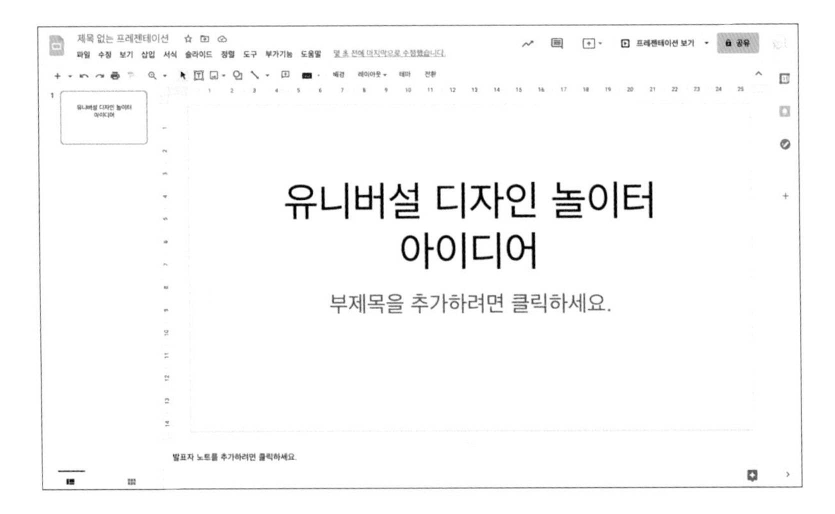

05 제목 페이지가 완성되었으면 새로운 슬라이드를 추가합니다. 상단 메뉴에서 “슬라이드” → “새 슬라이드”를 클릭해서 새로운 슬라이드를 만드세요.

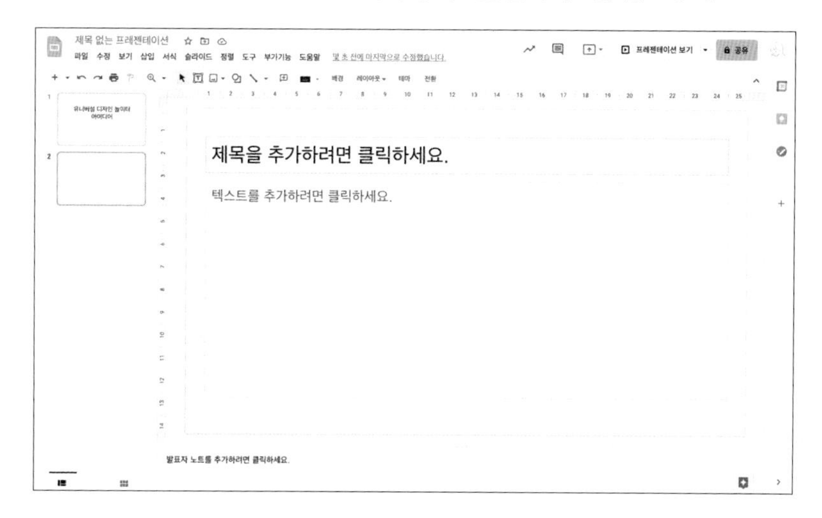

06 학생들이 내용을 입력할 수 있도록 템플릿을 만듭니다. 저는 이렇게 만들어 보았습니다.

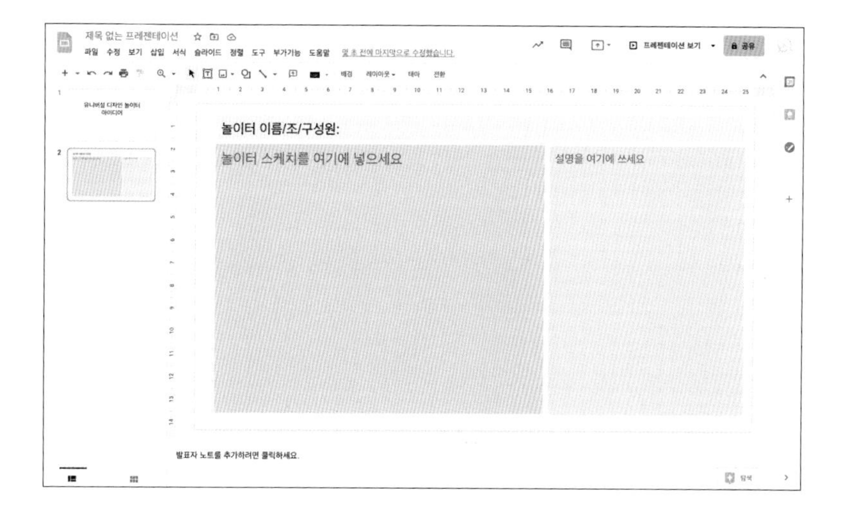

07 템플릿이 완성되면 그 슬라이드를 여러 개로 복사합니다. 복사할 슬라이드 위에서 우클릭한 다음 “복사”를 누른 뒤, 아래의 빈 영역에 우클릭하여 “붙여넣기”를 누르시면 됩니다. 개별 과제라면 학생 수만큼, 그룹 과제라면 그룹 수만큼 슬라이드를 복사합니다. 필요에 따라 학생이나 조 이름을 지정해 줄 수 있습니다.

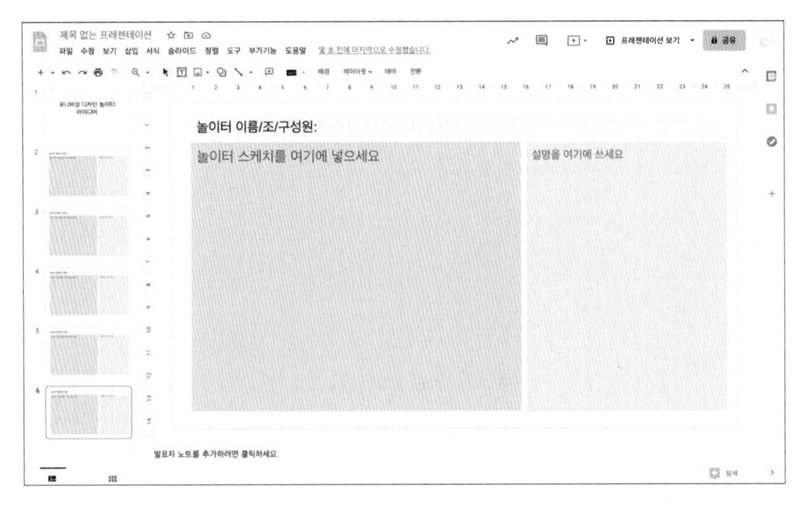

참고 단축키를 알아두시면 편합니다. 복사하기는 Ctrl+C(맥에서는 ⌘+C), 붙여넣기는 Ctrl+V(맥에서는 ⌘+V)입니다.

08 학생들이 실수로 다른 사람의 슬라이드를 지우지 않도록 저는 두 번째 슬라이드에 항상 이런 경고문을 적어 둡니다.

중요: 다른 사람의 슬라이드를 지우지 마세요

자신의 작업을 보호하기 위해 스크린 샷을 찍어두세요

이 슬라이드도 지우지 마세요.

이름 쓰는 것 잊지 마세요!

09 이제 공유 옵션을 설정해야 합니다. 오른쪽 상단을 보면 노란색 "공유" 버튼(🔒 공유)이 있습니다. 이 버튼을 클릭하면 이름을 지정하라는 창이 뜰 것입니다. 여기에 문서 제목을 입력한 후 "저장"을 클릭합니다.

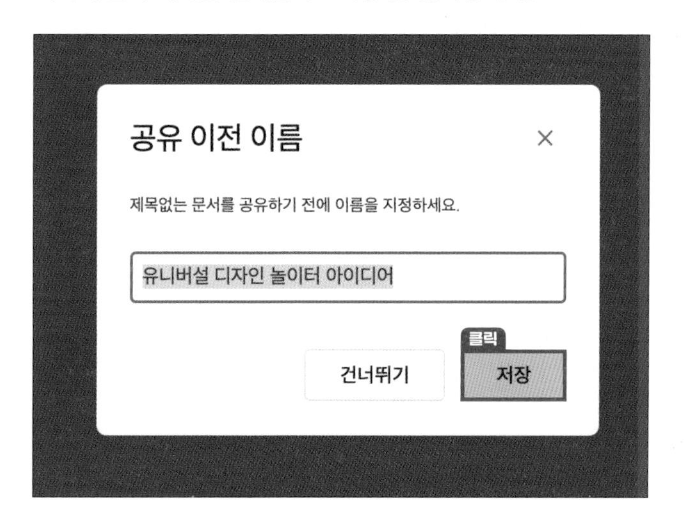

10 그러면 다음과 같은 창이 뜨는데, 아래에 있는 "링크 보기" 부분을 누르면 공개 범위를 설정할 수 있습니다. 여기에서 "링크가 있는 모든 사용자에게 공개"를 선택합니다.

11 그다음 오른쪽에 있는 권한 설정 메뉴에서 "편집자"를 선택합니다. 링크가 있는 모든 사용자에게 문서 편집 권한을 준다는 뜻입니다.

참고 이 설정에서는 링크가 있으면 누구든 들어와서 편집할 수 있으므로 보안에 신경 써야 합니다. 과제 마감 날짜를 엄격히 정해 주고, 정해진 기한이 지나면 편집 권한을 즉시 "뷰어"로 바꾸어 편집할 수 없게 합니다. 보다 안전한 방법은 학생들의 이메일을 일일이 입력하여 편집 권한을 주는 것이지만, 그러려면 모든 학생이 구글 계정을 갖고 있어야 합니다.

다음은 저희 과 학생들이 실제로 수행한 협력적 발표 과제입니다. 저는 시각장애에 관한 한 차시 수업을 한 뒤, 학생들에게 시각장애 아동을 고려한 공간을 직접 디자인해 보도록 했습니다. 수업 내용을 외우게 하여 평가하는 대신, 창조하기 과제를 통해 평가한 것이지요. 학생들은 수업 내용과 관련된 다양한 정보를 검색해 수집하고, 그 정보를 정리하여 시각장애 아동을 고려한 놀이터, 교실, 도서관, 호텔, 동물원 등 다양한 공간을 디자인했습니다. 이렇듯 블렌디드 러닝에서는 학습자가 스스로 정보를 찾아 해석하고 새로운 지식을 만들어 내는 활동을 설계함으로써 깊은 학습과 적극적인 참여를 유도할 수 있습니다.

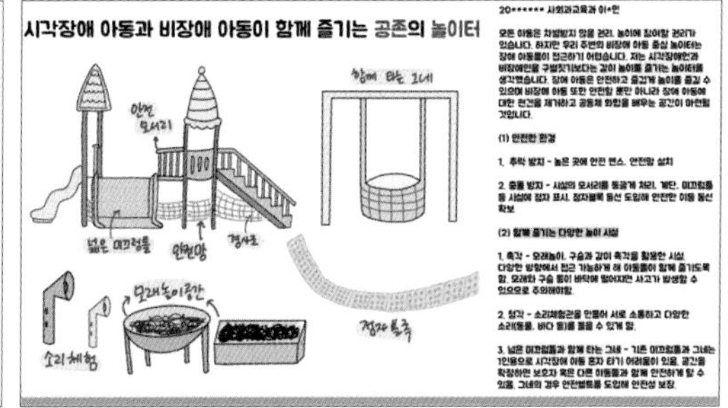

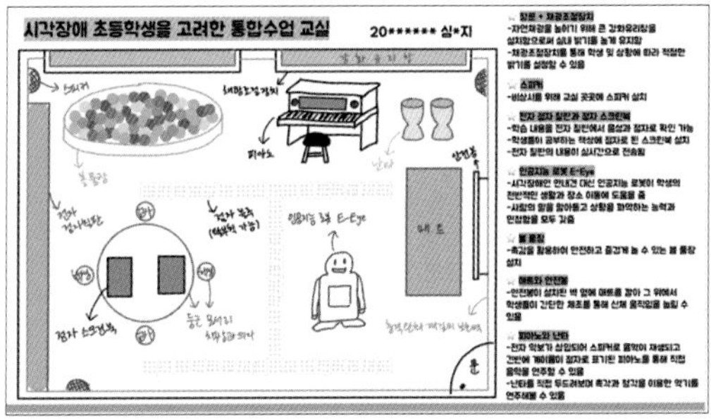

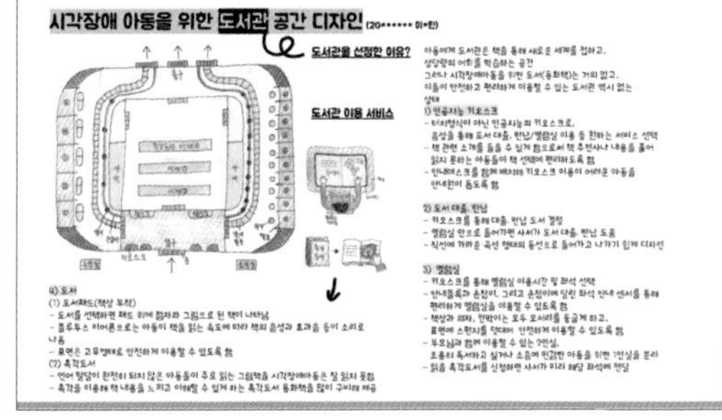

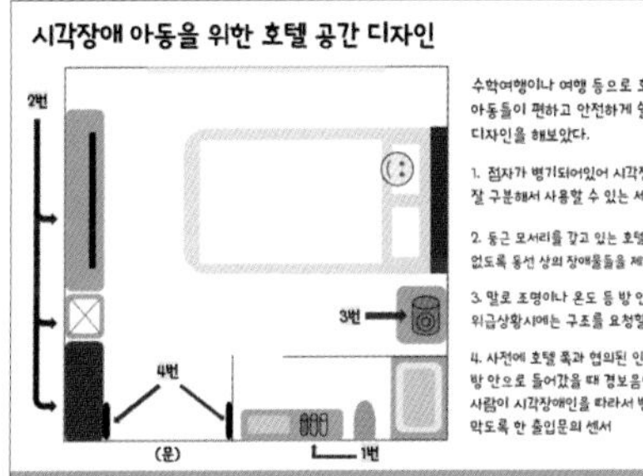

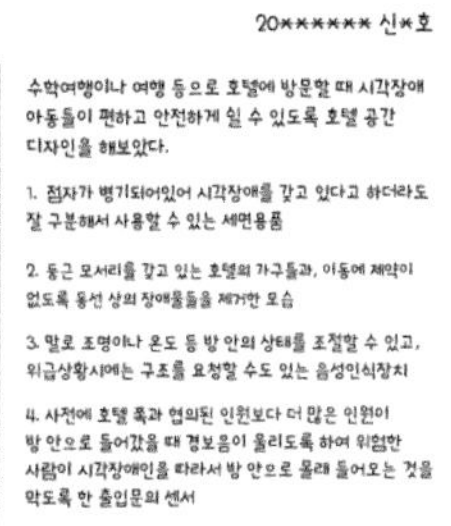

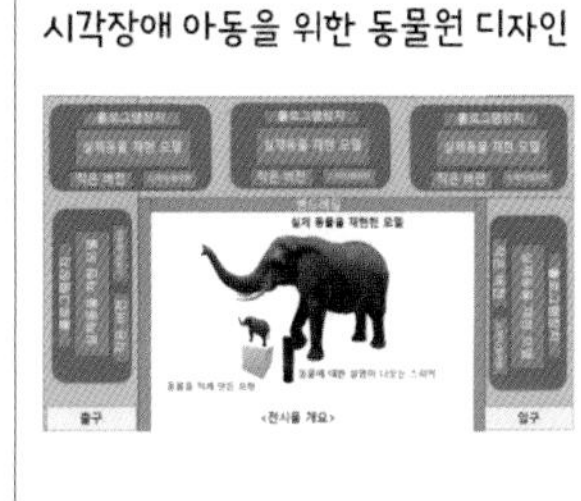

3 정보 구별하기 교육

가짜 뉴스가 판치는 현대 사회에서, 신뢰할 만한 정보와 그렇지 않은 정보를 구분하는 능력인 정보 리터러시information literacy를 갖추는 일은 학생들에게 매우 중요합니다. 이러한 정보 리터러시를 높이고 디지털 사회에 윤리적이고 현명하게 참여할 수 있는 역량을 길러 주는 교육을 디지털 시민교육digital citizenship education이라고 합니다. 유럽과 미국 등에서는 영어, 수학, 과학처럼 주지교과로 택하여 적극적으로 실시하고 있지요. 디지털 시민교육에는 여러 가지가 포함되는데, 초기에는 인터넷 환경에서 아이들을 보호하는 쪽에 초점이 맞춰져 있었지만 최근에는 책임감 있는 참여자로 만드는 것을 중시합니다.

TIP

정보 리터러시 | 문제해결이나 지식 습득을 위해 정보를 찾고, 평가하고, 조직하고, 사용하고, 소통하는 능력을 의미합니다. 연구 기술, 컴퓨터 사용 기술, 의사소통 기술, 비판적 사고 능력 등의 역량을 요구하지요. 인터넷 시대 초기에는 원하는 정보를 찾는 기술이 정보 리터러시의 주요 내용이었다면, 현재는 정보를 평가하고 소통하는 능력이 더 중요하게 여겨지고 있습니다.

디지털 시민교육 | 디지털 시민이란 무엇일까요? 디지털 시민은 인터넷을 정기적으로 그리고 효율적으로 사용하여(Tolbert et al., 2007) 사회와 정치에 참여하는 사람을 의미합니다. 디지털 시민교육은 이러한 참여에 대한 책임성과 윤리를 가르치는 교육이지요. 디지털 시민교육은 존중, 교육, 보호라는 세 가지 원리와 그에 따른 요소들을 핵심 개념으로 합니다(Ribble, 2015).

원리	요소
존중	디지털 에티켓, 디지털 접근성, 디지털 법
교육	디지털 리터러시, 커뮤니케이션, 전자 상거래
보호	디지털 세계에서의 권리와 책임, 보안, 건강과 웰빙

학생들에게 "이 정보를 신뢰할 수 있는지 어떻게 아나요?"라고 물어보세요. 놀랍게도 대학생들조차 이러한 교육을 받은 적 없는 경우가 대부분입니다. 실제로 많은 대학생들이 리포트를 작성할 때 신뢰할 만한 사이트와 그렇지 못한 사이트를 구분하지 못하고 개인 블로그의 글이나 광고성 기사를 출처로 제시하곤 합니다.

미국, 캐나다, 프랑스 등 선진국에서는 초등학교 때부터 정보의 신뢰성을 판단하는 교육을 합니다. 우리나라도 초등학교 때 정보화 교육과정이 일부 이루어지지만, 정보 구별 방법을 외우는 것으로 끝납니다. 반면 미국이나 프랑스에서는 초등학교 4학년 때부터 짧은 논문을 쓰는 훈련을 시킵니다. 자신의 주장을 제시한 뒤 그 근거를 온라인에서 찾아 쓰는 과제를 주고, 이 과정에서 유용한 정보와 거짓 정보를 구분하는 교육을 합니다. 암기가 아닌 직접 글을 쓰는 경험을 통해 실제적인 정보 리터러시를 교육하는 것이지요.

잘못된 정보를 가려내고 정보의 질을 판단하는 작업은 그 방법을 외운다고 해서 되는 것이 아닙니다. 거짓 정보는 스스로 거짓 정보임을 드러내지 않고, 매우 교묘하게 포장되어 있으며, 그 종류와 유형이 다양해서 몇몇 단편적 지식만으로 구별해 내기가 어렵기 때문입니다. 학생에게 필요한 것은 어떤 정보를 접하든 그 출처를 확인하고 비판적으로 사고하여 신뢰성을 판단할 수 있는 역량입니다. 이러한 역량은 학생 자신의 깊은 고민과 경험을 통해서만 길러질 수 있습니다. 따라서 정보의 신뢰성 교육을 할 때에는 학습자 자신의 고민과 연구가 동반되는 활동이나 과제를 주어야 합니다. 여기 몇 가지 예시를 소개합니다.

- ▶ 가짜 뉴스로 인해 발생한 문제에 대해 조사하고 토론하기
- ▶ 구글, 페이스북과 같은 기업의 가짜 뉴스 대응이 적절한지 토론하기
- ▶ 하나의 주제에 대해 세 가지 출처의 자료를 찾아보고, 신뢰도 순위를 매겨 보기
- ▶ 오래된 정보를 찾아서 이를 비판하거나 방어하기
- ▶ 최초 자료 혹은 원본 자료를 찾아내기
- ▶ 자료의 기능을 할 수 있는 해당 분야의 전문가를 찾아보기
- ▶ 하나의 주제에 대해 다양한 종류의 글(㉄ 기사, 블로그, 책)을 찾고, 어느 종류가 가장 신뢰할 만한지 토론하기
- ▶ 그룹별로 자료를 찾은 다음, 자기 그룹의 자료가 가장 신뢰할 만함을 주장하며 토론하기

- 구글과 도서관의 공통점과 차이점에 대해 토론하기
- 인터넷 검색 결과에서 특정 링크를 클릭한/클릭하지 않은 사고 과정을 소리 내어 말해 보기
- 하나의 주제를 위키백과와 나무위키, 네이버 사전 등에서 검색해 보고, 신뢰성의 차이에 대해 토론하기
- 신뢰할 만한 정보 사이트와 신뢰도가 낮은 정보 사이트를 분석하고, 그 차이점에 대해 토론하기
- 검색과 연구의 차이점에 대해 토론하기
- 신뢰성 있는 글을 쓰는 방법에 대해 토론하기

정보의 신뢰성은 교수로서 20년 이상 연구를 해 온 저도 매번 점검해야 하는 문제이고, 변화하는 유형에 따라 새롭게 고민해야 하는 문제입니다. 이를 가장 혹독하게 훈련하는 교육은 대학원 석사과정 논문을 작성할 때 이루어집니다. 그래서 저는 가능하다면 학교 선생님들이 대학원 교육을 경험해 보실 것을 권합니다. 엄격한 학술 논문을 쓰면서 정보의 신뢰성에 대해 스스로 고민하고 고뇌해 보는 경험이 교수자에게 많은 도움이 될 것이라 생각합니다.

06 쓰게 하라

쓰기는 커뮤니케이션의 핵심 기술 중 하나입니다. 컴퓨터의 발달로 쓰기를 이용한 커뮤니케이션은 그 어느 때보다 일상화되었습니다. 글로벌 기업인 아마존Amazon은 파워포인트 발표 대신 에세이 형식의 글을 쓰게 하는 것으로 유명합니다. 팀 구성, 제품 기획, 장기 비전 등 회사 내 보고와 발표가 대부분 여섯 쪽 이내의 글을 통해 이루어집니다. 아마존 임원이었던 콜린 브라이어Colin Bryar와 빌 카Bill Carr에 의하면 글로 쓴 보고서는 파워포인트 발표보다 더 많은 정보를 더 짧은 시간에 더 논리적이고 구체적으로 전달하며, 결과적으로 더 많은 사람이 더 나은 의사결정을 할 수 있기 때문에 이러한 방법을 쓴다고 합니다(Bryar & Carr, 2021). 나아가 글을 쓰는 과정에서 직원들은 보다 넓은 시야를 갖게 되고, 사안을 명확하게 파악하며, 여러 생각들을 융합하여 종합적으로 판단하게 됩니다. 모든 구성원이 문제나 기획에 대해 충분히 이해하고 회의에 들어가기 때문에 아마존의 회의는 의사소통이 잘 되어 "매지컬magical"하기까지 하다네요(Porter, 2015). 글쓰기는 아마존의 창시자인 제프 베이조스Jeff Bezos가 창업 초부터 고집해 온 방법인데, 이제는 아마존의 기업 문화로 자리매김했습니다. 최근 많은 글로벌 기업들이 모델로 삼고 있기도 하지요.

이뿐만이 아닙니다. 어떤 학문 분야든지 쓰기는 가장 높은 지식 수준을 상징합니다. 박사학위도 전공이 무엇이든 최종적으로는 논문을 '써서'

받습니다. 노벨상 역시 여섯 개 분야 중 노벨평화상을 제외한 다섯 개 분야(물리학, 화학, 생리학·의학, 문학, 경제학)가 논문이나 책과 같은 '쓰인' 형태의 결과물이 세상에 기여한 바를 인정하는 상입니다. 이 세상의 역사는 쓰기의 역사 그 자체라고 볼 수 있습니다. 역사학자, 철학자, 과학자, 문학가, 정치가 모두 그 위대한 유산을 '쓰인' 형태로 후세에 남깁니다. 인류의 지식은 '쓰기'로 발전했습니다. 쓰기는 한 사회의 정체성에까지 영향을 미칩니다. 세상은 쓰인 글로 인해 움직인다고 해도 과언이 아닙니다. 그만큼 쓰기는 중요합니다.

쓰기는 단순히 머릿속의 생각을 종이 위에 적는 것이 아닙니다. 쓰기를 하는 동안 학습자는 단어 선택, 문장 서술, 문단 구성 등을 깊이 생각하게 됩니다. 이를 통해 자신의 생각을 적확하게 표현하기, 어조의 강약을 조절하기, 올바른 문법을 사용하기, 논리적으로 구조화하기 등을 훈련합니다. 또한 쓰기에는 다양한 사고 과정이 수반됩니다. 글을 쓰려면 뚜렷하지 않았던 생각을 정리하고, 다른 사람의 마음을 움직일 수 있는 근거와 논리를 갖추어야 합니다. 자기 자신을 반성적으로 돌아보아야 할 때도 있지요. 게다가 글을 쓰는 행위는 곧 지식을 생산해 내는 행위입니다. 학습자를 수동적인 존재(지식의 소비자)가 아니라 적극적인 존재(지식의 생산자)로 인식할 때, 깊이 있는 교육이 가능해진다고 하였습니다. 그러니 쓰기는 교육의 정점이라고 할 수 있겠습니다.

이 책의 앞부분에서 대학원 수업이 이상적인 수업▶▶p.018이라고 언급한 바 있습니다. 대학원에서는 어떤 분야든 간에 지식을 논문이라는 쓰기의 형태로 남깁니다. 사회에 기여할 지식을 만들어 내기 위한 과정이 바로 대학원 과정입니다. 이러한 교육은 초등학교 때부터 이루어져야 합니다. "초등학생에게 논문을 쓰게 한다고요?"라고 의아해할 수 있겠지만, 미국이나 프랑스의 경우 초등학생 때부터 학교 수업에서 논문 쓰기를 훈련합니다. 물론 논문이라는 명칭을 사용하지는 않습니다. 하지만 논리적 글쓰기를 통해 자연적·사회적 현상의 의미를 분석하고, 자신의 생각을 합리적으로 전개하고, 자신만의 주장과 지식을 만들어 내고, 출처가 명확한 근거 자료를 찾고, 그 과정을 보고서로 작성하는 일을 어린 나이부터 훈련시킵니다. 다시 한번 강조하지만 글을 쓰는 행위는 지식을 생산해 내는 활동입니다. 읽고 듣는 것은 지식의 소비인 반면, 말하고 쓰는 것은 지식의 생산입니다. 즉, 쓰기 활동은 사회를 변화시키는 아주 작은 행동을 연습하게 하는 것이며, 학습자 중심의 교육을 하고 있음을 상징합니다.

요즘 시대에는 거의 모든 쓰기를 컴퓨터나 핸드폰으로 합니다. 개별적인 저장 매체가 아닌 클라우드 기반이 보편화되면서 컴퓨터를 이용한 쓰기는 훨씬 더 편리해지고 있습니다. 블렌디드 러닝의 탑 룰이 "사용하게 하라"였습니다. 컴퓨터를 사용하게 한다면, 컴퓨터의 주요 기능인 '쓰기'를 수업에 활용하는 것은 어찌 보면 당연한 일입니다.

또한 컴퓨터로 쓰기는 수업에서 컴퓨터를 가장 잘 활용하는 방법이기도 합니다. 연구에 따르면 학생들이 컴퓨터를 이용해 쓰기 활동을 할 때 글을 더 길게 쓰고 글의 질도 높아진다고 합니다(Williams & Beam, 2019). 이는 특히 쓰기를 싫어하거나 어려워하는 학생들에게 더욱 효과가 있습니다. 컴퓨터로 글을 쓰면 수정이 쉽고 순서대로 쓸 필요가 없어서 글쓰기에 대한 심리적 부담을 덜 느끼기 때문이지요. 나아가 온라인 환경에서 쓰기를 하면, 쓰기가 개인적인 활동이 아닌 상호작용 활동이 될 수 있습니다. 이렇듯 온라인 글쓰기에서는 즉각적 독자가 있기 때문에 쓰기에 대한 동기가 향상되고 글의 질도 향상된다고 합니다.

교수자를 위한 질문 가이드

- 학습자에게 의미 있는 주제는 무엇인가?
- 하나의 주제를 다양한 관점에서 해석하거나 표현하게 하려면 어떻게 해야 할까?
- 글쓰기 수업을 통해 내가 성취하고자 하는 교육 목표는 무엇인가?
- 즉각적 독자를 어디서 찾을 수 있을까?
- 글쓰기에 음악이나 미술을 연결할 수는 없을까?
- 글쓰기가 실제 세계와 연결되어 있다는 것을 어떻게 경험하게 할까?
- 글쓰기를 학습자의 생활에 어떻게 적용할 수 있을까?

그렇다면 블렌디드 수업에서 컴퓨터를 이용한 쓰기 활동을 어떻게 할 수 있을까요? 여기 몇 가지 아이디어를 제안합니다.

1 수업에서 할 수 있는 쓰기 활동

플립드 러닝

플립드 러닝에 글쓰기 활동을 접목할 수 있습니다. 우선 학생들이 글쓰기 주제와 관련된 자료 조사나 비디오 시청 등을 집에서 미리 하고 옵니다. 이후 학급에서는 각자 컴퓨터로 글의 개요를 작성한 뒤 초안을 쓰고 수정하여 글을 완성합니다. 마지막으로 각자 온라인상에 게시하거나 한 명씩 일어나서 읽는 방식으로 글을 발표합니다.

신문/잡지 만들기

협력적 글쓰기를 하기에 적합한 활동입니다. 학급신문 또는 교과와 관련된 신문이나 잡지(예 역사신문, 과학잡지)를 여러 학생이 함께 만들도록 하는 것입니다. 학급신문은 모든 학생이 함께 참여하여 만듭니다. 교과와 관련된 신문이나 잡지는 대그룹으로 만들 수도 있고, 소그룹으로 나누어 만들 수도 있습니다. 어느 경우든 기본적인 템플릿은 교수자가 제공합니다.

신문이나 잡지를 함께 만드는 활동은 실제 세계의 협력적 글쓰기와 유사한 과정을 경험해 볼 수 있고, 서로 자연스럽게 협력하고 피드백하면서 하나의 프로젝트를 완성해 나갈 수 있다는 장점이 있습니다. 잡지의 경우 글뿐만 아니라 시각적인 요소, 광고 등에 대해 좀 더 학습할 수 있습니다. 뒤에서 소개할 캔바Canva ▸▸p.157 는 함께 잡지를 만드는 데 유용한 툴입니다.

서로의 글에 피드백 주기

구글 문서에서는 학생들이 서로의 글을 보고 피드백을 줄 수 있습니다. 이러한 기능을 이용해 짝끼리 피드백 주기 활동을 해 보세요. 혹은 구글 프레젠테이션에 모든 학생들이 각자 슬라이드 한 장 분량으로 글을 써서 올리게 한 뒤, 전체 슬라이드를 다 읽어 보게 합니다. 그리고 한 사람당 몇 명 이상에게 피드백을 주도록 할 수 있습니다.

이어 쓰기

소설과 같은 픽션을 여러 명이 이어 쓰게 합니다. 구글 문서나 구글 프레젠테이션을 이용해 한 사람이 일정 분량을 쓰고 다음 사람에게 넘기면, 다음 사람이 받아서 이야기를 이어 나가는 글쓰기 방식입니다. 초등학교 고학년이나 청소년 학생에게 적합합니다.

좀 더 어린 학생들의 경우, 인형을 이용해 이어 쓰기 활동을 할 수 있습니다. 교사가 인형 하나를 준비하고, 학생들이 돌아가면서 그 인형을 가져갈 순서를 정합니다. 첫 순서인 학생이 인형을 집에 가져갑니다. 그리고 자신의 일상생활이나 특별한 경험을 배경으로 인형을 놓고 사진을 찍은 뒤, 그날의 이야기를 인형의 관점에서 글로 씁니다. 이 글을 구글 프레젠테이션이나 패들렛에 올립니다. 학생이 인형을 다시 학교에 가져오면, 다음 순서의 학생이 인형을 집에 가져가서 새로운 사진을 찍고 글을 씁니다. 영어 글쓰기 활동으로도 적합합니다.

온라인 시화전 열기

학생들이 각자 컴퓨터로 혹은 종이에 연필로 시를 씁니다. 시와 어울리는 그림을 종이에 그립니다. 구글 프레젠테이션에서 자신의 시와 그림을 슬라이드 한 장에 얹습니다. 모든 학생이 게시를 끝내고 전체 슬라이드가 완성되면, 링크를 공유하여 온라인 시화전을 엽니다.

인터뷰하고 기사 쓰기

학기 초에 하기 좋은 활동입니다. 우선 같은 반 친구들을 인터뷰하여 그 내용을 글로 옮겨 적고, 관련된 사진이나 그림을 모읍니다. 구글 문서나 구글 프레젠테이션으로 인터뷰 글과 이미지를 배치하여 학급신문 형태로 만듭니다. 학급 내 친구들 외에 학교 신입생이나 졸업생, 다양한 분야의 직업인, 여러 전공의 대학 교수 등을 인터뷰할 수도 있습니다. 꼭 대면 인터뷰가 아니어도 됩니다. 온라인 서베이online survey를 활용해도 좋습니다.

TIP

온라인 서베이 | 온라인으로 하는 설문조사를 의미합니다. 무료로 사용할 수 있는 온라인 서베이 도구로는 구글 설문지, 네이버 폼 등이 있습니다.

함께 소논문 쓰기

실제 세계에서 논문은 여러 사람이 협력하여 쓰는 경우가 많습니다. 따라서 고등학생이나 대학생의 소논문 쓰기라면, 공동 작업을 통해 하나의 결과물을 내는 경험을 해 볼 필요가 있습니다. 각자 역할을 분담해 글을 쓰고, 글의 톤을 일정하게 맞추고, 서로 피드백을 주고, 돌아가면서 반복적으로 검토하고 수정하는 과정은 학생들이 사회에 나가 일을 할 때에도 도움이 되는 유익한 경험입니다.

이 활동은 각자 워드프로세서로 글을 작성한 뒤 순차적으로 협력하는 방식이 바람직합니다. 소논문은 앞에서 제시한 글쓰기 활동들에 비해 글의 분량이 많고 협력 과정도 복잡한데, 구글 문서 등을 활용한 실시간 협력 방식으로 소논문을 쓸 경우 쓰기 과정이 더 복잡해질 수 있기 때문입니다.

2 캔바로 잡지 만들기

학습자들은 쓰고자 하는 동기가 있을 때 글을 가장 잘 씁니다. 그리고 이러한 쓰기 동기는 실제적 독자가 있을 때, 자신에게 의미가 있을 때 생깁니다. 잡지나 뉴스레터 만들기는 읽을 사람을 비교적 구체적으로 상정할 수 있다는 점에서 실제적 독자를 위한 글쓰기를 하는 데 유용한 방법입니다. 또 유치원 수준부터 대학 수준까지 모두 활용할 수 있는 글쓰기 활동이기도 합니다. 글의 구조나 내용이 비교적 자유롭고, 독자가 흥미롭게 읽을 만한 주제를 다루며, 글을 쓰는 사람들이 쉽게 협업할 수 있고, 단기 프로젝트로도, 장기 프로젝트로도 진행할 수 있기 때문입니다. 여기에서는 캔바를 이용해 자신이 쓴 글을 잡지로 만드는 활동을 해 보겠습니다.

캔바

01 캔바(canva.com)에 접속하여 회원가입을 하고 로그인합니다. 최초로 로그인을 하면 아래와 같은 화면이 나타날 것입니다. 상단의 검색란에 "잡지"라고 입력하고 Enter키를 누르세요.

02 그러면 무료로 사용할 수 있는 잡지 템플릿이 뜹니다. 이 중 마음에 드는 것을 고르세요. 제목과 사진은 모두 바꿀 수 있기 때문에, 내용에 구애받지 말고 문자 스타일과 레이아웃만 염두에 두시면 됩니다.

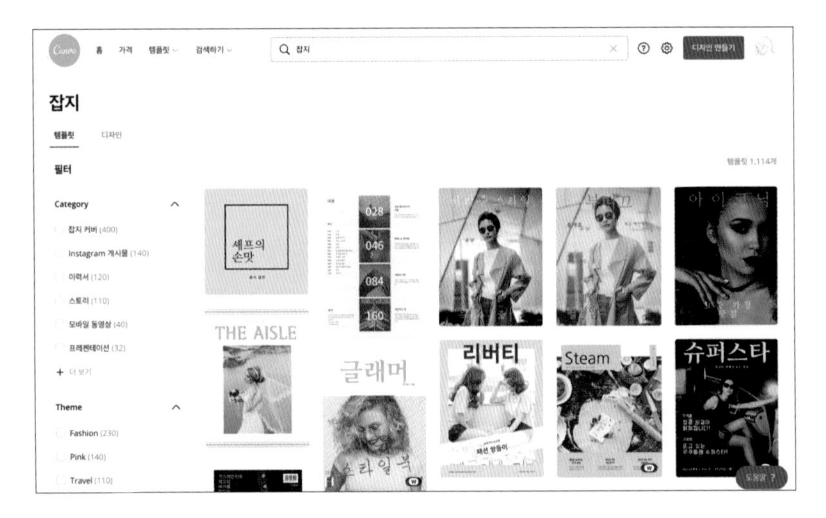

03 템플릿을 선택하면 편집 창이 나타납니다. 템플릿에 이미 들어가 있는 글 내용을 원하는 대로 수정하거나 추가합니다. 글 외에도 사진, 오디오, 동영상 등 다양한 시·청각적 요소를 삽입할 수 있습니다.

참고 그룹 프로젝트로 할 경우, 오른쪽 상단의 "공유" 버튼을 누르고 함께 작업할 다른 사람의 이메일 주소를 입력하여 초대합니다.

04 왼쪽에서 마음에 드는 표지나 내지를 필요한 만큼 추가해 가며 잡지를 만듭니다. 아래와 같이 여러 페이지를 만들 수 있습니다.

05 잡지가 완성되었다면 오른쪽 상단의 "다운로드" 버튼을 누르고 원하는 파일 형식으로 저장합니다.

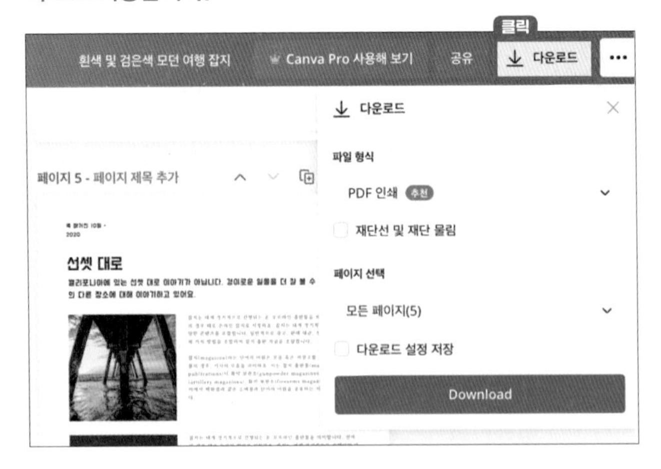

3 표절 예방 교육

"쓰게 하라"라는 이 장에서 꼭 짚고 넘어가야 할 것이 표절plagiarism 문제입니다. 우리나라의 경우 대학원에 가서 논문을 쓸 때가 되어서야 실질적인 표절 예방 교육이 이루어집니다. 그나마도 제대로 가르치지 않는 학교들이 많지요. 무엇이 표절이고, 무엇이 표절이 아닌지를 정확히 모르는 교수님들도 있습니다. 하지만 이제 우리나라에서도 초등학교 수준부터 표절 예방 교육이 이루어져야 합니다. 블렌디드 러닝으로 컴퓨터와 인터넷을 활용한 활동이 늘어나고 있기 때문입니다. 클릭 몇 번이면 남의 글을 쉽게 가져올 수 있는 상황에서 표절에 대한 개념이 없으면 아무런 문제의식 없이 표절을 할 수 있습니다. 쓰기 교육이 학교 교육의 절반 가까이를 차지하는 미국의 경우, 어린 나이부터 표절에 대해 엄격하게 교육합니다. 이러한 표절 예방 교육은 지식의 생산자가 될 학습자 자신의 저작권 보호 교육이기도 합니다.

표절하지 않는 방법

내가 직접 창작한 문장이 아니면 다 표절이다!

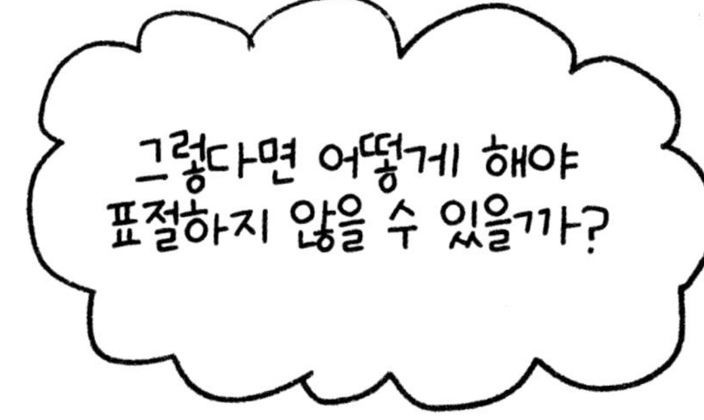

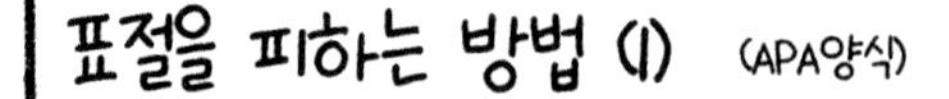

직접 인용 하기 (문장 그대로 갖다 쓰기)

"나랏말싸미..." (세종, 1443, p. 1)

↳ 따옴표 달기 ↳ 출처 ↳ 페이지 까지 명시

(그러나 자주 쓸 수 없는 방법이다)

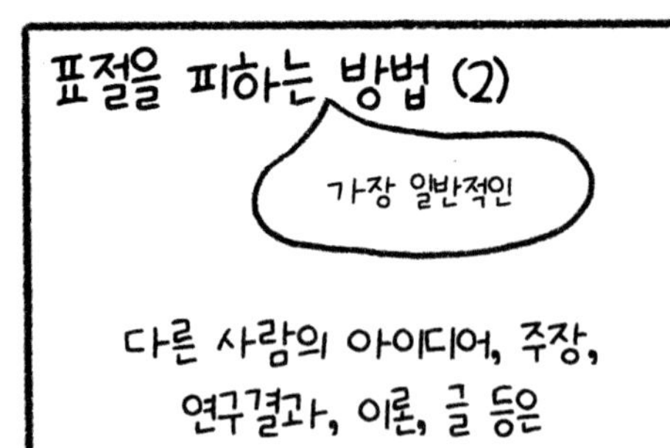

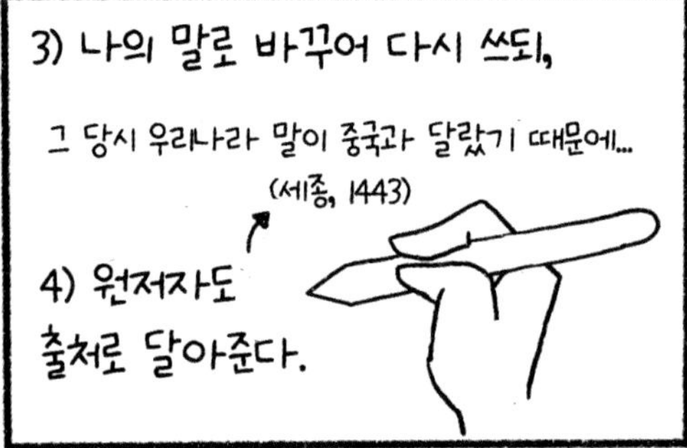

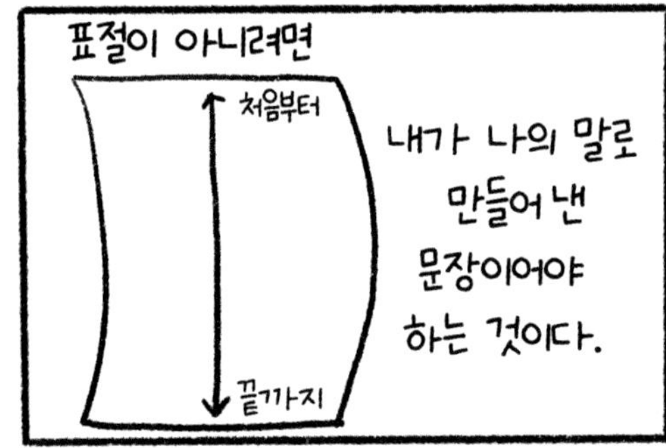

4 어항 전략

인터넷을 망망대해로 본다면 그 바닷속에는 수많은 위험요소가 있습니다. 어린이들을 노리는 나쁜 사람들도 있고, 거짓 정보도 있고, 수업과 무관한 게임이나 웹툰 사이트에도 쉽게 접속할 수 있지요. 그래서 초등학생 수준 정도의 어린 학습자들에게는 인터넷을 자유롭게 떠다니게 하는 것보다 어항 안에서 학습하게 하는 편이 안전합니다.

어항은 실제 물속 세계의 미니어처 모형이라 할 수 있습니다. 수초, 돌, 자갈 등으로 자연과 비슷하게 꾸며져 있지요. 하지만 실제 자연에 존재하는 여러 위험요소는 제거되어 있습니다. 그래서 어항은 물고기가 다니기에 안전한 곳입니다. 게임에도 이러한 '어항'이 있습니다. 이곳은 초보 플레이어가 게임 플레이 방법을 배울 수 있는 별도의 단계나 방으로, 본 게임에 나오는 악당이 없거나 약한 상대만 있습니다. 게임 〈어몽 어스 Among Us〉에도 이런 방이 따로 있지요. 이 방에서는 다른 플레이어들 없이 혼자서 우주선 안을 돌아다니면서 미션을 해결하는 연습을 할 수 있습니다. 이렇게 별도로 만들어진 안전한 방에서 게임 방법을 배운 후 본 게임에 들어가서 진짜 게임을 합니다. 이와 같은 게임 디자인에서 비롯된 전략이 바로 어항 전략입니다. 어항 전략은 어린 학생들이 학습 시간 중 인터넷을 검색해야 하는 과제에서 사용할 수 있습니다.

어항 전략에서는 학습자가 구글이나 네이버 등의 포털 사이트에서 직접 검색하게 하지 않습니다. 가장 큰 이유는 학습자가 정보의 정확성과 질에 대해 스스로 판단할 수 있는 능력이 아직 낮기 때문입니다. 대신 교수자가 참고 사이트 목록을 미리 만들어 제공합니다. 학습자는 교수자가 주는 웹사이트 링크만 클릭하고, 그 사이트 내에서만 정보를 찾아 학습 활동을 합니다. 교수자가 주는 사이트는 신뢰할 수 있는 사이트여야 하며, 단편적인 정보가 아닌 종합적인 정보가 나와 있는 사이트가 더 좋습니다. 그래야 학습자가 단편적인 답을 베껴 쓰는 것을 예방할 수 있습니다.

사례 어항 전략 예시

음악과 관련된 자료입니다. 이 자료를 이용해 프로젝트를 하세요.

<작곡가 위키>	<음악 들어보기>	<음악 게임>	<음악 영화>
바흐	바흐	PBS 음악게임 컬렉션	Coco
모짜르트	모짜르트	오케스트라 게임	Sing
베토벤	베토벤	크롬 뮤직랩	Cats
쇼팽	쇼팽	클래식 음악게임	어거스트러시
드뷔시	드뷔시	구글 AI 음악게임	아마데우스
쇼스타코비치	쇼스타코비치		
번스타인	번스타인		

07 말하게 하라

말하기는 인간 발달의 일부분으로서, 생각하고 논리를 발전시키고 학습하는 데 중요한 역할을 합니다. 말하기는 앞서 다룬 쓰기와 더불어 학습자가 자신의 의사를 표현하는 수단이자 상호작용의 기본이라는 점에서 의미가 있습니다. 구성주의 교육철학에서 학습은 상호작용을 통해 일어나는데, 사람과 사람 사이의 상호작용은 대부분 말로 이루어집니다. 그래서 말을 못 하게 하면 상호작용이 억제됩니다. 비고츠키▶▶p.080는 교사와 학생의 상호작용을 중요하게 생각했으며, 그 매개가 바로 말이었습니다. (교수자가 일방적으로 하는 말이 아닌) 교수자와 학생 사이의 언어적 의사소통을 중시한 것이지요. 또한 말은 교수자와 학습자 간의 마음의 거리를 좁혀 줍니다. 서로 공감할 수 있는 기회를 주고, 신뢰 관계를 만들어 줍니다. 교육은 이러한 긍정적 관계가 전제되어야 합니다. 누구나 자기가 싫어하는 사람의 말은 듣고 싶어 하지 않습니다. 깊은 학습이 일어나기 위한 전제 조건은 교수자와 학습자의 신뢰 관계입니다.

그런데 많은 교수자들이 "학생들이 말하게 하라"라고 하면 곤란해합니다. 수업 시간에 '떠드는 것'이 거의 죄악시되는 우리 문화에서, 학생들이 공부하는 교실은 조용해야 한다고 여겨집니다. 물론 정신없이 시끄러운 분위기도 문제지만 교실이 항상 쥐 죽은 듯이 조용하다면 그것도 이상적인 교육 환경은 아닙니다. 유능한 교사는 교실 내 질서와 자유 사이의 밸런스를 잘 맞춥니다. 집중과 안전을 위해서는 질서가 필요하지요. 그러나 적극적 학습, 상호작용, 창의성, 비판적 사고는 학생들이 자신의 생각을 말로 표현함으로써 이루어집니다. 따라서 교실이 항상 조용할 수만은 없습니다.

그럼 수업 시간 중에 어떻게 의미 있는 말하기 활동을 할 수 있을까요? 가장 일반적인 방법은 질문하기입니다. 질문은 하브루타 학습법, 소크라테스의 문답법 등 고대에서부터 현재까지 사용되고 있는 강력한 교수·학습 방법입니다.

TIP

하브루타 | 유대인들이 사용하는 전통적 교육법으로, 나이나 성별, 지위에 상관없이 두 명이 서로 설명하고 질문하고 토론하면서 지식을 습득하는 방법입니다.
소크라테스 문답법 | 산파술이라고도 합니다. 지식을 직접적으로 주입하기보다, 대화와 문답을 통해 학습자가 스스로 자신의 무지를 깨닫고 진리를 발견하는 방법입니다.

그런데 모든 질문이 학생들의 사고와 표현을 활성화하는 것은 아닙니다. 형식적인 질문, 단답형의 정답을 요구하는 질문, '예/아니요'로 대답할 수 있는 질문, 단순한 사실 관계를 확인하는 질문은 교육적 의미가 떨어집니다. 그보다는 아래와 같이 학생의 '생각'을 들을 수 있는 질문을 하는 것이 좋습니다.

"답이 무엇이라고 생각하나요?"
"답이 무엇인가요?"라고 묻기보다는, 학생들의 생각을 묻는 것이 더 좋습니다.

"어떻게 이렇게 되었다고 생각하나요?"
정답을 묻는 것이 아니라 학생들의 생각을 묻는 열린 질문입니다. 오답을 말하는 데 대한 걱정이 덜해 자유롭게 말하는 분위기를 만들 수 있습니다.

"왜 그렇게 생각하나요?"
사고 과정을 소리 내어 말하는 것은 학습자 본인에게도, 이를 듣는 다른 학습자들에게도 도움이 됩니다. 정답에 대한 사고 과정이든 오답에 대한 사고 과정이든 상관없습니다. 학생이 자신의 사고 과정을 드러낸다는 데 의미가 있습니다.

- 상호작용을 촉진하려면 책상을 어떻게 재배치해야 할까?
- 어떻게 학생들이 질문하게 할까?
- 이 연령대의 학습자에게 흥미로운 토론 주제에는 무엇이 있을까?
- 토론에 어떻게 맥락을 입힐까?
- 어떻게 자연스럽게 돌아가면서 발표하게 할 수 있을까?
- 어떻게 하면 온라인 환경에서 말하기 활동을 효율적으로 할 수 있을까?
- 어떻게 학습자들의 궁금증을 유발할까?

그리고 이렇게 학생들의 생각을 묻는 질문 활동에서 가장 중요한 것은 교수자의 태도입니다. 학생이 자신의 생각을 정리해서 답변하는 데는 시간이 걸릴 수 있습니다. 교수자는 그 시간을 기다려 주는 인내심을 가져야 합니다. 또한 오답이나 엉뚱한 답이 나와도 당황하거나 화내지 않고, 그런 답을 이용해서도 의미 있는 학습이 일어나게 해야 합니다.

한편, 학생들이 직접 질문하게 하는 방법도 있습니다. 그런데 학생들은 종종 자신의 질문이 바보 같다고 생각해서 궁금한 것이 있어도 소리 내어 질문하기를 꺼립니다. 따라서 질문이 있는 교실이 되기를 바란다면 학생들이 자유롭게 질문할 수 있는 수업 문화를 만드는 것이 중요합니다. 수업 시간의 일부를 오로지 질문하는 시간으로 따로 떼어 놓거나, 한쪽 벽을 '질문벽'으로 만들어 학생들의 질문들을 붙여 놓는 것이 교실 내 질문을 일상화하는 데 도움이 됩니다.

아래에서는 블렌디드 수업에서 질문으로 말하기를 장려하고 토론까지 이어지게 할 수 있는 몇 가지 활동들을 소개합니다.

1 수업에서 할 수 있는 말하기 활동

비디오 보고 질문하기/토론하기

하이퍼 도큐먼트를 이용해서 학습자가 자신이 원하는 시간에, 원하는 페이스대로 볼 수 있도록 비디오를 여러 개 올려 줍니다. 한 가지 주제에 대한 다양한 관점이나 주장을 보여 주는 비디오들일 수도 있고, 유사한 시각을 담은 비디오들일 수도 있으며, 다양한 주제를 다룬 비디오들일 수도 있습니다. 학습자는 개별적으로 비디오를 시청한 후 학급에 모여서 토론을 합니다. 교수자는 토론이 원활하게 이루어질 수 있도록 핵심적인 질문들essential questions을 준비해 와야 합니다. 토론이 끝나면 토론을 통해 학습한 내용을 스스로 종합해 보는 활동(예 글쓰기, 마인드맵 만들기)을 할 수 있습니다.

TIP

핵심적인 질문 | 단답형 질문이 아닌 탐구와 토론을 일으키는 질문입니다. 이러한 질문은 개방형이며, 다양한 학문 간의 개념적 이해를 돕고 학습자로 하여금 깊은 학습을 하게 합니다. 토론을 일으키고 생각을 촉진하는 질문에 대하여 더 알고 싶다면 『핵심 질문: 학생에게 이해의 문 열어주기』(McTighe & Wiggins, 2013/2016)를 참고하시기 바랍니다.

실제 데이터를 분석하며 질문하기/토론하기

테크놀로지의 강점 중 하나는 실제 세계의 데이터를 쉽게 구할 수 있다는 점입니다. 통계청이나 국제기구 통계 자료실에서 환경문제 데이터, 인구 데이터 등을 다운로드받아 활용할 수 있습니다. 날씨 데이터, 자동차 사고 데이터, 미세먼지 데이터, 감염병 데이터, 환율 데이터 등 하루에도 수차례 업데이트되는 데이터도 있습니다. 이러한 실제적 데이터들은 학생들이 의미 있는 학습을 할 수 있도록 돕습니다.

또 다른 말하기 활동, 토론

질문 외에도 학습자가 말하게 하는 방법이 한 가지 더 있습니다. 바로 토론입니다. 토론은 대부분 질문이나 문제로 시작하기 때문에 질문법과 완전히 분리된 것은 아닙니다. 토론은 모든 수준의 학습자에게 중요합니다. 토론을 통해 학습자는 수업 시간에 배운 내용을 깊이 있게 이해하고, 이를 자신의 지식으로 만들 수 있습니다. 또한 세상에는 나와 다른 다양한 관점을 지닌 사람들이 있다는 것을 알게 되고, 자신의 관점을 적절한 방법으로 설명하고 설득하는 훈련을 하게 됩니다. 토론을 하다 보면 새로운 아이디어들이 떠오르기도 하고, 자신의 약점이나 문제점을 깨닫게 되기도 하며, 학습에 대한 동기가 커지기도 합니다.

저는 싱가포르의 중학생들이 유엔환경계획UN Environment Programme: UNEP에서 발표한 지난 50년간의 수질 데이터를 바탕으로 수질 개선 정책을 만들어 보는 수업을 하는 것을 본 적이 있습니다. 학생들이 얼마나 진지한 자세로 수업에 임했는지 모릅니다. 이 외에 컴퓨터와 미세먼지 측정기기를 이용해 지역사회의 대기오염 지도를 만드는 수업 사례도 있습니다.

사회적 이슈, 역사적 사건, 과학 실험 등에 대한 동영상 만들기

교과 내용 중 토론할 만한 주제를 선정하여 학습자들이 동영상을 만들게 하는 활동입니다. 이러한 과제에서 학습자는 해당 교과 내용에 대해 완벽하게 이해할 필요성을 느껴 스스로 연구하고 더 찾아보게 됩니다. 그룹으로 과제를 하기 때문에 역할 분담이 필요하며, 서로 분업하고 협력하는 과정에서 수많은 상호작용이 일어납니다. 분업을 할 때 노는 사람이 생기지 않도록 활동 과정을 기록하여 제출하게 합니다. 사진 기록, 스크립트, 회의 기록 등 과제 수행 중에 나오는 모든 산출물을 결과물과 함께 평가합니다. 동영상은 세상에 보여 주기 위해 만드는 것이므로 학습자들은 그들의 논리가 설득력이 있는지, 표현이 이해하기 쉬운지, 더 좋은 프레젠테이션 방법은 없는지 등을 끊임없이 고민하게 됩니다.

그룹으로 마인드맵 만들기

마인드맵은 그저 만드는 것만으로 충분한 학습이 될 때가 있습니다. 꼭 멋있는 결과물을 내지 않더라도 그날 배운 내용을 정리하는 방법으로써, 읽은 책을 더 깊이 있게 이해하는 방법으로써, 특정한 문제를 해결하는 과정으로써 마인드맵을 활용할 수 있습니다. 특히 개인이 아닌 그룹으로 마인드맵을 만들면, 학습자들이 서로 협의하는 과정에서 더욱 풍성한 마인드맵이 만들어지는 것을 경험할 수 있습니다.

프로젝트 수업

여러 명의 학습자가 그룹을 이루어 하는 모든 프로젝트 수업에서는 상호작용과 말하기가 활발하게 일어납니다. 프로젝트 수업 방법Project Based Learning: PBL에 관한 책은 시중에 많이 나와 있으니, 저는 블렌디드 환경의 프로젝트 수업에서 염두에 두어야 할 부분을 다시금 강조하고자 합니다.

블렌디드 러닝에서 테크놀로지는 목적이 아니라 도구라고 하였습니다. 그 도구를 의미 있게 활용하여 프로젝트를 하기 위해서는 학생들에게 의미 있는 목표가 필요합니다. 단순히 교과서에 나왔기 때문에 혹은 컴퓨터가 있기 때문에 하는 프로젝트가 아니어야 합니다. 의미 있는 프로젝트 학습이 되기 위해서는 '사회적 문제를 해결하고 싶어서', '다른 사람을 도와주고 싶어서', '궁금해서', '더 효과적으로 만들어 보고 싶어서', '직접 운영해 보고 싶어서', '다른 사람들을 즐겁게 해 주고 싶어서', '재미있어서'와 같은 동기가 필요합니다.

2 하이퍼 도큐먼트 만들기

수업에서 말하기 활동을 효율적으로 하려면 학생들이 사전에 주제나 내용에 대해 생각해 오는 것이 좋습니다. 특히 토론의 경우 사전 학습이 되어 있어야 의미 있는 토론이 가능합니다. 여기에서는 토론 전 학습자가 테크놀로지를 이용해 미리 자기주도적으로 학습해 올 수 있는 방법 중 하나로 하이퍼 도큐먼트를 제시합니다. 하이퍼 도큐먼트는 원격과 블렌디드 환경 모두에서 사용 가능한데, 코로나 이전까지는 일반적으로 블렌디드 환경에서 사용되어 왔습니다. 개별적으로 사전 학습을 하고 모여서는 말하기(토론) 활동을 하는 것이니 플립드 러닝으로 볼 수 있겠습니다.

하이퍼 도큐먼트는 한마디로 요약하자면 '디지털 학습지'입니다. 동영상 시청을 통한 학습은 자칫하면 학습자를 수동적으로 만들기 쉽습니다. 그런데 하이퍼 도큐먼트는 동영상 시청을 학습지 형태로 만들어 제공함으로써 학습자가 적극적인 자세로 동영상을 시청하게 하는 강력하면서도 심플한 방법입니다. 초등학교 저학년부터 성인까지 모든 수준의 학습자에게 사용할 수 있어서 더욱 유용하지요. 이제, 토론 사전 학습에 활용할 수 있는 하이퍼 도큐먼트를 만드는 방법을 설명하고자 합니다. 동영상과 구글 프레젠테이션만 있으면 됩니다.

01 **구글 프레젠테이션을 만듭니다. 이번에는 템플릿을 이용하려 합니다. 오른쪽 상단의 "템플릿 갤러리"를 클릭합니다. (템플릿 사용을 원치 않는 경우 "+" 표시를 눌러 새 프레젠테이션을 만듭니다.)**

02 **마음에 드는 템플릿을 고르세요. 저도 하나를 골라 보았습니다.**

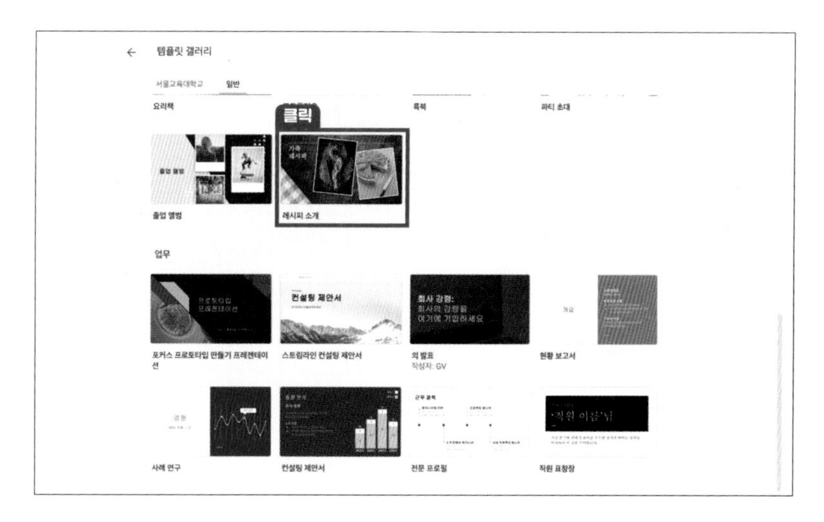

03 템플릿을 클릭하면 기본 디자인이 된 프레젠테이션이 열립니다. 여기에서 제목과 사진 등을 필요에 맞게 수정하시면 됩니다.

04 제목부터 바꿔 보았습니다. 사진을 바꾸려면 마우스 커서를 사진 위로 이동하여 우클릭한 뒤 "이미지 바꾸기"를 누르세요.

05 제목 슬라이드 편집이 끝났으면 그다음 슬라이드로 이동합니다. 저는 두 번째 슬라이드에 있던 요소 중 배경만 남기고 모두 지웠습니다. 요소를 지우려면 해당 요소를 클릭한 뒤 Del키 또는 Back키를 누르면 됩니다. 이제 토론용 동영상을 넣어 보겠습니다. 상단 메뉴에서 "삽입" → "동영상"을 선택하세요.

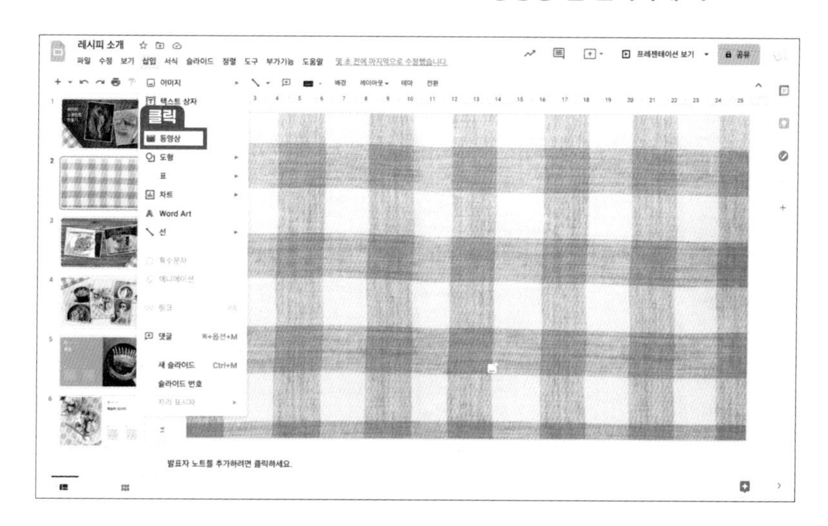

06 "동영상 삽입" 창이 뜹니다. "검색", "URL 사용", "Google Drive"라는 세 개의 탭이 있네요. 유튜브 영상을 사용할 경우 "URL 사용"을 선택하고, 동영상 링크를 복사하여 빈칸에 붙여 넣습니다. 자신이 가지고 있는 파일을 사용할 경우 먼저 파일을 구글 드라이브에 업로드해야 합니다. 이후 "Google Drive"를 선택하고, 삽입할 파일을 선택합니다. 그리고 창 하단의 "선택" 버튼을 누릅니다.

동영상 삽입
검색 URL 사용 Google Drive
YouTube URL 붙여넣기:
취소

07 그러면 슬라이드에 동영상이 삽입됩니다. 학습자가 프레젠테이션 내에서 동영상을 보기 때문에 화면 크기를 충분히 키워 줍니다. 동영상 옆에는 텍스트 박스를 만들어, 동영상에 대한 질문을 제시하고 학습자가 직접 답을 입력하도록 하였습니다. 이렇게 하면 학습자가 집중해서 동영상을 시청하게 됩니다.

08 다음 슬라이드를 만들어 보겠습니다. 세 번째 슬라이드를 선택한 후 사진을 모두 지웠습니다.

09 앞에서와 같은 방법으로 두 개의 유튜브 동영상을 삽입하였습니다. (사진과 달리 동영상은 회전이 되지 않습니다.) 각 동영상의 하단에 짧은 답을 쓸 수 있는 텍스트 박스를 만들어 놓았습니다.

참고 하이퍼 도큐먼트는 교수자 필요에 따라 슬라이드 개수를 가감하여 한 장으로도, 백 장으로도 만들 수 있습니다. 하이퍼 도큐먼트를 한 권의 교과서나 워크북처럼 만들어 두면 학기 내내 사용할 수 있습니다.

08 움직이게 하라

우리나라 교육 환경에서 학습자는 보통 어떤 모습인가요? 대부분의 시간 동안 자리에 가만히 앉아 있습니다. 나이가 어릴수록 오래 앉아 있기 힘들어하는 것은 맞지만, 고등학생이나 성인들 역시 힘든 일을 참는 능력이 더 발달했을 뿐이지 오랜 시간 앉아 있으면 피곤해지고 집중력이 떨어집니다. 따라서 수업 시간에 이따금 일어나서 몸을 움직이는 활동을 통해 학습자의 주의를 환기하고 동기를 부여하는 것이 필요합니다. 나아가 신체 움직임은 창의적인 발상을 촉진하고 새롭게 배우는 지식을 내재화하여 깊은 학습을 하는 데 도움이 되지요. 이것은 블렌디드 수업에서도 마찬가지입니다.

컴퓨터나 스마트 기기를 사용할 때는 몸의 움직임이 특히 더 줄어듭니다. 가만히 앉아서 꼼짝하지 않고 화면만 들여다보기 쉽지요. 테크놀로지를 사용하는 블렌디드 수업에서도 학습자들이 장시간 몸을 움직이지 않고 기기에만 몰입하는 문제가 발생하곤 합니다. 그래서 블렌디드 수업에서는 가끔 몸을 움직이는 활동들이 필요할 때가 있습니다.

가만히 앉아서 수업을 들을 때 학습자는 신체적으로 '수동 모드'에 있다고 할 수 있습니다. 그러다가 일어서서 돌아다니면서 학습하는 상황이 되면 학습자는 자신의 신체 모드를 '수동 모드'에서 '능동 모드'로 바꿉니다. 신체 모드는 학습 태도에도 영향을 미칩니다. 앉아 있을 때는 수줍

음이 많고 조용하던 학생들도 움직이면서 학습하면 훨씬 적극적인 자세로 임합니다. 가만히 앉아 있는 수업은 지루할 수 있지만, 일어서서 돌아다니는 수업은 지루하다고 느낄 새가 없습니다. 학습자는 자기 몸을 움직이는 것만으로도 재미를 느끼고 능동적인 학습 태도를 갖게 됩니다.

또한 움직임은 사회적 상호작용을 촉진합니다. 여러 학생이 일어나서 움직이는 순간, 서로 말 한마디 주고받지 않는다 해도 이미 사회적 상호작용이 일어나고 있습니다. 이러한 사회적 상호작용은 학습자에게 학습 동기와 소속감을 부여하고, 수업에 재미를 느끼게 합니다. 하지만 블렌디드 수업에서 몸을 움직이는 활동을 생각해 내기 어려울 수 있습니다. 다음 예들을 참고해 보시기 바랍니다.

교수자를 위한 질문 가이드

- 이 수업에 움직이는 활동을 어떻게 포함할 수 있을까?
- 던지거나 굴리거나 잡을 수 있는 놀이가 있을까?
- 일어서서 연기하거나 행동할 수 있는 활동이 있을까?
- 교실 전체를 그래프로 활용할 수 있을까?
- 학생들을 나누어 머릿수를 셀 수 있는 활동이 있을까?
- 앉아서 하는 활동을 걸어 다니는 활동으로 바꿀 수 있을까?

1 수업에서 할 수 있는 움직이기 활동

코너 그래프

교실 공간의 네 코너, 즉 모퉁이에 "매우 동의한다", "어느 정도 동의한다", "어느 정도 반대한다", "강하게 반대한다"라고 쓰인 종이를 붙여 놓습니다. 교수자가 그날의 수업 주제와 관련된 질문이나 주장을 읽어 줍니다. 예를 들어 대기오염에 대해 배우는 날이라면 "미세먼지를 줄이기 위해 경유차를 모두 금지해야 한다", "대기오염을 줄이기 위해 원자력 발전을 확대해야 한다", "전기차가 환경문제를 어느 정도 해결해 줄 것이다" 등의 주장을 읽어 줍니다. 교수자가 읽어 주는 주장문을 듣고, 학생들은 각자 자신의 의견과 일치하는 모퉁이로 걸어가서 섭니다. 비슷한 생각을 하는 친구들끼리 소그룹을 구성하여 컴퓨터로 발표 자료를 준비한 후, 전체 학생이 모여 그룹별로 발표합니다.

연속 그래프

코너 그래프와 비슷하나, 학생들이 연속선상의 그래프에 선다는 점이 다릅니다. 예를 들면 "나는 운동을 좋아한다"라는 문장에 대하여 한쪽 끝은 "매우 그렇다", 다른 쪽 끝은 "전혀 아니다"로 정한 후, 학생들이 자신의 생각과 일치하는 위치에 가서 섭니다. 사회적 편견이 존재하는 이슈, 다양한 관점이 존재하는 사회적 문제, 비판적 사고를 요하는 사안에 대한 토론 스타터로 활용하기 좋은 활동입니다. 또는 그래프에 나타난 결과를 표로 정리하는 활동을 할 수도 있고, 학급 내 인식에 대한 글쓰기 활동을 할 수도 있습니다.

갤러리 워크

학생들의 작품을 교실에 전시합니다. 단, 작품을 학생들 각자의 기기에 담아 화면에 띄워 놓은 뒤 기기 자체를 전시합니다. 학생들은 교실을 돌아다니면서 다른 학생들의 작품을 감상합니다. 구글 문서처럼 메모를 넣을 수 있다면 감상한 작품마다 칭찬 피드백을 입력하게 하는 것도 좋습니다.

학습 스테이션(그룹 혹은 개별 로테이션)

블렌디드 러닝 모델 중 하나인 로테이션 모델입니다. 교실 안에 여러 개의 학습 스테이션을 만들고, 각 스테이션마다 미션을 놓습니다. 예를 들어 '스테이션 1'에서 학습자는 한 쪽 분량의 인쇄된 글을 읽습니다. '스테이션 2'에서는 인터넷 검색을 통해 그 글에 대한 근거를 찾아 검증합니다. '스테이션 3'에서는 글에 대한 토론을 합니다. '스테이션 4'에서는 그룹별로 인포그래픽을 만들어 정리합니다. 이런 식으로 그날의 수업 주제와 관련된 다양한 활동을 각각의 스테이션으로 설정해 놓고 일정 시간마다 순환하게 하는 방법입니다. 모든 스테이션에 컴퓨터를 이용한 활동이 있을 필요는 없습니다. 기본적으로 그룹 활동이지만 개별 학습을 하는 스테이션, 교수자가 직접 가르치는 스테이션도 포함할 수 있습니다.

카메라로 보물찾기

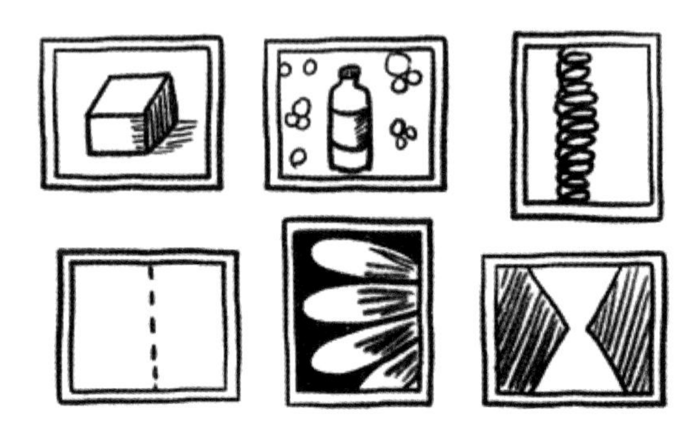

학생들이 카메라 기능이 있는 모바일 기기를 갖고 있을 때 할 수 있는 활동으로, 쉽게 말해 교실이나 학교 안에서 보물찾기를 하는 것입니다. 교수자가 미션을 주면 학생들이 각자 그에 맞는 대상을 찾아 사진을 찍어 옵니다. 수학에 관한 미션이라면 '대칭인 물체', '정육면체' 등을 찾게 할 수 있고, 사회과에 관한 미션이라면 '봉사를 상징하는 것', '환경을 보호해야 하는 이유' 등을 찾게 할 수 있습니다. 과학 현상과 관련된 미션으로 '탄성을 가진 물체', '광합성을 설명할 수 있는 장면' 등을 제시할 수도 있겠지요. 사진 찍기가 끝나면 사진을 패들렛에 올리게 한 다음, 모든 학생이 전체 사진을 함께 확인하면서 이에 대해 토론 또는 발표를 하는 것도 좋습니다.

QR코드 미션 주기

학생들이 모바일 기기를 갖고 있을 때 할 수 있는 활동입니다. 교수자는 학습 내용과 관련된 미션들을 정하고, 미션을 볼 수 있는 링크를 QR코드로 만듭니다. 그런 다음 QR코드를 종이에 인쇄하여 교실 벽 곳곳에 붙인 뒤, 학생들이 QR코드를 찍어 미션을 확인하고 수행하게 합니다.

2 구글 프레젠테이션으로 미션 카드 만들기

앞의 "QR코드 미션 주기" 활동을 하기 위해서는 웹기반 프로그램을 이용하여 학생들에게 제시할 미션을 만들고, 그 링크를 QR코드로 변환해야 합니다. 여기에서는 구글 프레젠테이션으로 카드 형태의 미션을 만드는 방법에 대해 알려드리려고 합니다. 한 번만 따라 해 보면 쉽게 활용할 수 있을 것입니다.

01 구글 프레젠테이션으로 가서 새 프레젠테이션을 만듭니다. 미션 카드 모양으로 하기 위해 플래시 카드 템플릿을 활용해 보겠습니다.

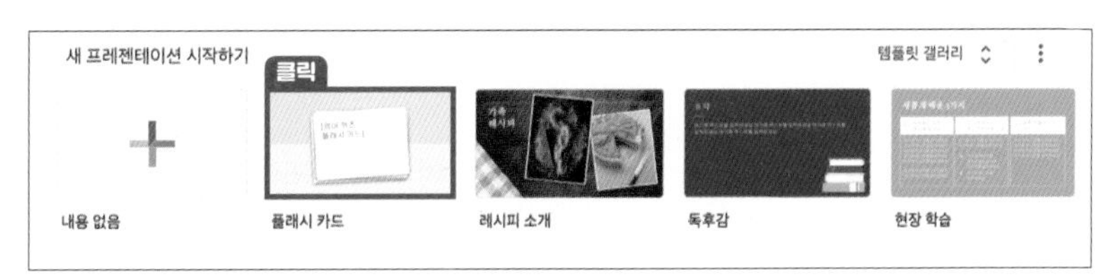

02 템플릿이 열렸습니다. 미션을 한 번에 한 개씩만 줄 것이므로 첫 번째 슬라이드만 남기고 나머지 슬라이드들은 지웁니다.

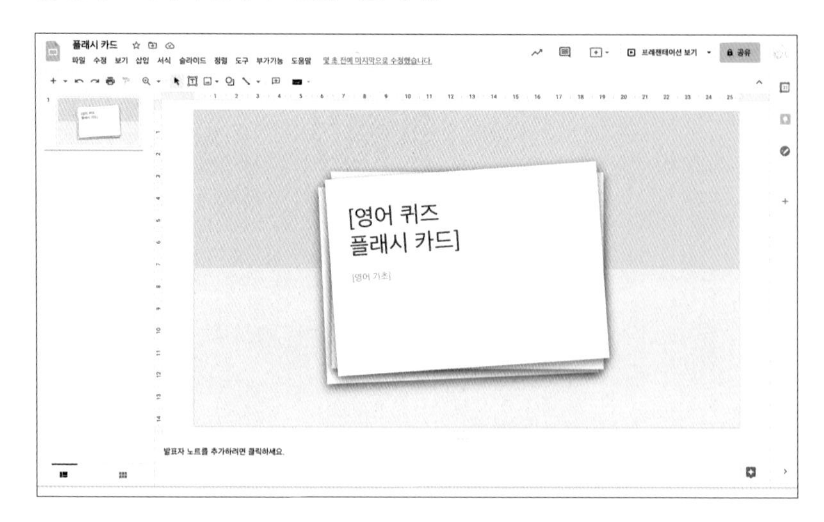

03 템플릿 안의 문구를 미션 내용으로 수정합니다. 저는 다음과 같이 '미션 1'을 작성하였습니다. QR코드로 미션을 확인하는 활동이기 때문에 모바일 기기로 수행하기에 적합한 미션을 만들었습니다.

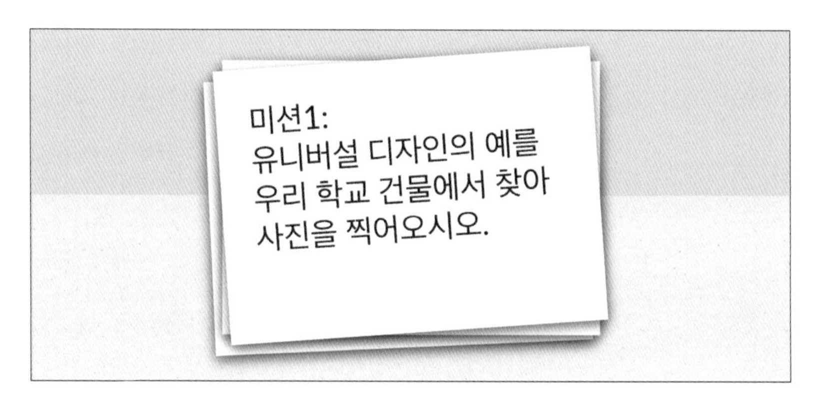

04 다음으로 '미션 2'를 만들어 볼까요? 슬라이드를 추가하지 말고, 상단 메뉴의 "파일" → "새 문서" → "프레젠테이션"을 눌러 새로운 프레젠테이션을 엽니다. 그리고 동일한 방식으로 미션을 만들면 됩니다. 저는 미션 2를 다음과 같이 만들었습니다.

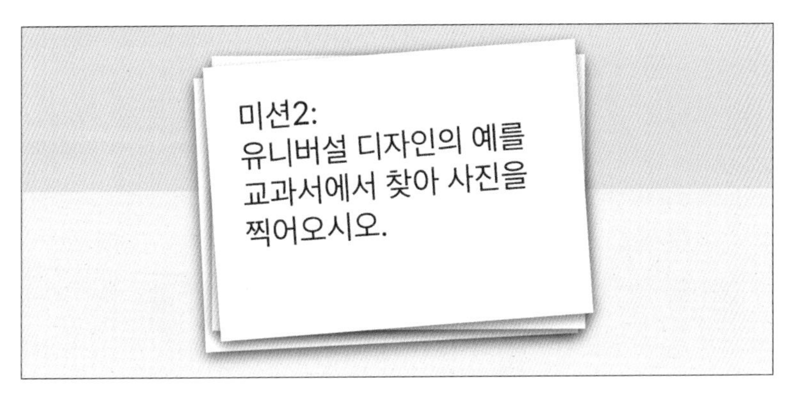

참고 QR코드로 미션을 줄 때에는 각각의 미션을 별개의 프레젠테이션 파일로 만들고 저장합니다. 그러나 하이퍼 도큐먼트 형식으로 미션을 줄 경우, 하나의 프레젠테이션 안에 여러 슬라이드를 생성해 미션들을 제공해도 무방합니다.

05 공유 범위를 설정하기 위해 오른쪽 상단의 노란색 "공유" 버튼을 누릅니다. 공유 문서의 이름을 지정하라는 창이 뜨면 적절히 입력한 후 "저장"을 클릭합니다.

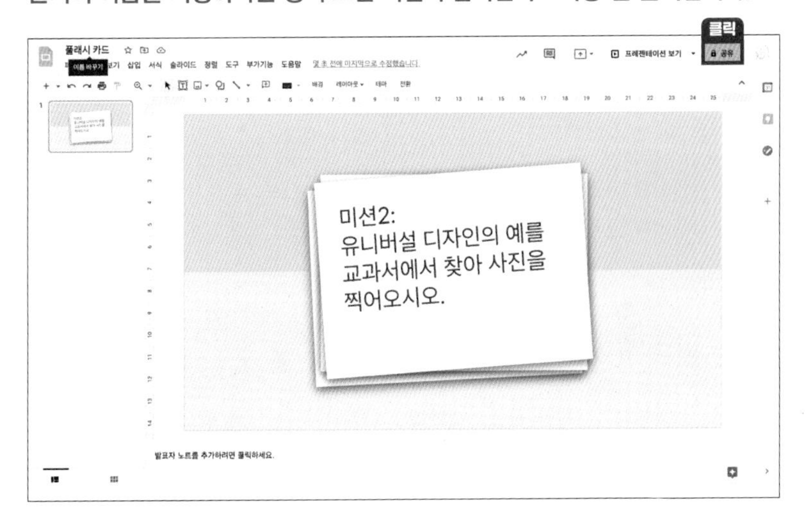

06 공개 범위를 "링크가 있는 모든 사용자에게 공개"로 설정합니다. 학습자가 미션을 편집해서는 안 되므로 권한은 "뷰어"로 놔둡니다. 그리고 QR코드를 만들기 위해 "링크 복사"를 클릭합니다. 링크를 QR코드로 변환하는 방법은 다음의 '더 알아보기'를 참고하시기 바랍니다.

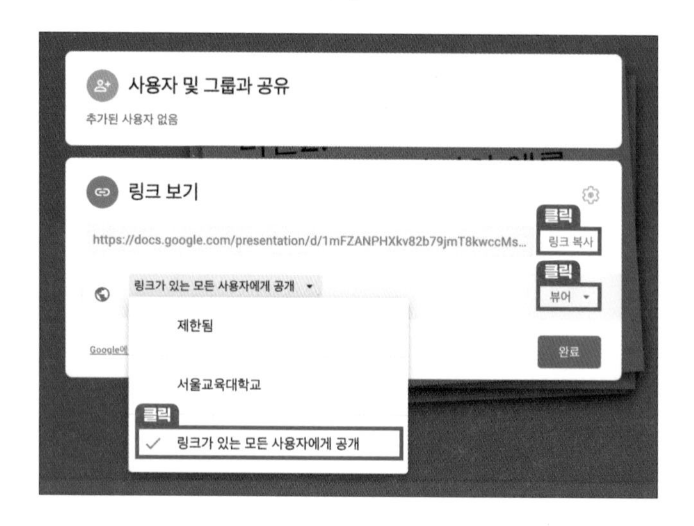

간단한 QR코드 생성 방법

구글 웹브라우저 크롬Chrome에는 2021년 1월부터 QR코드를 생성해 주는 기능이 추가되었습니다.

01 크롬을 열고 상단 주소창에 URL을 입력해 원하는 웹페이지로 이동합니다. 웹페이지에서 마우스 우클릭 후 "이 페이지의 QR 코드 생성"을 누르세요(왼쪽 그림).

02 간단하게 QR코드가 생성되었습니다. 하단의 다운로드를 눌러 QR코드를 저장합니다(오른쪽 그림). QR코드는 이미지 파일로 저장되니 필요에 따라 인쇄하여 사용하시면 됩니다.

09 만들게 하라

무엇을 만들고자 하는 충동은 인류의 역사를 발전시켜 왔습니다. 구석기 시대부터 지금까지 인간은 무언가를 계속 만들어 왔습니다. 여러분도 매일같이 무언가를 만들고 있을 것입니다. 요리하기, 소셜미디어에 포스팅하기, 발표 자료 제작하기, 그림 그리기, 아이와 함께 레고 조립하기 …, 이 모두가 무언가를 만드는 활동입니다. 이뿐인가요? 미니어처 만들기, 쿠키 굽기, 액세서리 만들기, 게임 제작하기, 애니메이션 만들기, 시나리오 쓰기, 작곡하기, 연주하기, 옷 도안하기, 놀이공원에서의 경험 디자인하기, 건축 설계하기, 회사 만들기, 공공 서비스 만들기 …, 이 모든 것이 만들기입니다. 세계 최고의 기업들을 생각해 보십시오. 애플은 컴퓨터를 만들고, 삼성은 TV를 만들고, 화이자Pfizer는 백신을 만듭니다. 노벨상을 받은 사람들을 생각해 보십시오. 이들은 인류의 행복과 발전에 공헌할 지식을 만듭니다. 그러한 지식에 기반하여 더 나은 제품, 정책, 약, 서비스, 문화 등이 만들어집니다.

인간의 만들기는 이 세상을 움직이고 변화시키는 원동력입니다. 우리의 삶이며, 역사입니다. 그런데 학교에서 학습자는 무엇을 만드나요? 하루 종일 가만히 앉아서 듣기만 할 뿐입니다. 우리는 학생들을 앉혀 놓고 무언가를 만들게 하질 않습니다. 교수자만 만듭니다. 파워포인트를 만들고, 강의를 만듭니다. 학습자는 앉아서 교수자가 먹여 주는 것을 수동적으로 소비하기만 합니다. 이는 학습자를 지식의 소비자로만 보는 역할 모델에 근거한 수업의 모습입니다.

학습자를 생산자로 보는 관점에서 비롯한 교육 방법이 '메이커 교육'입니다. 보통 메이커 교육이라고 하면 메이커 스페이스, 3D 프린터, 온라인 마켓 등을 떠올립니다. 하지만 이는 좁은 의미의 메이커 교육입니다. 더 넓은 의미의 메이커 교육은 인간을 지식의 소비자가 아닌 지식의 생산자로 보는 관점에 기초한 교육입니다. 그리고 그 생산의 도구가 바로 테크놀로지입니다.

블렌디드 수업에서 어떤 활동을 해야 할지, 테크놀로지를 어떻게 사용해야 할지 잘 모르겠다면 메이커 교육을 한다고 생각하시면 됩니다. 다만 3D 프린팅을 하는 좁은 의미의 메이커 교육이 아니라, 지식을 생산해 내는 넓은 의미의 메이커 교육을 디자인하세요. 학습자들에게 무언가를 먹이는 교육이 아니라, 학습자들이 테크놀로지를 활용해 무언가를 만들어 내는 교육을 한다고 생각하시기 바랍니다.

메이커 교육에서 학습자는 깊은 고민과 연구, 다른 사람과의 상호작

더 알아보기 메이커 운동

메이커 운동maker movement은 장인정신과 경험주의 학습, 그리고 테크놀로지가 결합된 하나의 문화이자, 대량생산된 제품을 소비하기만 하는 구조에서 탈피하려는 사회적 운동입니다. 기존의 DIY 문화가 단순히 물건을 직접 조립하거나 수리하는 것을 의미했다면, 메이커 운동은 컴퓨터, 3D 프린터, 소프트웨어, 소셜 네트워크 등의 발전에 힘입어 그 범위가 더욱 확장된 개념이라 할 수 있습니다. 즉, 메이커 운동은 제품을 직접 제작하고 이를 온라인상에 공유하며, 때로는 판매까지 하는 데 가치를 둡니다. 인스타그램Instagram이나 엣시Etsy, 아이디어스idus 등에서 개인이 상품을 만들어 판매하는 문화가 바로 메이커 문화입니다. 테크놀로지가 발전함에 따라, 예전에는 전문적 지식과 공장이 있어야만 만들 수 있었던 물건들을 이제는 비전문적 지식과 컴퓨터만 있어도 만들 수 있게 되었습니다.

- 만들기를 통해 성취하고자 하는 교육 목표가 무엇인가?
- 학생들에게 의미 있는 만들기 프로젝트는 무엇일까?
- 테크놀로지를 이용해 학교와 세상을 어떻게 연결시킬까?
- 전 세계 사람들을 대상으로 프로젝트를 보여 줄 수 있는 방법은 없을까?
- 어떻게 학생들이 협력하게 할 수 있을까?
- 비즈니스적 사고를 유도하는 프로젝트는 무엇이 있을까?

용에 기반한 지식이 담긴 결과물을 생산해야 합니다. 그렇지 않은 단순한 만들기는 진정한 메이커 활동이 아닙니다. 예를 들어 '유튜브를 보며 종이접기를 하는 활동'은 어떤가요? 테크놀로지를 활용해 무언가를 만드는 일이기는 하지만, 깊은 고민을 요하지도 지식을 만들어 내지도 않습니다. 그러나 유튜브에서 설명하는 종이접기 과정이 어려워서 더 쉽게 전달할 수 있는 방법을 연구한 후, 직접 동영상을 찍는다면 어떨까요? 이는 깊은 고민을 통해 새로운 지식을 창출하고 공유하는 진정한 메이커 활동이라고 볼 수 있습니다.

아, 그리고 다시 강조하지만 그날 그 수업의 목표가 가장 중요합니다. 아무리 훌륭한 메이커 활동이어도 수업 목표에 부합하지 않으면 방향을 잃은 배일 뿐 좋은 수업이 아닙니다. 영혼 없는 만들기와 구분되는 진정한 메이커 교육의 특징은 다음과 같습니다.

- 분명한 목적을 갖고 만든다.
- 테크놀로지를 도구로 사용한다.
- 만든 결과물을 다른 사람과 공유한다.

이어지는 예에서는 깊은 고민을 요구하고, 수업 목표에 부합하며, 테크놀로지를 도구로 사용하고, 다른 사람과 공유하는 특징을 살린 메이커 활동을 제안합니다.

1 수업에서 할 수 있는 메이커 활동

디자인 챌린지

학습자에게 만들기 과제를 줄 때에는 과제의 조건을 어느 정도 제한해야 하지만(아무거나 만들라고 할 수는 없지요), 동시에 학습자가 창의성을 발휘할 수 있을 만큼 충분히 개방적이어야 합니다. 이 폐쇄성과 개방성을 동시에 도모할 수 있는 과제가 바로 디자인 챌린지입니다.

'글로벌 카드보드 챌린지Global Cardboard Challenge'라고 들어 보셨나요? 2012년 케인 먼로이Caine Monroy라는 어린이는 아버지의 가게에서 나오는 종이상자로 수많은 놀이를 만들어 자신만의 오락실을 열었습니다.

글로벌 카드보드 챌린지

이 케인의 오락실이 미디어를 통해 전 세계에 알려진 후, 글로벌 카드보드 챌린지라는 비영리 프로그램(cardboardchallenge.com)이 생기게 되었습니다. 매년 수만 명의 아이들이 모여 종이상자를 이용해 오락기를 만들어 내는 행사입니다. 이렇듯 주어진 조건하에서 최대한 창의성을 발휘해 새롭고 독창적인 결과물을 만드는 것이 디자인 챌린지입니다.

그러나 디자인 챌린지라고 해서 반드시 글로벌하거나 거창할 필요는 없습니다. 수업 시간에 간단한 디자인 챌린지 과제를 내 줄 수도 있습니다. 예를 들면 "자전거를 탈 때 헬멧을 더 잘 쓰게 하는 솔루션을 디자인해 보세요", "길을 걸으면서 핸드폰을 보지 않게 할 수 있는 솔루션을 디자인해 보세요" 등 수업 내용과 관련된 주제를 제시하는 것이지요.

서로 다른 우리, 함께해요

이와 비슷하게 놀이터 디자인 과제를 줄 수도 있습니다. 서울특별시교육청에서 발행한 장애이해교육자료인 『서로 다른 우리, 함께해요』(5, 6학년용)에서는 우리 동네 놀이터의 문제점을 분석한 뒤, 모든 어린이를 위한 놀이터를 디자인하고, 이를 모형으로 만들어 보는 수업을 소개하고 있습니다(제가 가 본 외국 학교들에서는 어린이들이 디자인한 놀이터를 실제로 학교 운동장에 만들기도 했습니다).

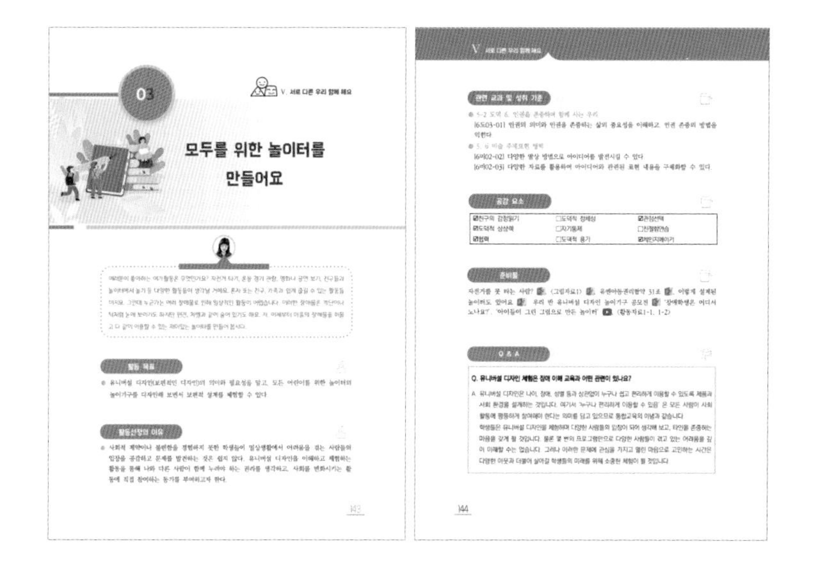

03

V. 서로 다른 우리 함께 해요

모두를 위한 놀이터를 만들어요

활동 목표

관련 교과 및 성취 기준

[6도03-01] 인권의 의미와 인권을 존중하는 삶의 중요성을 이해하고, 인권 존중의 방법을 익힌다.

[6미02-02] 다양한 발상 방법으로 아이디어를 발전시킬 수 있다.

[6미02-03] 다양한 자료를 활용하여 아이디어와 관련된 표현 내용을 구체화할 수 있다.

공감 요소

☑친구의 감정읽기	□도덕적 정체성	☑관점선택
☑도덕적 상상력	□자기통제	□친절한연습
☑협력	□도덕적 용기	☑편견깨트리기

준비물

Q & A

Q. 유니버설 디자인 체험은 장애 이해 교육과 어떤 관련이 있나요?

143

144

디자인 챌린지 활동에서 학생들은 분명한 목적을 갖고 테크놀로지를 이용해 조사하고 디자인하고 창조하고 공유합니다. 특히 마인드맵과 온라인 토론을 활용하여 협력적으로 디자인한다면, 실제 세계에서 전문가들이 일하는 방식을 경험해 볼 수 있을 것입니다.

책 만들기

직접 글을 써서 책의 형태로 만드는 활동입니다. 만들 책의 내용은 교육 목표에 따라 다양하게 정할 수 있습니다. 식물 관찰 일기, 역사 인물 사전, 친구 사귀는 법, 시집, 산문집, 소설, 만화책, 에세이, 영어 그림 사전, 과학 실험 일지 등 교육과정에 맞추어 자유롭게 정하면 됩니다. 책 만들기는 기본적으로 테크놀로지를 이용한 쓰기 활동이 포함됩니다. 동시에 브레인스토밍 등 오프라인 활동을 같이 할 수 있습니다.

제가 외국에 있을 때 봤던 한 학생은 책 만들기 과제 결과물로 200쪽이 넘는 소설을 써서 실제로 출판했습니다. 과제 자체는 그렇게 긴 소설을 쓰는 것이 아니었는데, 어떤 학생들은 이런 메이킹 기회를 통해 자신의 재능을 발견하기도 합니다. 책은 기본적으로 독자에게 보여 주기 위해 만드는 것이므로, 온라인 게시든 실제 출판이든 반드시 공유할 수 있도록 해야 합니다. 최근에는 종이책이나 전자책을 쉽게 만들 수 있는 서비스가 많아졌으니 이를 잘 활용해 보시기 바랍니다.

게임 만들기

게임을 싫어하는 학생은 없습니다. 그런데 대부분 게임을 즐길 생각만 하지, 게임을 만들 생각까지는 잘 하지 못합니다. 게임은 영화나 연극과 같은 종합예술로 여겨집니다. 게임 플레이 방법뿐 아니라 시각적 요소, 음향, 캐릭터, 스토리텔링, 인간의 욕구와 심리에 이르기까지 광범위한 분야의 지식을 융합해야 하기 때문입니다. 게임에는 보드 게임, 디지털 게임, 인터랙티브 게임북(㉠『끝없는 게임』), 방탈출 게임, 카드 게임 등 여러 종류가 있습니다. 브레인스토밍, 이야기 만들기, 역할 분담 등의 준비 과정에서는 마인드맵을 사용하고, 게임을 제작할 때는 파워포인트나 워드프로세서를 사용할 수 있습니다.

TIP

『끝없는 게임 Choose Your Own Adventure』 | 게임형 책 시리즈로, 1980~90년대 가장 인기 있는 어린이 책이었습니다. 이 책은 앞에서부터 한 장 한 장 넘기며 읽어 나가는 책이 아닙니다. 매 쪽마다 독자가 주인공의 다음 행동을 선택하게 하고, 그 선택에 따라 다른 스토리가 전개되는 책이지요. 예를 들어 주인공 앞에 양 갈래 길이 나왔을 때 왼쪽 길을 선택하려면 5쪽으로, 오른쪽 길을 선택하려면 8쪽으로 가라는 식입니다. 그래서 모든 독자가 각자 자신의 모험을 택하고 서로 다른 스토리를 읽어 나갑니다. 이러한 형식의 게임북은 보드 게임과 넷플릭스 영화로도 만들어졌답니다.

2 방탈출 게임 디자인 과제

코로나 원격수업 시기에 많은 교수자들이 구글 설문지나 네이버 폼으로 방탈출 게임형 퀴즈를 만들어 수업에 활용했습니다. 그런데 이 방탈출 게임을 학생들이 만들게 하는 것은 어떨까요? 저는 제 대학 수업의 기말고사 과제로 한 학기 동안 배운 내용을 이용해 방탈출 게임을 만들게 했습니다. 네다섯 명의 학생들이 한 그룹을 이루어 방탈출 게임을 구상한 후, 그룹별로 빈 교실에 방탈출을 꾸미라는 과제였지요. 방탈출 게임을 잘 만들기 위한 가이드라인▶▶p.193을 사전에 안내했고 사용자 테스트까지 하도록 했습니다.

학생들은 각자의 역할을 정하고, 시나리오를 구성하고, 필요한 도구와 물건을 준비하는 모든 과정을 줌, 카카오톡, 마인드맵 등을 이용하여 서로 논의하며 진행했습니다. 저는 그룹마다 자물쇠 하나와 가방 세 개를 제공하고, 나머지 물건들은 학생들이 알아서 준비해 오게 했습니다.

드디어 기말고사를 보는 날, 학생들은 학교에 나와 그룹별로 교실에 방탈출을 세팅했습니다. 이 과정에서 저는 방탈출 게임 방법을 그림으로 설명하는 링크(bit.ly/방탈출게임방법)를 학생들에게 공유하였습니다. 학생들은 링크를 통해 게임 방법을 확인한 다음, 서로 다른 그룹의 방에 들어

방탈출 게임 방법

가서 방탈출 게임을 했습니다.

저는 이 방 저 방을 돌아다니며 참관했는데, 모든 그룹이 테크놀로지를 활용한 블렌디드 게임을 제작했다는 점에 놀랐습니다. 학생들은 노트북, 안 쓰는 핸드폰, USB 등 다양한 디지털 기기를 활용하여 배경영상과 배경음악까지 자유자재로 설정하였습니다. 카카오톡이나 웹기반 프로그램을 사용해서 해결해야 하는 퀴즈를 제시하기도 했고요. 요즘 학생들이 디지털 네이티브digital natives ▶▶p.210 라는 것을 다시 한번 느꼈고, 학생들의 창의성에 감탄했습니다.

학생들은 학기 내내 원격수업을 하다가 오프라인으로 게임형 기말고사를 보니 너무나도 즐거워했습니다. 우리가 일반적으로 생각하는 블렌디드 수업은 오프라인을 기본으로 하고 여기에 온라인을 곁들이는 형태이지만, 반대로 원격수업에 대면 요소를 곁들이는 것도 블렌디드 러닝에 포함됩니다. 학생들은 방탈출 게임 디자인을 하며 일반적인 지필 시험보다 훨씬 더 많이 공부해야 했다고 했습니다. 게임을 만들면서 학생들은 직접 문제를 내고, 정답이 확실한지 확인하고, 다르게 해석할 여지는 없는지 고민하고, 사용자의 입장에서 이해가 되는지 점검합니다. 이는 종합적이고 복합적인 사고를 요구하는 활동입니다.

방탈출 게임 디자인 가이드라인

학생들이 방탈출 게임을 처음 만들어 본다면, 교수자가 사전에 방탈출 게임 디자인 가이드라인을 제공하는 것이 좋습니다. 이 가이드라인에는 내러티브, 게임의 시작과 끝, 사용자 테스트 등에 대한 설명이 포함되어야 합니다. 아래는 제가 수업에서 사용한 방탈출 게임 가이드라인의 일부입니다. 보다 상세한 가이드라인 예시는 링크(bit.ly/방탈출가이드라인)를 참고하세요.

단계	항목
1. 내러티브	• 플레이어들이 목적의식을 갖고 몰입할 수 있는 스토리가 있어야 한다. • 개별적 퀴즈가 다소 재미없더라도 전체적 내러티브는 재미있어야 한다.
2. 사전 안내	• 게임의 룰, 목표 등을 설명하는 사전 안내가 있어야 한다. • 사전 안내에서는 사용자가 게임의 분위기를 느낄 수 있어야 한다.
3. 본 게임	• 조명, 냄새, 소리 등 오감을 모두 활용한다. • 플레이어가 게임의 주인공이 되도록 디자인한다. • 게임을 진행하는 데 필요한 자료(교육과정 자료)를 제공한다.
4. 게임의 끝	• 게임이 끝남과 함께 스토리가 끝나야 한다. • 플레이어에게 성취감을 주는 엔딩이 좋다. • 플레이어가 너무 스트레스를 받거나 실망한 상태로 게임이 끝나지 않도록 한다.
5. 퀴즈 디자인	• 배운 내용을 어떻게 퀴즈에 담을지 고민해야 한다. • 스토리의 흐름에 맞게 퀴즈가 제시되어야 한다. • 단서를 이용해 논리적으로 추론하여 암호를 해독하는 퀴즈를 디자인한다. • 플레이어가 갖고 있는 사전지식을 분석하고, 어떤 자료를 제공할지 정한다.
6. 게임의 흐름	• 게임의 끝으로 가는 길을 여러 갈래로 할지, 한 갈래로 할지 결정한다. • 시간제한을 둘지 결정한다. • 게임이 지나치게 어려우면 플레이어가 재미를 못 느끼고, 지나치게 쉬우면 성취감을 못 느낀다. 난이도의 균형을 찾는 게 중요하다.
7. 사용자 테스트	• 사용자가 의외의 곳에서 어려움을 느낄 수 있으므로 사전에 반드시 게임을 테스트해 보아야 한다. • '디자인-테스트-수정'을 반복한다.

무엇을 더 블렌드할 것인가

#게임화 #문화반응교수 #리플렉션 페이퍼 #내재적 동기

몇 년 전, 자폐성 장애 아동과 로봇의 상호작용을 연구한 적이 있습니다. 사람과 잘 대화하지 않는 자폐성 장애 아동이 로봇과는 얼마나 이야기하는지를 한 달 동안 추적 관찰하는 연구였습니다. 처음 로봇을 받은 아이는 로봇과 많은 이야기를 했습니다. 그런데 하루하루 지날수록 로봇과 이야기하는 빈도와 시간이 줄어들더니, 한 달 후에는 로봇과 거의 이야기하지 않았습니다. 이것을 우리는 신규성 영향(novelty effect)이라고 합니다. 신규성 영향이란 처음에는 테크놀로지가 신기하고 새로워서 사용성이나 효과가 높게 나타나다가 점차 시들해지면서 효과가 사라지는 현상으로, 테크놀로지 연구에서 종종 나타납니다.

이렇듯 테크놀로지를 단순히 교육 현장에 두는 것만으로는 깊은 학습이 지속되기 어렵습니다. 테크놀로지 도입 자체보다, 테크놀로지를 이용해 의미 있는 교육을 하는 것이 중요합니다. 여기 4강에서는 테크놀로지와 함께 상호작용, 게임, 문화, 자기성찰, 그리고 재미를 블렌드할 것을 제안합니다.

ONLINE
OFFLINE

01 테크놀로지만 블렌드하는 것이 아니다

지금까지 테크놀로지를 블렌드하는 것에 대해 이야기했습니다. 그런데 진정으로 좋은 수업을 위해서는 테크놀로지에만 초점을 맞추어서는 안 됩니다. 인간은 로봇이 아니며, 그러한 인간을 가르치는 일 역시 기계적인 업무가 아닙니다. 저는 교육이란 게임이나 영화, 쇼와 같은 종합예술이라고 생각합니다. 게임, 영화, 쇼의 공통점이 무엇인지 아시나요? 이들은 기획자가 있고, 관객이 있고, 재미가 있습니다. 그리고 참여하는 사람에게 의미가 있어야 그저 시간 낭비가 아니게 됩니다. 그렇다면 수업을 어떻게 기획해야 학생들에게 의미 있는 학습 경험을 제공할 수 있을까요?

블렌디드 러닝이라는 명칭은 테크놀로지를 블렌드한다는 뜻에서 비롯되었지만, 저는 테크놀로지 외에도 수업에 블렌드해야 하는 요소가 더 있다고 생각합니다. 다음은 제가 수업을 준비할 때 일부러 블렌드하기 위해 노력하는 요소들입니다.

이 모든 것은 더 좋은 교육을 하기 위한 수단입니다.

02 상호작용을 블렌드하라

상호작용은 학습에서 가장 중요한 요소 중 하나입니다. 과거에는 일방적인 정보전달로 학습이 일어난다고 생각했습니다. 그러나 지금은 일방적인 전달이 아닌 주고받음, 즉 상호작용을 통해 학습이 일어난다는 것을 알게 되었습니다.

사실 이것은 새로운 이론이 아닙니다. 여러분이 아는 고대 철학자 중에서 가장 유명한 사람이 누구인가요? 아마 소크라테스일 것입니다. '쓰기'가 개발되기 전의 사람이지요. 소크라테스는 주고받는 문답을 통해 학습이 일어난다고 보았습니다. 그래서 소크라테스는 지식을 직접 주입하기보다 대화와 문답을 나누며 학습자가 스스로 깨닫게 하는 방법으로 가르쳤습니다. 여기에는 학습의 두 가지 메커니즘이 숨어 있습니다. 하나는 '스스로 깨닫는 것'이고 다른 하나는 '대화와 문답', 다시 말해 상호작용입니다. 학습자가 스스로 깨닫는 것은 인지적 구성주의의 개념이고, 타인과의 대화와 문답은 사회적 구성주의의 개념입니다. 2000년 후에나 나오는 교육 방법을 소크라테스는 그 옛날에 먼저 주장했던 것입니다. 소크라테스가 글쓰기를 반대했던 이유 또한 사람과 사람 사이의 상호작용이 없는 지식은 죽은 지식이라고 여겼기 때문입니다.

그런데 소크라테스가 미처 생각하지 못한 점이 있습니다. 바로 학습자와 콘텐츠(자료) 간의 상호작용입니다. 현대 교육학에서는 상호작용에 세

가지가 있다고 봅니다. 교수자–학생, 학생–학생, 그리고 학생–콘텐츠입니다. 원격수업에서는 테크놀로지를 매개로 이 세 가지 상호작용을 모두 설계해야 했습니다. 하지만 사람과 사람이 대면으로 만나지 못하는 환경이라 다소 어려움이 있었지요. 그런데 블렌디드 러닝에서는 대면 요소가 있기 때문에 사람과 사람 사이의 상호작용은 만나서 할 수 있습니다. 앞서 살펴본 플립드 러닝이 바로 이 점에 착안한 교수·학습 방법입니다. 사람과 사람 간의 상호작용은 대면수업 시간에, 사람과 콘텐츠 간의 상호작용은 컴퓨터를 이용해 가정에서 하는 것입니다. 언제 교사–학생, 학생–학생 상호작용을 하고, 언제 학생–콘텐츠 상호작용을 할지는 수업 내용이나 상황에 따라 달라져도 됩니다. 다만 모든 수업에서 이 세 가지가 조금씩이라도 포함되도록 계획해 보시기 바랍니다.

수업 내 상호작용은 저절로 일어나지 않습니다. 상호작용은 잘 기획된 수업에서만 일어납니다. 그래서 처음, 중간, 끝으로 이어지는 수업의 전 과정을 치밀하게 계획하는 것이 매우 중요합니다. 교수자는 '처음에는 질문으로 시작하고, 그다음에는 영상을 보고, 그다음에는 그룹 토론을 한다'는 식으로 큰 흐름을 잡고, 필요한 자료의 구체적인 내용과 형식까지 미리 계획해 두어야 합니다. 치밀한 계획이 없으면 상호작용이 없는 일방적인 수업이 되거나, 수업과 관계없는 상호작용만 일어날 가능성이 높습니다(하지만 학생들의 행동이나 답변까지 계획해 두는 것은 좋지 않습니다. 학생들에게 기대하는 답변을 계획에 써넣는 순간, 그 수업은 주입식 수업이 되어 버리기 때문입니다).

요컨대 수업을 계획할 때에는 세 가지 상호작용을 블렌드하기 위해 의식적으로 노력해야 합니다. 여기 저의 한 차시 수업 계획을 예시로 들어 보겠습니다.

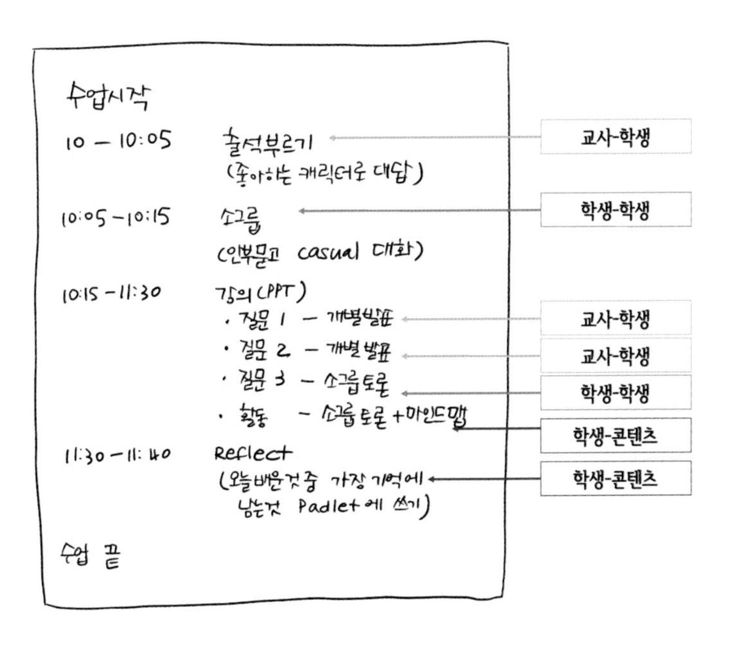

이 예시는 코로나 시기에 실시간 원격수업을 진행하면서 제가 세웠던 수업 계획입니다. 여기에서 저는 세 가지 상호작용을 모두 넣기 위해 애썼습니다. 강의 시간이 1시간이 넘고 파워포인트도 수십 장인 수업이지만, 중간중간 질문과 활동을 넣었습니다. 대면수업을 할 때도 이 방식과 거의 다르지 않습니다. 다른 점이 있다면 대면수업에서는 출석을 부른 후 10분간의 소그룹 활동 없이 바로 강의를 시작합니다. 코로나 시기에는 학생들이 학교에 나오지 못해 1~2년이 지나도록 서로 잘 알지 못할 만큼 학생–학생 간 상호작용이 부족했습니다. 그래서 일부러 서로 안부를 묻고 대화를 나누는 소그룹 활동을 마련한 것입니다. 수업 시간을 할애하면서까지 학생 간 상호작용을 넣은 이유는 이렇게 했을 때 학습 동기가 커지고 효율성이 높아졌기 때문입니다.

수업 시간이 길어서 많은 상호작용을 넣을 수 있는 것 아니냐고 반문하는 분들이 있을지도 모릅니다. 일단 대학 수업 100분은 그리 긴 시간이 아닙니다. 그래서 출석 부르는 시간조차도, 강의하는 시간조차도 상호작용적 요소를 자연스럽게 녹여 내려고 무척 노력해야 합니다. 저는 대학 수업뿐 아니라 여러 곳에서 연수도 많이 합니다. 연수 교육은 교장 선생님부터 유치원생까지 대상이 다양해서, 6시간을 하는 경우도 있고 30분을 하는 경우도 있습니다. 그런데 30분짜리 수업에도 상호작용적 요소는 얼마든지 녹여 낼 수 있습니다.

대면 상호작용과 테크놀로지를 활용한 온라인 상호작용의 장점을 모두 취할 수 있다는 것이 블렌디드 러닝의 강점입니다. 블렌디드 러닝에서는 협력적 프로젝트를 수월하게 진행할 수 있고, 시간적·물리적으로 자유롭게 소통할 수 있습니다. 상호작용은 블렌디드 러닝에서 중요한 역할을 합니다. 아니, 상호작용을 위해서 블렌디드 러닝을 도입한다고 해도 과언이 아닙니다. 컴퓨터가 학생을 가르치는 것이 아닙니다. 컴퓨터는 도구일 뿐, 학습의 본질은 교사와 학생 간의 상호작용 혹은 학생과 학생 간의 상호작용입니다.

수업 시간이 짧을수록, 학습자의 주의집중 시간이 짧을수록, 가용한 자원이 적을수록 상호작용을 블렌드하기 위한 계획과 아이디어가 중요합니다. 끊임없이 고민하고, 아이디어를 짜내십시오. 상호작용을 한 번이라도 넣을 수 있는 기회를 찾아내십시오.

교수자를 위한 질문 가이드

- 어떻게 하면 상호작용적 요소를 하나라도 더 넣을 수 있을까?
- 학생들이 열정을 가지고 토론할 수 있는 질문에는 무엇이 있을까?
- 혼자 하는 과제보다 여럿이 할 때 더 잘할 수 있는 과제에는 무엇이 있을까?
- 학생들이 서로의 활동 과정을 볼 수 있게 하려면 어떻게 해야 할까?
- 수업 중에 학생들이 서로에 대해 더 잘 알 수 있는 방법에는 무엇이 있을까?

03 게임을 블렌드하라

여러분도 게임을 좋아하시나요? 자녀가 게임을 지나치게 많이 한다는 부모님들은 “저는 게임이 너무 싫어요!”라고 말하곤 하지만, 원래부터 게임을 싫어하는 사람은 없을 것입니다. 게임은 과몰입을 유발할 정도로 재미있습니다. 게임은 왜 그렇게 재미있는 걸까요? 게임이 인간의 자연스러운 욕구를 충족시켜 주기 때문에 그렇습니다. 인간은 다른 사람과 상호작용하고 싶어 하고, 기술을 숙달하고 싶어 하고, 경쟁에서 이기고 싶어 하고, 뿌듯함을 느끼고 싶어 하고, 상을 받고 싶어 하고, 발전하고 싶어 하고, 모으고 싶어 하고, 높은 자리에 오르고 싶어 하고, 자기를 표현하고 싶어 하고, 놀고 싶어 합니다. 게임은 이 모든 것을 충족시킵니다.

교수자를 위한 질문 가이드

- 협력적인 경쟁을 통해 모두가 윈윈(win-win)할 수 있는 게임화 방법에는 어떤 것이 있을까?
- 배지를 온라인/오프라인에서 어떻게 활용하면 좋을까?
- 수업의 어느 부분이 게임화에 적합할까?
- 어떻게 하면 반복을 재미있게 만들 수 있을까?

그래서 많은 기업들에서는 더 큰 수익을 내기 위한 전략으로 게임화gamification 방법을 활용합니다. 아래에서는 다양한 게임화 방법과 그 활용 예시에 대해 설명하겠습니다.

포인트

제가 가는 마트에서는 물건을 살 때마다 포인트를 줍니다. 그리고 그 포인트를 모아 다른 물건을 살 수 있지요. 구매 금액에 비해 지급되는 포인트는 매우 적어서 포인트를 모으려고 애쓰지는 않지만, 기왕이면 같은 마트를 계속 이용하게 되는 충성 효과가 있습니다. 또 여러 커피전문점에서는 음료를 몇 잔 이상 마시면 굿즈를 준다는 행사를 합니다. 이러한 행사 시기에는 많은 사람들이 굿즈를 받기 위해 음료를 사 마시지요. 이것이 포인트 제도입니다.

| **교육 활용** | 교육 현장에서 포인트 제도는 토큰 제도token system 혹은 토큰 경제라는 방법으로 사용됩니다. 학생이 무엇을 잘할 때마다 도장이나 스티커를 하나씩 주고, 일정 수 이상이 모이면 자유 시간을 더 주거나, 과자 파티를 하는 등의 방식입니다.

퍼포먼스 기록

미국에는 헬스장에 등록해서 1년에 50회 이상 가면 건강보험료의 일부를 환불해 주는 보험 상품이 있습니다. 보험 회사가 자신의 이익을 위해 만든 프로그램인데, 사람들이 꾸준히 헬스장에 가게 되는 효과가 있습니다. 이와 비슷하게, 제가 가입한 자동차 보험은 내비게이션 앱과 연계하여 일정 기간 신호와 제한속도를 잘 지켜서 80점이 넘으면 보험료를 깎아 줍니다. 이용자들의 퍼포먼스를 측정하여 그에 대해 보상을 주는 이러한 방법도 게임화 방법의 하나입니다.

| **교육 활용** | 이러닝에서 많이 사용됩니다. 실력 향상도나 출석 횟수를 측정하여 보상을 줍니다.

배지

게임에서는 플레이어가 더 높은 레벨을 달성할 때마다 새로운 배지badge를 줍니다. 이 배지는 플레이어의 성취를 상징하며 다른 사람들에게 이를 보여 주기 위한 장치입니다. 게임만 그러할까요? 저는 스마트워치를 사용하는데, 신체 움직임과 관련된 미션을 달성할 때마다 배지를 받습니다.

제가 가진 배지는 다른 친구들에게도 보이며, 새로운 배지를 받으면 친구들의 스마트워치로 알람이 가기도 합니다. 그래서 서로 축하해 주며 운동을 장려하게 하는 시스템입니다.

| **교육 활용** | 배지 역시 이러닝에서 많이 사용되는 게임화 방법입니다. 로그인 횟수나 미션 등을 달성했을 때 다양한 이름의 배지를 줍니다.

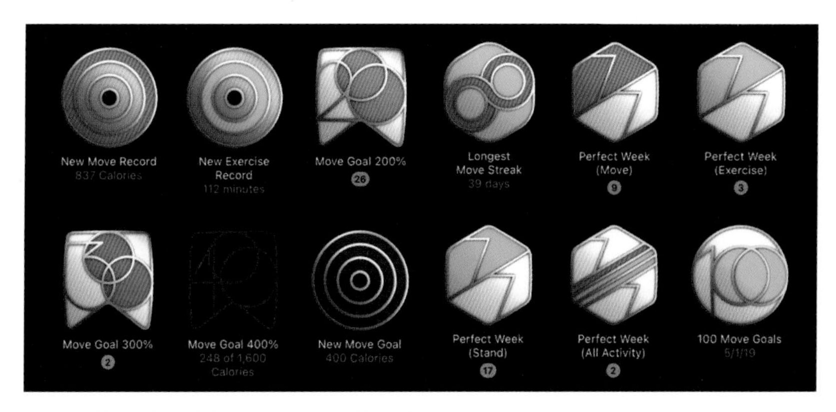

스마트워치인 애플워치Apple Watch의 성취 배지

리더보드

리더보드leader board는 게임에서 고득점자들의 랭킹을 보여 주는 게시판입니다. 누가 그 게임을 가장 잘하는지를 한눈에 알 수 있지요. 플레이어들은 리더보드에 자신의 이름을 올리기 위해 많은 돈을 써서 게임 아이템을 구매하기도 합니다. 또한 온라인 커뮤니티에서는 '방문 횟수 톱 10', '댓글 수 톱 10' 등의 방식으로 활동량이 많은 회원의 아이디를 리더보드에 표시함으로써 회원들의 커뮤니티 이용을 늘리려 합니다.

| **교육 활용** | 리더보드는 경쟁심리에 기반한 전략이므로 교육 현장에서는 조심스럽게 적용되어야 합니다. 우리가 어렸을 때는 선생님이 반장에게 "떠든 사람 이름을 적어 놓거라"라고 말한 뒤 자리를 비우곤 했습니다. 반장은 앞에 서서 친구들을 감시하며 칠판 한

쪽에 떠든 사람의 목록을 적었지요. 리더보드의 변형으로 일종의 루저보드loser board를 만든 것인데, 그렇게 교육적이지는 않은 방법입니다. 경쟁은 협력을 방해하는 요인이 될 수 있기 때문에 주의해서 사용해야 합니다. 교육 현장에서는 학생들이 만든 다양한 성과를 벽에 전시하는 방식으로 다양성과 독창성을 응원하는 것이 좋습니다. 그리고 모든 학생의 이름이나 작품이 적어도 한 번씩은 게시되도록 합니다.

스토리

모든 좋은 게임에는 스토리가 있습니다. 스토리는 '내가 이걸 왜 해야 하지?', '내가 지금 뭘 하고 있는 거지?', '다음에는 뭘 해야 하지?'에 대한 인지적 부담을 줄여 줍니다. 애써 이유를 찾거나 다음 활동을 생각해 내지 않아도 자연스럽게 목표 지향적 행동을 하도록 유도하는 것이 스토리의 힘입니다. 예컨대 방탈출 게임에서 나도 모르게 주어진 활동에 몰입하여 재미있게 수행하는 까닭은 스토리가 있기 때문입니다. 스토리가 없다면 말도 안 되는 숫자 퍼즐을 맞추고 있을 이유가 없겠지요. 스토리가 없다면 여러 사람이 지도 한 장을 놓고 뚫어져라 들여다보고 있는 장면이 우스꽝스러울 것입니다. 그런데 스토리가 있으면 달라집니다. 스토리는 의미 없는 학습을 의미 있게 만들어 주는 동기부여제가 됩니다. 이 동기부여제는 비용이 거의 들지 않습니다. 아이디어만 필요할 뿐입니다.

| 교육 활용 | 의미 없는 수학 문제 풀기, 의미 없는 역사적 사실 암기를 스토리로 엮어 의미 있게 만들어 주는 것도 게임화의 한 방법입니다.

보상

게임에는 즉각적인 보상이 있습니다. 익숙한 테트리스 게임을 예로 들어 보겠습니다. 내려오는 블록을 맞춰서 없애면 점수를 획득합니다. 이 점수가 보상입니다. 또 위에서 떨어지는 블록을 하나씩 끼워 맞출 때마다 '뾰로롱' 하는 소리가 나지요. 이 효과음도 플레이어에게 어떤 성취감을 주는 보상입니다. 그렇게 계속 블록을 쌓다가 가로로 한 줄을 채우면 그 층의 블록들이 부서지면서 전체 높이가 낮아집니다. 이렇듯 블록이 사라지는 시각적인 효과도 보상입니다. 점수와 시청각적 효과 등의 즉각적 보상은 플레이어에게 즐거움을 주며, 이 성취감 때문에 게임에서 헤어나지 못하게 됩니다.

| 교육 활용 | 교육에서도 보상을 줍니다. 스티커 형태의 보상을 주기도 하고, 칭찬 형태의 보상을 주기도 합니다. 그런데 이러한 보상은 외재적 보상입니다. 외재적 보상에는 한계가 있습니다. 교육에서 가장 지속성이 높은 보상은 '재미'라는 보상입니다. 이에 대해서는 뒤에서 다시 설명하겠습니다.

테크놀로지 환경은 그 자체로 보상성이 있습니다. 학습자들이 테크놀로지 조작에 재미를 느끼기 때문입니다. 하지만 필요하다면 블렌디드 환경에서도 게임화를 사용할 수 있습니다. 다만 비윤리적으로 사용해서는 안 됩니다. 게임화는 궁극적으로 상대방의 행동을 특정한 방향으로 유도하는 장치이므로, 잘못 사용하면 학습자들이 의도치 않은 가치관을 학습하게 될 수 있습니다. 학습자에게 수치심을 주거나 지나친 경쟁심을 유발하는 것은 비윤리적 사용입니다. 협력을 도모하고, 학습 효과를 높이고, 내재적 동기를 유발하는 수단으로 게임화를 활용하시기 바랍니다.

04 문화를 블렌드하라

"엄마! 우리 선생님은 '어몽 어스'도 알아! 대박이지!" 어느 날 원격수업을 듣던 제 중학생 아들이 진심으로 놀라 눈이 동그래져서 외쳤습니다. 갑자기 선생님이 달라 보인다면서 선생님이 하는 이야기를 열심히 듣기 시작하더군요. 저는 교육에 있어서 아이들의 문화를 잘 알고 활용하는 것이 효과적이라는 사실을 이미 알고 있었지만, 그 효과가 이렇게 즉각적이고 생생할 줄은 몰랐습니다. 갑자기 선생님이 하는 말이 중요하게 느껴지고, 의미 있는 이야기를 할지도 모른다는 기대로 귀를 기울이는 아이의 모습이 신기하게까지 느껴졌습니다.

교육학에는 '문화반응교수culturally responsive education'라는 교수법이 있습니다. 쉽게 얘기하면 학습자의 문화에 친근한 방법을 사용하는 것입니다. 전통적 교육은 교수자가 교육과정을 엄격히 지키는 것을 강조했지만, 현대의 교육은 학습자의 사전지식을 두드리는 것을 중요하게 여깁니다. 지식은 직소 퍼즐과 같습니다. 낱낱이 흩어져 있으면 의미 없는 조각들이지만, 이어 붙이면 의미 있는 그림이 만들어집니다. 그런데 직소 퍼즐 조각들을 상자에 넣고 흔든다고 저절로 전체 그림이 완성되지는 않습니다. 한 조각을 놓고, 거기에 이어지는 다른 조각을 붙이는 식으로 계속 이어 붙여 나가야 합니다. 지식도 그렇게 이어지고 덧붙여질 때 학습자에게 의미 있는 지식으로 다가오게 됩니다. 여기에서 먼저 놓여 있는 첫 번째 조각이 바로 사전지식입니다. 현대 교육학에서는 이 사전지식에 또 다른 지식을 연결해 나가는 과정을 중요하게 여깁니다. 그리고 이 사전지식에는 문화도 포함됩니다.

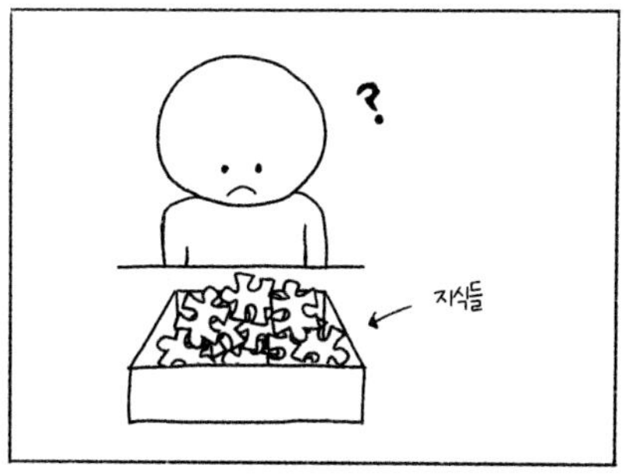

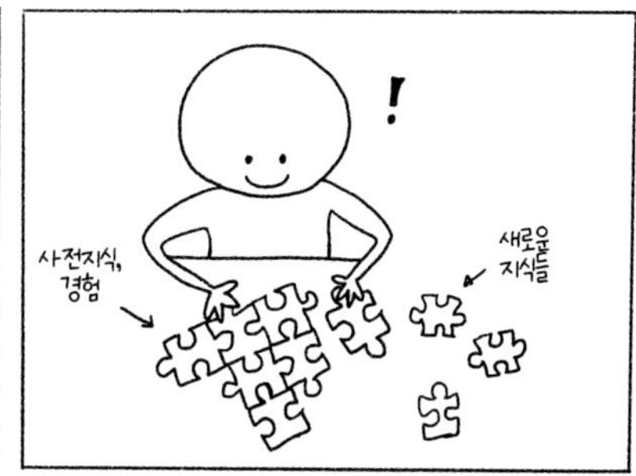

문화반응교수는 원래 다문화교육에서 중요시하는 교수법입니다. 다문화사회에서 유럽 백인 중심의 언어·예술·문화 교육이 이루어지는 데 문제를 제기하고, 그 해결책으로서 학생들이 속한 다양한 문화를 교육과정에 포함할 것을 제안하는 내용이지요. 문화반응교수는 학생의 자아정체성을 강화하고, 통합교육을 촉진하며, 학생의 참여를 독려하고, 비판적 사고력을 향상시킵니다. 여기서 문화는 대중문화, 학생문화까지 확장하여 해석할 수 있습니다.

학생의 문화를 고려한 교육이란 실제로 어떤 모습일까요? 저는 한 연구에서 보조 교사를 인터뷰한 적이 있습니다. 가르치면서 가장 보람 있었던 때를 물으니, 파닉스phonics도 모르던 고등학생이 몇 달 후 영어 시험을 잘 보게 되었을 때라고 답했습니다.

> 그 학생은 파닉스도 몰라서 수업 시간에 엎드려 잤어요. 제가 아무리 노력해도 그 학생은 영어를 싫어했고 영어 수업 시간을 괴로워했어요. 그

냥 자기만 했어요. 그래도 그 학생과 좋은 관계를 유지하기 위해 노력했어요. 어느 날 학생과 대화를 하다가 그 학생이 팝송을 좋아해서 팝송 부르기 대회에 나가려고 한다는 것을 알게 되었어요. '이거다!'라는 생각이 들었어요. 제가 예전에 팝송으로 영어를 가르치는 방과 후 교사를 했었거든요. 그 학생을 따로 불러서 팝송을 가지고 영어를 가르치기 시작했어요. 파닉스부터 시작했어요. 그 학생이 눈을 반짝이며 듣는 거예요. 그때부터 그 학생은 영어 시간에 책상에 엎드려 자지 않았어요. 영어를 어떻게 읽는지도 몰랐는데 이젠 읽을 수 있다는 거예요. 몇 달 후 영어 시험을 봤는데 시험을 잘 봤다면서 기뻐하며 저를 찾아왔어요. 그때는 정말 행복했어요.

이 선생님은 학생의 관심사와 흥미를 첫 번째 퍼즐 조각으로 이용해서 거기에 학습 요소를 이어 붙여 나갔습니다. 그 결과 학생은 자신이 하는 학습에 의미를 발견하게 되었지요. 이와 비슷한 사례가 또 있습니다. 다음은 또 다른 선생님과의 인터뷰입니다.

게임에만 빠져 있는 남학생이 있었어요. 부모님도 많이 걱정하셨고, 저도 어떻게든 학교 공부에 집중하도록 동기 부여를 하려고 했지만 그 학생은 학업에 조금도 관심이 없었어요. 오로지 게임만… 게임만 하고 싶어 했어요. 모든 생각이 다 게임에 가 있었어요. 그런데 문득 그런 생각이 들었어요. 게임에 대해서 글을 쓰게 해 볼까? 처음에는 그저 게임을 어떻게 플레이하는지 설명서를 만들어 보라고 했어요. 그런데 그 학생이 너무 기뻐하면서 바로 다음 날 빽빽하게 글을 써 온 거예요. 그래서 그다음에는 게임을 어떻게 잘할 수 있는지에 대해 써 보라고 했어요. 얼마나 즐거워하며 글을 썼는지 모릅니다. 그때부터 그 학생은 매일같이 글쓰기에 매달렸어요. 부모님도 그 글을 읽으며 아들에 대해, 게임에 대해 더 이해하게 되었어요.

물론 학생마다 관심사와 흥미가 다르기 때문에 교수자가 모든 학생의 관심사를 속속들이 알기는 어렵습니다. 그렇다 해도 학생들의 공통된 관심사와 흥미, 즉 문화를 파악하는 것은 필요합니다. 교수자는 자기가 가르치는 학습자들이 무엇을 좋아하고 무엇을 고민하는지 평소에 관심을 갖고 직접 듣기 위해 노력해야 합니다.

학생들의 문화를 아는 방법은 또 있습니다. 학생들이 자주 하는 게임, 즐겨 듣는 음악, 좋아하는 유튜브 채널 등을 교수자가 직접 경험해 보는 것입니다. 그것을 반드시 즐길 필요는 없습니다. 학생들이 일상적으로 접하는 게임이나 음악, 유튜브 영상이 무엇인지 알고, 그것들이 왜 인기가 많은지 생각해 보기만 해도 됩니다. 그것만으로도 학생들과 긍정적인 관계를 유지하고 서로 대화하고 이해하는 데 많은 도움이 됩니다. 부모님도 마찬가지입니다. 아이들이 좋아하는 게임이 있으면 부모님도 딱 한 번만 해 보시기 바랍니다. 아이들과 대화할 수 있는 새로운 통로가 열릴 것입니다.

저는 학생들의 문화를 알기 위해서 공부를 합니다. 학생들이 빠져 있는 게임도 한 번씩 해 보고, 안 보는 사람이 없다는 드라마나 영화도 찾아서 봅니다. MZ세대를 분석한 책도 열심히 읽고, 인기가 많다는 연예인도 분석해 보고, 유튜브와 SNS도 틈날 때마다 둘러봅니다. 저는 사실 시간도 부족하고 대중문화에 특별히 관심이 많지도 않습니다. 하지만 수업을 잘하기 위한 공부라고 생각하고

- 학생들이 좋아하는 게임, 영화, 만화, 캐릭터는 무엇이며, 이를 수업에 어떻게 활용할 수 있을까?
- 학생들의 소통 방식(예 SNS, 전화, 카카오톡, 짤 공유, 유튜브 댓글)은 무엇이며, 이를 수업에 어떻게 활용할 수 있을까?
- 테크놀로지를 활용해 어떻게 학생들에게 목소리를 줄 수 있을까?
- 어떻게 하면 학생들이 테크놀로지를 이용해 자신의 관점 또는 다양한 관점을 표현할 수 있을까?
- 어떻게 하면 학생들의 관심사를 이용해 세상을 바꾸는 프로젝트를 시도해 볼 수 있을까?

일부러 찾아봅니다. 그렇게 해서 수업 시간에 한 번이라도 언급합니다. 교수자가 학생들의 문화에 대해 조금이라도 이해하고 함께 대화할 수 있을 때, 학생들이 교수자의 말에 진심으로 귀를 기울이며 들으려 한다는 것을 알기 때문입니다.

여러분도 아시다시피 블렌디드 환경 자체가 학생들에게 친근한 문화입니다. 유능한 교수자들은 이러한 기회를 백분 활용합니다. 동영상 제작, 리뷰 작성, 댓글 달기처럼 학생들에게 익숙한 형태의 과제를 낸다든지, SNS나 웹기반 프로그램을 이용하는 과제를 내는 것입니다. 기성세대에게는 페이퍼를 쓰는 것이 더 익숙한 문화라면, 디지털 네이티브인 요즘 세대에게는 같은 내용을 유튜브 동영상으로 만드는 것이 더 익숙한 문화일 수 있습니다. 동영상도 자막이나 내레이션을 넣으려면 글을 써야 합니다. 따라서 똑같이 글을 쓰는 과제라 하더라도 학생들에게 더 친근한 방식으로 표현하도록 할 수 있습니다.

더 알아보기 디지털 네이티브

'디지털 네이티브'는 2001년 마크 프렌스키Marc Prensky가 처음 사용한 용어로, 디지털 시대에 태어나 컴퓨터, 인터넷, 게임 콘솔, 모바일 폰, 소셜미디어, 태블릿과 함께 자라 온 세대를 지칭합니다. 밀레니얼세대, Z세대가 여기에 해당하지요. 한편, 프렌스키는 디지털 네이티브의 이전 세대를 '디지털 이민자'라고 명명했습니다. 인터넷이 없던 시대에 태어나 인쇄물과 TV가 주류였던 시대를 살다가, 이후에 인터넷 환경을 접하게 된 세대를 뜻합니다. X세대를 포함한 이전의 모든 세대가 여기에 포함됩니다.

프렌스키에 따르면 디지털 네이티브는 디지털 언어를 모국어처럼 구사하는 반면, 디지털 이민자는 디지털 언어를 제2언어처럼 구사합니다. 디지털 네이티브는 모든 사고를 디지털적으로 하지만, 디지털 이민자는 그렇지 않다는 주장이지요. 물론 이에 대한 비판도 있습니다. 디지털 네이티브와 디지털 이민자로 양분하는 방식은 지나치게 단순하며, 디지털 이민자는 아무리 노력해도 디지털 네이티브보다 디지털 언어를 잘 구사할 수 없을 거라는 인식을 심어 준다는 것입니다. 디지털 네이티브와 관련된 이론이 궁금하다면 프렌스키의 책 『디지털 네이티브 그들은 어떻게 배우는가』(Prensky, 2010/2019)를 읽어 보시기 바랍니다.

엄마
자랑

우리 엄마는
유튜버다~
우와~

우리 엄마는
웹툰도 그린다~
진짜!!??

우리 엄마는
몰폰도 한다~
대박!!
* 몰폰 = 몰래 폰하기

우리 엄마는
게임도 한다~
대박!!!

그래서 우리랑 같이
어몽어스도 한다!!
대애애애박!!

우리 엄마 쿨하자~
좋겠다..

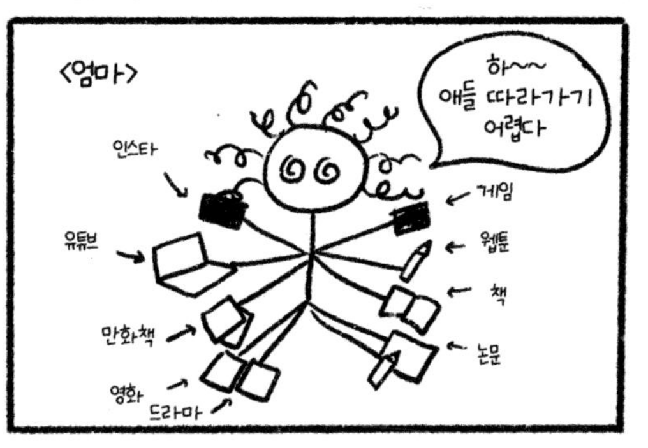
<엄마>
하~~
얘들 따라가기
어렵다
인스타
유튜브
만화책
영화
드라마
게임
웹툰
책
논문

05 자기성찰을 블렌드하라

우리 교육에서 참 부족한 부분이 자기성찰입니다. 자기성찰은 자신의 내면을 들여다보는 것인데, 이는 자기 자신에 대해 비판적으로 사고하는 능력을 요구합니다. 교육학에서 말하는 '비판'이란 비하적인 비판이 아니라 건설적인 비판입니다. 비하적인 비판이 공격하고 헐뜯기 위해 문제점을 찾는 것이라면, 건설적인 비판은 고쳐서 더 나아지기 위해 문제점을 찾는 것입니다. 자기성찰은 자기의 내면을 들여다보며 반성하고 살피는 건설적인 행동입니다.

학습에서 자기성찰은 아주 중요합니다. 깊은 학습이 일어나기 위해서는 수업을 들은 후 자신이 배운 내용에 대해 스스로 생각해 보는 과정이 반드시 필요합니다. 성찰은 복습과는 다릅니다. 복습은 단순히 내용을 다시 보면서 기억하거나 이해하려고 애쓰는 행위입니다. 성찰은 여기에 또 다른 요소가 들어갑니다. 배운 내용을 자신과 연관 지어 새롭게 해석하는 과정이지요.

예컨대 책을 한 권 읽었다고 합시다. 책을 읽은 후 줄거리와 느낀 점에 대해 쓴다면 그것은 단순한 독후감입니다. 반면 자기성찰적 글에는 책을 읽고 느낀 점뿐만 아니라, 책을 통해 발견한 나의 편견, 책의 내용에 대한 나의 해석과 그 해석이 내 삶에서 의미하는 바, 책을 읽은 후에 달라진 나의 관점과 행동 등을 성찰한 내용이 담겨 있어야 합니다.

자기성찰을 영어로 'self-reflection'이라고 하는데, 여기서 'reflection'은 '반사'를 의미합니다. 그러니 자기성찰이란 거울에 물체를 반사시켜 비춰 보듯이 자신을 비춰 본다는 뜻이겠지요. 저는 학생들에게 종종 '리플렉션 페이퍼reflection paper' ▶▶p.220를 쓰게 합니다. 이것은 책을 거울삼아 책에 비친 자신의 모습을 반성적으로 성찰해서 글을 쓰는 활동입니다. 자기성찰은 자신을 1인칭과 3인칭에서 동시에 보게 합니다. 이러한 경험은 자기주도적 학습자가 되기 위해 반드시 필요합니다.

제가 미국 대학원에서 석사 논문을 쓰고 있을 때였습니다. 저는 연구 주제를 잡지 못해 이리저리 방황하고 있었지요. 매주 좋다고 생각하는 주제를 몇 가지 골라서 지도교수님을 만나러 갔습니다. "이런 주제는 어떨까요?", "아니면 이 주제는요?"라고 물으면서 교수님을 귀찮게 했습니다. 그런데 하루는 교수님이 저에게 이렇게 말씀하셨습니다. "너는 왜 나한테 허락을 받고 논문을 쓰려고 하니? 너의 생각은 뭐니? 너의 생각을 얘기해 보렴."

그 말을 듣는 순간 저는 머리를 한 대 얻어맞은 것처럼 띵했습니다. 저는… 제 생각이 없었습니다. 고등학교 때는 입시가 시키는 공부를 했고, 대학 때는 교수님이 시키는 공부를 했습니다. 항상 누가 시키는 공부만 했지, 제 생각이라는 것이 없었습니다. 누가 저에게 제 생각을 물은 적도 없었습니다. 저는 다른 사람이 만든 지식을 배우는 일은 잘했지만, 제가 생각해서 지식을 만들어 내는 일은 한 번도 해 본 적이 없었던 것입니다. 심지어 저는 자기 자신의 생각이 없다는 사실을 인식하지도 못하고 있었습니다. 교수님이 던진 질문을 통해 저의 '생각 없음'을 처음으로 자각하게 된 것입니다.

지도교수님은 끝까지 제 논문 주제를 골라 주지 않으셨습니다. 제가 생각해서 정하고 교수님께 보고만 하게 하셨습니다. 그건 무척 두려운 일이었습니다. 제가 맞게 하고 있는지 확신이 없었습니다. 잘 못해서 혼날까 봐, 시간 낭비할까 봐, 혹은 뒤처질까 봐 불안했습니다. 물론 교수님은 전혀 혼내지 않으셨지만요. 어디선가 누군가 나타나 "너 그거 잘 못했어"라고 이야기할 것 같았습니다.

처음으로 혼자 스키 탈 때의 느낌을 아시나요? 스키를 배울 때는 선생님의 스키 폴만 잡고 아무 생각 없이 내려가면 됩니다. 내가 어떤 길로 가는지, 경사가 어느 정도인지, 눈의 상태가 어떤지 알 필요가 없습니다. 그냥 선생님의 폴만 꼭 잡고 따라 내려가면 안전하고 확실하게 도착합니다. 하지만 처음 혼자서 스키를 타게 되면 모든 것이 걱정됩니다. 갑자기 나무가 많은 것 같고, 앞뒤의 다른 스키어들이 무섭고, 바닥의 작은 둔덕 하나가 커다란 산처럼 느껴집니다. 다리는 후들후들 떨리고 몸은 자꾸 미끄러져 내려갑니다. '다치면 어떡하나', '넘어져서 못 일어나면 어떡하나' 하는 불안하고 두려운 느낌. 처음으로 내 생각대로 나의 논문을 개척해 나가는 느낌은 바로 그런 느낌이었습니다. 하지만 그 과정은 진정한 자기주도적 공부를 훈련하는 과정이었고, 이는 평생 저의 자산이 되었습니다.

저의 '생각 없음'에 대한 자각이 바로 자기성찰적 사고였습니다. 물론 자기성찰을 한 번도 안 하고 살아온 것은 아니었습니다. 도덕성, 타인과의 관계, 삶에서 중요한 가치 등에 대한 자기성찰은 많이 해 왔습니다. 그런데 지식에 대해서는, 그리고 학습자로서의 저에 대해서는 자기성찰을 해 본 적이 없었습니다. 그냥 시키는 대로만 해 왔고, 그것이 한국 학교 시스템에서는 성공의 비결이었기 때문에 자기성찰을 할 필요가 없었던 것입니다. 그때 지도교수님이 "너의 생각은 뭐니?"라고 묻지 않았다면, 제 자신의 학습에 대해 자기성찰을 하지 않았다면, 저는 진정한 의미의 자기주도적 학습이 무엇인지 평생 모르고 살았을 것입니다.

여기서 저는 수동적인 자기주도성과 대비하여 '진정한 의미'의 자기주도성이라는 표현을 사용하였습니다. 자기주도적으로 암기하고 필기하는, 사실상 수동적인 자기주도적 학습자도 존재하기 때문입니다. 공부를 잘하는 학생들 중에는 수동적인 자기주도적 학습자가 많습니다. 그것이 학교에서 성공하는 비결이기 때문입니다. 하지만 진정한 의미의 자기주도성이란 자신의 삶과 지식을 스스로 만들어 나가는 것을 뜻합니다. 이를 위해서는 자기성찰이 반드시 필요하며, 교육학자 듀이는 교육에 있어 이러한 성찰적 사고 과정이 중요하다고 역설하였습니다.

> 우리는 어떤 경우에는 별다른 생각 없이 지식을 받아들인다. 다른 경우에는 깊게 고민하고 그것이 적절한지 사색한 후 받아들인다. 이 (후자의) 과정을 우리는 반성적 사고reflective thinking라고 부른다. 이것만이 교육적으로 가치 있는 과정이다. (Dewey, 1910)

더 알아보기

듀이의 교육철학

존 듀이(1859~1952)는 미국의 철학자, 심리학자이자 교육학자였습니다. 그는 20세기 이후의 교육에 가장 많은 영향을 미친 사람이기도 합니다. 듀이는 민주적 사회를 이루는 것을 교육의 궁극적인 목표로 보았으며, 교육과정과 학생들의 삶이 밀접하게 연결되어야 한다고 믿는 실용주의적 학자였습니다. 또한 그는 '경험을 통한 학습learning by doing'이 가장 효과적인 교육 방법이며, 관찰과 경험을 통해 학습자가 스스로 지식을 만든다(구성한다)고 주장하였습니다. 학습자를 지식의 생산자로 보아야 한다는 주장은 바로 듀이의 주장입니다. 이 책에서 설명하는 블렌디드 러닝은 학습자가 생각, 경험, 상호작용을 통해 지식을 만들어 간다는 듀이의 구성주의적 모델을 추구합니다. 듀이의 저서인 『민주주의와 교육Democracy and Education』, 『학교와 사회The School and Society』를 읽어 보실 것을 추천합니다.

교수자를 위한 질문 가이드

- 오늘 배우는 지식을 이용해 어떻게 학생들이 더 나은 사람이 되게 할 수 있을까?
- 오늘 배우는 지식을 이용해 어떻게 학생들이 더 높은 자기효능감을 갖게 할 수 있을까?
- 교수자인 나는 이 내용에서 어떠한 자기성찰을 했는가?
- 나의 자기성찰 과정을 학생들에게 모델링하는 방법은 무엇일까?
- 공유와 학생들의 프라이버시 간 균형을 어떻게 설정할 것인가?
- 학생들의 솔직한 자기성찰이 일어나게 하기 위해 어떻게 학생들과 긍정적인 관계를 유지할 것인가?
- 테크놀로지를 이용해 어떻게 자기성찰을 훈련할 수 있을까?

블렌디드 수업은 학생들이 자기성찰적 사고를 할 수 있는 매우 좋은 기회입니다. 대면수업 상황에서는 상호작용의 즐거움에 휩쓸려 자기성찰적 사고를 할 여유가 많지 않습니다. 그러나 컴퓨터를 사용하는 환경에서는 협력적 프로젝트 수업이라 해도 개별적으로 컴퓨터 앞에 앉아 있는 때가 많고, 그러다 보면 혼자 조용히 생각할 시간도 많아집니다. 또한 컴퓨터를 이용한 글쓰기는 말하기보다 사색할 기회가 많습니다. 말로 질문하는 상황과 이메일로 질문을 써서 보내는 상황을 떠올려 보세요. 우리는 글로 쓸 때 한 번 더 확인하고 한 번 더 생각해 보게 됩니다. 그러니 블렌디드 수업에서는 자기성찰적 활동을 적극적으로 마련하는 것이 좋습니다. 다음은 수업에서 할 수 있는 자기성찰적 활동입니다.

성찰적 사고를 위한 시간을 정기적으로 갖기

성찰적 사고를 위해서는 일정한 시간을 확보해야 합니다. 당연한 말이지만 자기성찰은 생각할 시간을 필요로 하기 때문입니다. 그러므로 교수자는 학습자가 자신이 배운 내용에 대해 스스로 생각해 볼 수 있는 시간을 따로 마련하는 것이 좋습니다. 이는 원격수업에서든 대면수업에서든 마찬가지입니다.

나아가 이러한 성찰의 시간을 정기적으로 가지면 자기성찰이 습관이 될 수 있습니다. 그래서 저는 수업 시간이 끝날 때마다 학생들에게 '오늘 배운 것 중 가장 기억에 남는 것과 그 이유'가 무엇인지 물어봅니다. 매번 성찰의 시간을 갖기 어렵다면, 일주일에 한 번씩 학습 과정을 돌아보게 할 수도 있습니다. 다음은 일주일 동안 학습한 것을 성찰하는 간단한 활동의 예시입니다. 구글 설문지로 만들었습니다.

예시 **일주일간의 학습에 대한 자기성찰 활동**

주말로 들어가자! 주말 입장 티켓

이름

내 답변

이번 주에 배운 것 중 가장 기억에 남는 것을 쓰세요.

내 답변

어떻게 배웠나요? 과정을 설명해보세요.

내 답변

이번 주에 배운 것 중 이해가 잘 안되는 것이나 더 알고 싶은 것이 있었나요? 무엇이었나요?

내 답변

다음 주는 어떻게 학습을 할 계획인가요?

내 답변

아무 것이나 배울 수 있다면 다음 주에 배우고 싶은 것은 무엇인가요?

내 답변

제출 양식 지우기

질문하기

매주 정기적으로 성찰의 시간을 갖는 것 외에도 수업 시간 중에 수시로 질문을 던져 성찰적 사고를 촉진할 수 있습니다. 이 활동은 학습자의 '생각'을 묻는 질문을 하는 데 초점을 맞춥니다. 많은 교수자들이 수업 중에 정답만을 물을 뿐 학습자들의 생각을 묻지 않습니다. 물론 학습자의 생각은 틀릴 수도 있습니다. 하지만 교수자가 성찰적 사고를 위한 질문을 하는 목적은 정답을 아는지 확인하기 위해서가 아니라, 학습자의 생각과 의견을 듣기 위해서입니다. 학습자가 지닌 다양한 생각과 그 이유를 들어 보고, 자신의 의견과 타인의 의견에 대해 고민해 보는 시간을 갖게 하세요. 교수자는 수업 시간에 "이 문제의 답은 무엇일까요?", "이 문제는 어떻게 풀까요?"를 묻기보다, 다음과 같이 학습자의 생각을 묻는 질문을 함으로써 학습자가 능동적으로 사고하도록 도와줄 수 있습니다.

"○○의 생각은 무엇인가요?"
"이것이 왜 문제라고 생각하나요?"
"다음엔 어떻게 될 거라고 생각하나요? 왜 그렇게 생각하나요?"
"이번 주에 배운 것 중 ○○에게 가장 의미 있는 것은 무엇인가요?"
"무엇이 가장 재미있었나요? 그것이 왜 재미있다고 느꼈나요?"
"○○은 무엇이 궁금한가요?"

수동적으로 수업을 듣는 데 익숙한 학생들은 지식을 흡수하기만 하는 자세를 보일 때가 많습니다. 예를 들면 수업 시간에 조용히 듣고만 있는 것이지요. 그럴 때 '어떻게 생각하는지'를 묻고 발표해 보라고 하면, 학습자의 학습 모드가 수동적인 자세에서 스스로 생각하는 적극적인 자세로 급격히 바뀌게 됩니다.

이러한 수업을 처음 시도할 경우 학생들은 당황하거나 수동 모드에 머물면서 '선생님이 답을 하겠지…'라며 기다릴 수 있습니다. 이때 교수자는 학생들이 스스로 생각해서 발표하기까지 인내심을 갖고 기다려 주어야 합니다. 많은 교수자들이 그 기다림을 견디지 못하거나 어색하게 느껴서 서둘러 넘어가 버리곤 합니다. 하지만 비판적 사고, 자기성찰적 사고, 창의적 사고 등은 모두 시간을 요합니다. 기다려 주세요. 학습자가 스스로 생각할 수 있도록 시간을 주세요. 스스로 생각하는 학습자를 길러 내는 것을 교육의 중요한 목표로 삼으시기 바랍니다.

자기성찰적 사고 과정 공유하기

학생들이 자기성찰적 사고의 과정을 직접 소리 내어 말하는 활동입니다. 자기성찰은 솔직하고 자유롭게 표현하는 것이 좋기 때문에, 학급 앞에서 발표하는 형식보다는 소그룹 안에서 셰어링 형식으로 진행합니다. 만약 학습자가 사고 구술을 어려워한다면 교수자가 먼저 자기성찰적 사고의 과정을 소리 내어 말함으로써 모델이 되어 줄 수 있습니다.

글쓰기

자기성찰적 글을 쓰는 활동입니다. 메모지나 패들렛에 짧게 쓸 수도 있고, 에세이처럼 길게 쓸 수도 있습니다. 저의 경우 짧은 글은 주로 수업 끝날 때 그 자리에서 쓰게 하고, 긴 글은 과제로 내 줍니다. 다음은 학생들이 자기성찰적 글을 쓸 때 도움이 되는 질문입니다.

자기성찰적 글쓰기를 위한 질문

- 오늘 내가 새롭게 알게 된 것은?
- 오늘 내가 배운 것 중 가장 놀라웠던 것은? / 인상적인 것은?
- 오늘 내가 가장 잘한 것은?
- 오늘 배운 것과 관련하여 내가 더 알고 싶은 것은?
- 나는 오늘 언제 가장 창의적이었는가?
- 오늘 그것을 배우기 전과 배운 후의 나는 어떻게 다른가?
- 오늘 배운 것은 나에게 어떤 의미가 있을까?
- 오늘 배운 것을 다른 관점으로 해석할 수 있을까?
- 오늘 배운 것을 어떻게 활용할 수 있을까?
- 오늘 배운 것을 이용해 이 세상을 어떻게 개선할 수 있을까?

책을 읽고 리플렉션 페이퍼를 쓰는 과제는 좋은 자기성찰적 글쓰기 활동 중 하나입니다. 리플렉션 페이퍼에는 책의 줄거리가 아닌, 개인적인 성찰을 담아야 합니다. 책 내용과 관련된 자신의 경험, 책으로 인해 바뀌게 된 자신의 인식과 관점, 책을 읽으며 스스로에 대해 새롭게 알게 된 점, 책을 읽은 후 자신의 사회적 역할에 대해 갖게 된 생각 등을 쓰는 것이지요. 학생들이 줄거리와 느낀 점 위주의 단순한 독후감을 쓰게 하지 않으려면 가이드라인을 함께 제공하는 것이 좋습니다. 가이드라인은 아래의 '더 알아보기'를 참고하세요.

리플렉션 페이퍼 가이드라인

리플렉션 페이퍼란 교과서에 나오는 이론이나 사실들을 똑같이 옮겨 쓰는 것이 아니라, 그에 대한 자신의 생각이나 가치관을 점검하고 평가해서 쓰는 글입니다. 학습한 내용을 학습자의 삶과 연결하는 데 도움이 되는 글쓰기이지요.
책을 읽고 나서 쓰는 리플렉션 페이퍼는 책의 내용을 바탕으로 자신의 경험과 생각, 가치관의 변화, 독자적인 해석 등을 글로 써 보는 활동입니다. 요컨대 책의 내용을 무비판적으로 받아들이는 대신, 책이 자신에게 갖는 의미를 학술적으로 쓰는 활동이라 할 수 있습니다. 다음은 독서 리플렉션 페이퍼 과제에서 활용할 수 있는 가이드라인입니다.

1. 책의 줄거리는 간단하게 쓰세요.
2. 다음 질문에 대해 스스로 생각해 보세요.
   - 책에서 새롭게 배우게 된 것은 무엇인가?
   - 책을 읽고 깨달은 나의 편견은 무엇인가?
   - 책에서 가장 흥미로웠던 내용은 무엇인가? 왜 그것이 흥미로웠는가?
     (자신의 관심사, 삶, 경험 등과 연관 지어 설명하세요.)
   - 책을 읽기 전과 읽은 후를 비교할 때, 나의 생각은 어떻게 달라졌는가?
   - 책의 저자는 어떤 가치관을 지녔다고 생각하는가?
   - 나는 저자의 의견에 동의하는가, 동의하지 않는가? 왜 그런가?
   - 이 책은 나의 지식을 어떻게 넓혀 주는가?
   - 책을 읽고 나서도 해결되지 않은 나의 질문이나 고민은 무엇인가?

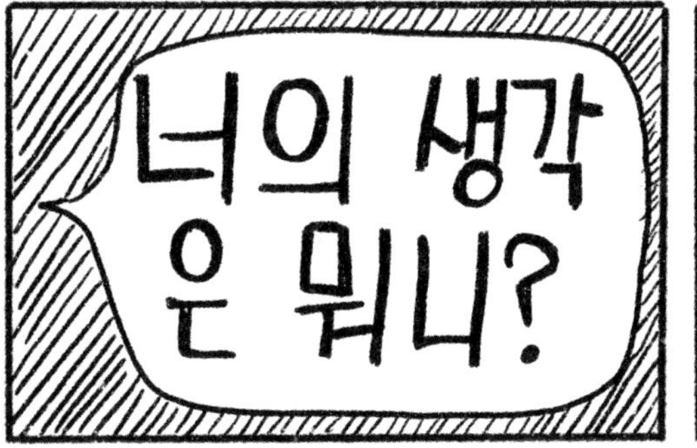
너의 생각은 뭐니?

20대 중반 석사 과정 유학생 시절
상큼
폭폭

대학원 논문 작성 수업

논문 주제를 정해서 챕터 1, 2, 3을 써 내는 것이 이 수업의 목표입니다.
지도 교수님 "마이클"

난 이 주제
난 이거 써야지
나는 이 주제로
....

난 뭘 쓰지...?
나

지도교수님 면담
이거 써도 돼요?
글쎄..?
나

....
그럼 이거는요?
그럼 저거는요?
이건 어때요?
이것도 괜찮아 보이는데

너의 생각은
무너니?
네?
저.. 생각이요..?

어... 내 생각....
뭐지... 뭐지....

그때 깨달았다.
내 생각이 없다는 걸.
내 생각을 가져 본 적이 없네
(멘붕)

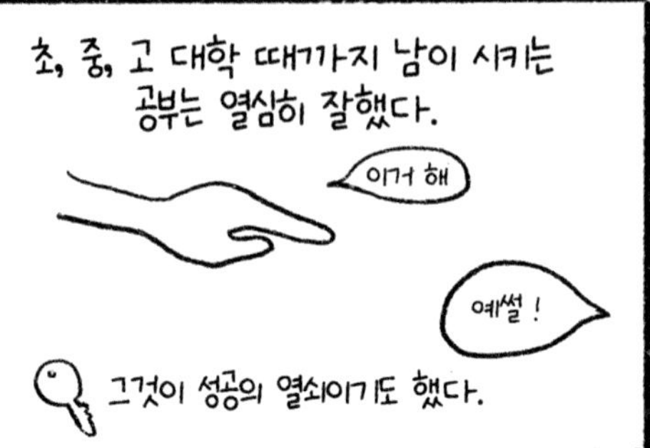
초, 중, 고 대학 때까지 남이 시키는
공부는 열심히 잘했다.
이거 해
예썰!
그것이 성공의 열쇠이기도 했다.

지식먹방
냠냠
남이 써 놓은 글,
남이 생산해 놓은
지식을 소비하는 것은
진짜 잘했다.
지식의 대식가

하지만 내 생각을 주장해본 적이 없고
새로운 지식을 만들어 내는 공부를
해 본 적이 없었다.
즉, 지식의 소비자로만
살았지, 생산자로 살아 본
적이 없는 것이다.

그것은 마치
걸음마를 처음 해 보는
아기처럼,
운전대를 처음 잡아 본
청년처럼
꺄~
소시지 다리
두렵고도 설레는 일이었다.

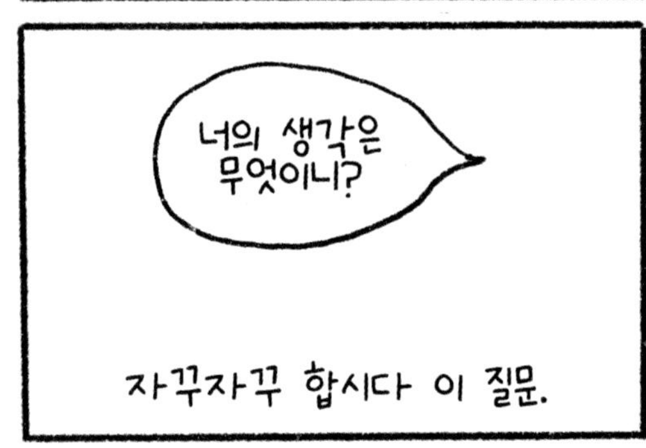
너의 생각은
무엇이니?
자꾸자꾸 합시다 이 질문.

06 재미를 블렌드하라

학자들은 학습 동기를 크게 두 가지로 나눕니다. 외재적 동기extrinsic motivation와 내재적 동기intrinsic motivation입니다. 선생님이 무서워서 공부를 한다면 그것은 외재적 동기입니다. 공부하려는 동기가 학생 안에 있는 것이 아니라 학생 밖에 있기 때문입니다. 외재적 동기는 즉각적인 효과가 있습니다. 선생님이 앞에서 무섭게 지키고 있으면 학생들은 대개 시키는 대로 따릅니다. 학생뿐만이 아닙니다. 여러분은 차를 운전하다가 교통단속 CCTV를 발견하면 어떻게 하나요? 바로 속도를 확인하고 제한속도에 맞출 것입니다. 이 CCTV가 바로 외재적 동기입니다. 이렇듯 외재적 동기는 특정한 행동을 곧바로 수행하게 만드는 효과가 있습니다. 그런데 외재적 동기에는 단점도 있습니다. 동기를 주는 요인이 없어지면 효과도 금방 사라진다는 점입니다. 사회적 규칙을 지켜야 한다는 인식 없이 CCTV가 보일 때만 속도를 지키는 사람은 CCTV를 지나자마자 다시 과속을 합니다. 마찬가지로 학생들도 무서운 선생님이 사라지면 곧장 딴짓을 하기 쉽습니다. 선생님이 CCTV처럼 24시간 학생을 감시할 수도 없고, 계속 혼낼 수도 없습니다. 따라서 외재적 동기에 의한 학습은 지속하기 어렵습니다.

반면 학생이 즐겁고 재미있어서 공부한다면 그것은 내재적 동기입니다. 공부하고자 하는 동기가 학생 안에 있기 때문입니다. 저희 아이들은 어렸을 때 동네 피아노 학원에 다녔습니다. 학원에 가 보니 모든 아이들이 즐겁게 피아노를 치는 것은 아니었습니다. 하기 싫은데 부모님 등쌀에 떠밀려 와 억지로 연습하는 아이가 있는가 하면, 피아노가 재미있고 좋아서 치는 아이가 있었습니다. 둘 중 결국 누가 피아노를 더 잘 치게 될까요? 억지로 하는 아이는 아무리 오랜 시간 연습하고 좋은 선생님께 레슨을 받는다고 해도, 재미있어서 하는 아이를 따라갈 수가 없습니다. 피아노를 배우는 자신만의 이유, 즉 내재적 동기가 충만한 아이와 매 순간 집중력에서 차이가 나기 때문입니다. 학습도 마찬가지입니다. 외재적 동기로 공부하는 아이와 내재적 동기로 공부하는 아이 중 누가 더 깊은 학습을 하게 될까요? 내재적 동기를 가진 아이입니다. 내재적 동기가 없는 아이는 어떡하냐고요? 다행히 내재적 동기는 학습자에게만 달려 있는 것이 아닙니다. 교수자가 어떻게 하느냐에도 달려 있습니다. 교수자는 학생들에게 내재적 동기를 심어 줄 수도 있고, 빼앗아 버릴 수도 있습니다.

'어떻게 하면 학생들이 졸지 않을까?'라는 질문으로 수업을 계획하지 마십시오. 그러면 좋은 수업을 설계하는 데에 한계가 있습니다. 그보다는 '학생들이 내 수업을 기가 막히게 재미있다고 느끼게 하려면, 우리 반에서 가장 불성실한 학생까지도 내 수업을 기대하게 만들려면, 학생들이 내 수업을 더 듣고 싶게 하려면, 어떻게 해야 할까?'라는 질문으로 수업을 계획해 보시기 바랍니다.

- 어떻게 하면 테크놀로지 사용에 있어 학생들에게 더 많은 자율성을 줄 수 있을까?
- 수업에서 학습자의 행동적·인지적 참여를 어떻게 늘릴 수 있을까?
- 반복을 어떻게 재미있게 만들 수 있을까?
- 미션을 이용해 학기 내내 혹은 1년 내내 동기 부여를 하는 방법은 없을까?

블렌디드 러닝 환경에서는 블렌드할 수 있는 재미 요소가 많습니다. 여기서 재미는 엔터테인먼트에서처럼 현란하고 오락적인 재미가 아닙니다. 수업을 재미있게 하는 것은 무엇일까요? 생각하기, 찾기, 쓰기, 말하기, 움직이기, 만들기, 상호작용, 게임, 문화, 자기성찰 등 앞에서 설명한 모든 것입니다. 그리고 이 재미 요소들의 공통점이 무엇인지 아시나요? 바로 자율성과 선택입니다. 사람은 자신이 원하는 것을 원하는 방식으로 할 때 재미를 느낍니다. 재미있는 수업은 궁극적으로 학생들이 하고 싶은 것을 하는 수업입니다. 당연히 '아무거나 하고 싶은 대로'는 아니지요. 학생들이 따라가야 하는 교육과정이나 수업 목표는 있습니다. 다만 학생들을 강압적으로 끌고 가느냐, 자기 스스로 원하게 만들어서 가느냐가 수업의 재미를 결정합니다. 모든 학습자가 다 공부를 좋아하는 것은 아닙니다. 그러나 유능한 교수자는 학생이 스스로 원해서 공부할 수 있게 학습 동기를 만들어 줍니다. 재미있는 수업을 만들고자 한다면 학습자가 자율성과 내재적 동기에 의해 학습할 수 있도록 디자인하십시오.

더 알아보기 학습자의 자율성

"자율성은 질 높은 교육의 필수 재료이다. 학습자는 자율성을 가질 때에만 탁월해지고자 하는 추진력을 얻게 된다." (Zhao, 2014)

미국 캔자스 대학 교육대학원 교수인 용 자오Yong Zhao의 말입니다. 그는 학습에 동기를 부여하는 가장 효과적인 방법이 바로 학습자에게 '자율성'을 주는 것임을 이야기하고 있습니다. 인간은 자율적일 때, 하고자 하는 동기가 생깁니다. 공부가 재미없다고 느껴진다면 그것은 자율적인 공부가 아니기 때문일 것입니다. 내가 궁금해서 하는 공부, 내가 하고 싶어서 하는 공부는 재미있습니다. 그러니 학습을 재미있게 만드는 방법은 간단합니다. 학습자에게 더 많은 학습 자율성을 주는 것입니다. 단, 학습자에게 많은 자율성을 부여하면서도 수업 목표를 성취하려면 매우 세심한 수업 디자인과 아이디어가 선행되어야 합니다.

자오 교수는 테크놀로지를 활용한 교육에서도 학생들의 자율성, 창의성, 책임감을 길러 주는 동시에, 고차원적 사고와 비판적 사고를 신장하는 방법을 고민해야 한다고 강조합니다. 그는 "테크놀로지는 우리의 삶을 변화시켰다. 지금은 모든 학교와 교실이 연결되어 있다. 그런데 왜 교육은 바뀌지 않았을까?"라는 문제의식을 던지면서, 교육을 바꾸기 위한 교실 내 테크놀로지 활용 방법을 다음과 같이 제안하였습니다(Zhao et al., 2015).

- 테크놀로지를 대체재replacement가 아닌 보완재complement로 보십시오.
- 테크놀로지의 소비 기능보다 창조 기능을 활용하십시오.
- 표준화와 시험 결과보다 디자인과 개별화 학습을 추구하십시오.
- 교육과정 개선보다 디지털 역량의 강화에 기뻐하십시오.
- 기술의 사용법보다 기술을 활용한 교수·학습법에 더 집중하십시오.

성공적인 블렌디드 러닝을 위하여

#심리스한 블렌디드 러닝 #FCPSOn 시범 사업 #디지털 시민교육 #블렌디드 통합교육

마지막 5강에서는 우선 심리스한 블렌디드 러닝을 디자인하는 방법을 살펴봅니다. 그런 다음 블렌디드 러닝의 실패 사례와 성공 사례를 비교해 보면서, 블렌디드 러닝에 교육 수요자로 참여한 저의 경험을 공유합니다. 블렌디드 러닝이 학교와 지역 수준에서 성공적으로 안착하려면 치밀한 계획에 따라 체계적으로 시행되어야 합니다. 기기를 대량으로 배포하는 단순한 방식은 실패로 가는 지름길입니다. 하드웨어와 함께 통신 인프라, 하드웨어 관리 시스템도 고려해야 하고, 체계적이고 지속적인 교사 연수, 학교 관리자 연수, 디지털 시민교육 또한 필요합니다. 이 중에서도 가장 중요한 것은 블렌디드 러닝의 궁극적인 목표에 대한 확실한 비전입니다. 블렌디드 러닝을 통해 해결하고자 하는 교육적 문제, 그리고 블렌디드 러닝을 통해 배출해 내고자 하는 인재상에 대한 분명하고도 구체적인 목표가 있어야 합니다.

ONLINE
OFFLINE

01 심리스한 블렌디드 러닝을 디자인하는 방법

지금까지 블렌디드 러닝의 방향과 요소들에 대해 살펴보았습니다. 그렇다면 구체적으로 수업을 어떻게 계획해야 심리스한 블렌디드 러닝을 만들 수 있을까요? 저는 수업을 디자인할 때 제가 스키장에 와 있다는 상상을 합니다. 학습자에게 스키를 가르친다고 생각하고 다음의 절차대로 해 보시기 바랍니다.

1 목표와 인재상 설정하기

이 수업의 목표를 세웁니다

자, 여러분은 스키 선생님입니다. 학생에게 스키를 가르치는 임무를 맡았습니다. 맨 처음 무엇을 해야 할까요? 이 수업의 목표가 무엇인지 생각해야 합니다. 수업을 잘하기 위해서는 이번 학기도, 올해도 아닌 '바로 지금 이 수업'에 초점을 맞추어 목표를 세워야 합니다. 그리고 그 목표가 장기적인 목표(이번 학기 혹은 올해의 목표)를 이루는 데 이바지하는지 확인해야 합니다.

또한 수업 목표는 구체적이어야 합니다. 간혹 저에게 강의를 의뢰할 때 "학습자의 디지털 역량을 강화해 주세요"라는 식으로 요청하는 경우가 있습니다. 그런데 학습자의 전공이나 직업에 따라 갖추어야 할 디지털 역량이 다릅니다. 예를 들어 검색 기술을 교육한다 하더라도, 컴퓨터를 거의 써 본 적 없는 노인 학습자와 박사학위 논문을 쓰고 있는 30대 학습자는 필요한 검색 요령, 웹사이트, 필터링 방법 등이 완전히 다를 수밖에 없습니다. 그래서 강의를 의뢰한 분께 디지털 역량 강화의 목적이 무엇이냐고 물으면, "컴퓨터를 더 잘 사용하게 하려고요"라고 답변하시곤 합니다. 여기서 "더 잘 사용한다"라는 말은 매우 모호한 목표입니다.

목표는 구체적이고 의미 있어야 합니다. 그러려면 관찰 가능하고 측정 가능한 목표를 설정해야 합니다. 우리나라 교육과정에 가장 자주 나오는 학습 목표인 "~을 이해한다"는 사실 좋은 표현이 아닙니다. 일단 '이해하기'는 가장 낮은 수준의 교육 목표라는 점에서 그러합니다. 더 중요하게는 '이해하기'란 인지적인 개념이기 때문에 그 달성 여부를 관찰하거나 측정하기가 어렵습니다. 그보다는 '예측하다, 분류하다, 요약하다' 등의 표현이 더 적합합니다. 즉, 이해해야만 할 수 있는 관찰 가능한 행동을 목표로 설정하는 것이 좋습니다. 스키 수업이라면 오늘의 수업 목표를 "A자 자세로 오른쪽, 왼쪽으로 돌면서 혼자서 내려올 수 있다"처럼 구체적으로 설정하는 것이 바람직하겠지요.

이 수업의 결과로 만들어질 인재상을 생각합니다

여러분은 오늘 내 수업의 결과로 어떠한 인재가 만들어지기를 원하나요? 내 수업을 들은 후에 학습자가 어떻게 달라져 있기를 바라나요? 만약 스키를 가르친다면 레슨 전과 후에 작은 차이라도 있어야 할 것입니다. 학교 수업에서도 마찬가지입니다.

오늘 수업의 목표가 "제안하는 글을 쓸 수 있다"인 수업을 예로 들어 봅시다. 이 목표에 따르면 수업의 결과로 배출될 인재는 '제안하는 글을 쓰는 사람'입니다. 하지만 생각해 보세요. 똑같이 제안하는 글이라 해도 그 질은 천차만별일 수 있습니다. 성의 없이 억지로 써서 논리와 내용이 부실한 제안 글도, 독자의 심리를 고려하고 논리와 전략을 활용해 설득력을 갖춘 제안 글도, 모두 제안하는 글입니다. 그러니 단순히 "제안하는 글을 쓸 수 있다"라고만 하면 최소한의 형식만 충족하는 글을 써내게 하는 것이 목표가 되기 쉽습니다. 반면 '제안하는 글을 잘 쓰는 사람', 즉 인재상에 집중하면 훨씬 더 실질적이고 구체적인 목표를 가지고 수업에 접근할 수 있지요.

앞서 제가 의뢰받았던 디지털 역량 강화 강의처럼, 수업의 목표가 뚜렷하지 않거나 수업의 목표를 제게 맡기는 경우 저는 원하는 인재상을 묻습니다. "제 강의를 듣고 난 후에 학습자가 어떻게 변화하기를 바라시나요?"라고 말이죠. 그러면 "논문을 효과적으로 검색하고 정리할 수 있는 사람이요" 혹은 "신뢰할 만한 정보와 가짜 뉴스를 가려내는 눈을 가진 사람이요"와 같이 구체적인 대답이 나옵니다.

인재상은 먼 미래의 목표가 아닙니다. 오늘 내 수업의 결과로 어떤 사람이 배출되기를 원하는지에 대한 뚜렷한 상입니다. 동시에 인재상은 장기적인 목표이기도 합니다. 가령 비판적 사고를 하는 사람, 창의적인 사람 등도 인재상이 될 수 있습니다. 물론 한 번의 수업만으로 비판적이고 창의적인 사람이 길러지지는 않겠지만, 이러한 인재상을 염두에 둔다면 적어도 수업에서 이와 반대되는 활동을 하지는 않을 것입니다.

제가 저의 수업에서 목표로 설정하는 인재상은 다음과 같습니다. 약자의 입장에 공감하는 사람, 공동체의 문제를 고민하는 사람, 사회 문제에 대해 자기효능감을 가진 사람(내가 사회를 작게라도 변화시킬 수 있다고 믿는 사람), 정의로운 사람, 비판적 사고를 하는 사람, 자기성찰적인 사람, 학생의 관점에서 볼 수 있는 교사 등입니다.

2 주요 활동 계획하기

목표와 인재상을 성취하기 위한 주요 활동을 디자인합니다

가장 먼저, 계획하고 있는 수업의 목표와 인재상을 종이나 컴퓨터에 써 보시기 바랍니다. 그런 다음 수업의 주요 활동을 우선적으로 디자인합니다. 이 주요 활동은 수업의 목표 및 인재상과 직결된 것이어야 합니다. 예를 들어 초보 스키어를 대상으로 "A자 자세로 천천히 돌면서 내려올 수 있다"라는 목표와 "이를 지나친 두려움 없이 독립적으로 할 수 있는 사람"이라는 인재상을 정했다면, 이러한 목표와 인재상을 성취할 수 있도록 주요 활동을 디자인해야 합니다. 이 경우 주요 활동은 A자 자세를 정확히 익히고 완만한 경사면에서 턴을 연습하는 활동이 될 것입니다.

수업에서도 그날의 목표에 따라 적합한 활동을 준비해야 합니다. 수업의 목표 및 인재상이 "제안하는 글을 잘 쓸 수 있다"와 "제안하는 글을 잘 쓰는 사람을 배출해 낸다"라면, 주요 활동은 제안하는 글을 잘 써 보는 활동이어야 합니다. 혹은 다른 사람이 쓴 제안 글을 읽고 비판적으로 분석하여 이를 내 글쓰기에 어떻게 적용할지 생각해 보는 활동이어야 합니다.

주요 활동에는 생각하기, 찾기, 쓰기, 말하기, 움직이기, 만들기 중 한 가지 이상이 들어가야 합니다

스키 타는 법을 설명만으로 가르칠 수는 없습니다. 학습자가 직접 타 보게 가이드를 해 주어야 합니다. 수업에서도 마찬가지입니다. 교수자는 학습자에게 의미 있는 학습 경험을 제공해야 합니다. 생각하기, 찾기, 쓰기, 말하기, 움직이기, 만들기는 학습자의 적극적인 참여를 끌어내는 경험적 요소들이자, 블렌디드 러닝에서 테크놀로지를 자연스럽게 활용하는 방법이기도 합니다.

'학습자들이 활동을 통해 무엇을 하게 할까?'라는 고민은 학습의 주도권을 학습자에게 넘기기 위한 고민입니다. 그런데 어떤 분들은 대학의 대형 강의는 어쩔 수 없다고, 일방적으로 설명할 수밖에 없다고 합니다. 그렇지 않습니다. 예컨대 학생들에게 흥미로운 질문을 던지고 생각할 시간을 주는 방식으로 참여를 끌어낼 수 있습니다. 옆 사람과 5분 동안 토론하는 활동도 대형 강의에서 사용할 수 있는 방법입니다. 실제로 많은 유명 강사들이 이러한 방법을 사용합니다.

대면수업이라면 학습자가 직접 테크놀로지를 사용해서 다양한 경험을 할 수 있는 활동을 고민합니다. 또는 테크놀로지를 이용할 때 더 효과적인 경험적 요소를 찾아봅니다. 예를 들면 구글 클래스룸이나 온라인 즉석 설문조사를 활용하는 것이지요. 반대로 원격수업이라면 핸즈온 조작, 물리적 환경, 신체 움직임을 포함한 활동을 생각해 봅니다. 수업에서 배운 과학 원리와 관련된 물건을 가져와서 설명하기, 책을 가져와서 읽어 주기 등이 여기에 포함됩니다.

주요 활동은 대단한 활동이 아니어도 됩니다. 저는 줌 수업에서 학생들에게 다른 공간에 가서 핸드폰으로 사진을 찍어 오게 합니다. 학생들은 각자 주제에 맞는 사진을 찍은 뒤, 다시 모여 서로 공유하고 토론하는 활동을 하지요. 이렇듯 주요 활동은 학습자가 참여하고 생각하는 활동인 것이 가장 중요하고, 테크놀로지나 핸즈온 조작을 활용하는 활동이면 더 좋습니다. 특히 여러 과목을 연이어 가르쳐야 하는 초등 교사의 경우 모든 수업의 활동을 대단한 활동으로 디자인하기는 현실적으로 어려울 것입니다.

학습자의 입장에서 학습 경험을 생각해 봅니다

학습자가 타게 될 슬로프를 여러분도 미리 한 번 타 보시기 바랍니다. 학습자가 어떤 경험을 할지, 시간은 어느 정도 걸릴지, 너무 쉽거나 어렵지는 않을지, 장애물은 없을지 등을 학습자의 입장에서 생각해 볼 필요가 있습니다. 블렌디드 러닝을 계획할 때 교수자는 다음 네 가지 지점을 고려하는 것이 좋습니다.

첫째, 학습자가 고민하거나 생각할 기회가 한 번이라도 있는지 확인합니다. 생각 없이 할 수 있는 활동이라면 좋은 활동이 아닙니다. 둘째, 주요 활동에 얼마만큼의 시간을 들일지, 실제로 얼마나 걸리는지를 체크해 보아야 합니다. 활동 시간이 너무 길면 학습자가 지루해할 수 있고, 너무 짧으면 시간에 쫓겨 대충 하게 되기 쉽습니다. 셋째, 활동이 너무 어렵거나 쉽지는 않은지, 혹은 다른 수업에서 이미 했던 것은 아닌지 등을 생각해 봅니다. 난이도가 적절하지 않거나 여러 번 반복된 활동의 경우 학습자의 흥미를 유발하기 어렵습니다. 넷째, 사용하는 테크놀로지의 접근성도 고려해야 합니다. 지나치게 높은 사양의 컴퓨터, 구하기 어려운 하드웨어, 유료 소프트웨어 등은 학교에서 제공하지 않는 한 접근성이 떨어집니다. 이 외에도 몇 명까지 동시 접속이 가능한지, 별도로 요구되는 장비에는 어떤 것이 있는지 등을 점검합니다.

3 나머지 부분 계획하기

흐름이 자연스럽게 이어지도록 도입부와 전개부를 디자인합니다

주요 활동이 정해졌다고 해서 그것만으로 수업을 할 수는 없습니다. 스키로 치면 주요 활동은 언덕 맨 꼭대기에서 스키를 타고 내려오는 활동입니다. 스키를 실제로 타 보는 바로 이 활동에서 목표한 학습이 일어납니다. 그런데 이 활동을 효과적으로 하기 위해서는 스키어가 스키를 탈 준비가 되어 있어야 합니다. 그리고 저 언덕 위까지 올라가야겠지요. 물론 스키어 스스로 걸어 올라갈 수도 있겠지만, 그러다 보면 주요 활동을 하기도 전에 진이 다 빠져 버릴 것입니다. 그래서 우리는 리프트를 놓아 주어야 합니다. 다시 말해, 학습자가 주요 활동으로 자연스럽게 들어갈 수 있도록 도입부와 전개부를 디자인해야 합니다.

도입부에서는 흥미와 호기심을 불러일으켜 학습 동기를 부여해야 합니다. 우리나라의 교육 환경에서는 처음부터 내재적 동기를 갖고 수업에 오는 학습자가 거의 없습니다. 정말로 그 지식을 배우고 싶어서, 궁금해서, 더 알고 싶어서 공부하는 경우는 흔치 않고, 대부분 입시와 성적을 위해 공부합니다. 그러나 깊이 있는 학습이 일어나게 하는 데 내재적 동기만큼 효과적인 것은 없습니다. 스키를 학점 때문에 또는 부모님의 강요에 의해 배우기보다, 학습자 스스로가 원해서 배울 때 더 효율적이고 깊은 학습이 일어날 수 있다는 뜻입니다. 다행히 내재적 동기는 교수자가 만들어 줄 수 있습니다. 교수자는 질문을 통해, 문제 제기를 통해, 학습자의 사전지식이나 관심사를 활용해 동기를 부여할 수 있습니다.

그날 수업의 목표와 인재상을 학습자에게 미리 알려 주는 것도 좋습니다. 예를 들어 스키 수업에서 "오늘의 수업 목표는 패럴렐 턴parallel turn을 하는 거예요. 여러분이 올바른 자세로 패럴렐 턴을 하는 사람이 되기를 바랍니다"라고 말해 주면, 학습자가 자기 학습의 의미를 더욱 명확히 인식할 수 있습니다. 제안하는 글쓰기 수업이라면 "오늘의 수업 목표는 제안하는 글을 잘 쓰는 것입니다. 저는 여러분이 제안하는 글을 잘 쓰는 사람이 되었으면 좋겠어요"라고 구체적인 목표와 기대 사항을 알려 줄 수 있겠지요.

전개부에서는 학습자를 언덕 수준까지 올려 주어야 합니다. 학습자가 주요 활동을 효과적으로 하려면 사전지식을 갖추고 논리적인 흐름을 이해해야 합니다. 교수자는 기본적인 지식과 설명을 제공하면서 마치 리프트처럼 학습자를 언덕 위로 올려 줍니다. 학습자는 이 리프트를 타고 주요 활동을 할 수 있는 언덕 위로 올라가는 것이지요. 그렇게 꼭대기에 다다른 뒤에는 학습자가 자기주도적으로 주요 활동을 합니다. 이를 통해 학습자가 스스로 참여하고 생각할 때 학습이 일어납니다. 기억하세요. 언덕 위에 올라간 이후에는 가이드를 해 줄 수는 있어도 학습자 대신 스키를 타 줄 수는 없습니다. 스키를 대신 타 준다면(학습자가 해야 할 생각을 교수자가 대신 해 준다면) 학습자가 스키 타는 법을 제대로 배울 수 없을 것입니다.

학습을 스스로 성찰할 수 있는 활동으로 정리부를 디자인합니다

주요 활동이 끝난 후 학습자는 자신의 수행에서 잘한 점과 부족한 점을 평가해야 합니다. 평가는 스스로 할 수도 있고, 친구들과 서로 해 줄 수도 있고, 교수자와 함께 할 수도 있습니다. 어떤 평가를 하든, 자신을 성찰하는 평가 과정은 꼭 포함되어야 합니다. 실제로 스키를 배울 때에도 자신이 방금 스키를 어떻게 탔는지 성찰하는 것은 매우 중요합니다. 특히 학습자의 수준이 높아질수록 효율적이고 지속적인 발전을 위해 자기성찰이 더 필요해집니다. 국가대표 선수들은 훈련할 때 비디오로 자신의 경기를 찍어 분석합니다. 이처럼 오늘 내가 배운 것이 무엇이었는지, 그것을 잘했는지, 무엇이 부족했는지, 어떻게 더 발전할 수 있을지, 내 삶에 혹은 다른 과목에 어떻게 적용할 수 있을지 등을 성찰하는 활동으로 정리부를 계획합니다.

검토하기

전체적인 흐름을 확인합니다

내가 계획한 블렌디드 러닝에 억지스러운 부분이 있는지 전체적으로 점검할 필요가 있습니다. 혹시라도 테크놀로지 사용 자체가 목적이 되지는 않았는지, 목표를 성취하는 데 이 테크놀로지를 사용하는 것이 가장 효율적인 방법인지, 수업이 원활하게 이루어질 수 있을 정도로 테크놀로지의 접근성이 높은지 등 모든 요소를 점검합니다.

저는 특히 시간 계획이 적절한지를 꼼꼼하게 확인합니다. 대학 수업이나 전문가 연수 등에서 약속된 시간을 지키는 것은 매우 중요합니다. 긴 시간에 걸쳐 목표를 성취하는 일은 비교적 쉽습니다. 그러나 제한된 시간 내에 목표를 성취하려면 섬세하고 치밀한 사전 계획과 연습이 필요합니다. 목표를 성취하기 위한 시간이 부족하게 여겨진다면 활동들의 우선순위를 정하고 덜 중요한 것들은 과감히 쳐 내야 합니다. 짧은 시간에 많은 양을 다루려고 하면 일방적인 수업이 되고, 학습자에게 생각할 시간을 주지 않게 됩니다. 양보다 깊이를 추구하려고 노력하십시오.

잠재적 교육과정을 점검합니다

마지막으로 내가 계획한 수업이 학습자에게 의도치 않은 메시지를 주지는 않는지 점검합니다. 스키를 잘 탈 수 있게 하고 싶다면서 오히려 스키를 두려워하게 만드는 수업을 하면 안 될 것입니다. 안타깝게도 이런 일들이 너무 많이 일어납니다. 예를 들면 악기를 잘 연주하는 사람으로 길러 내겠다면서 어린 학생에게 너무 엄격하고 비인격적으로 대하는 교수자들이 많습니다. 학생은 “넌 나의 존중을 받을 가치가 없어”라는 메시지를 끊임없이 받게 되고, 결과적으로 음악을 싫어하게 됩니다. 혹은 악기 연주를 할 때마다 두려움에 떠는 사람이 됩니다. 이는 위대한 연주자를 만드는 방법이 아닙니다.

또 다른 예가 장애이해교육입니다. 장애인 차별을 해소한다는 목표로 수업을 하면서 오히려 장애인에 대한 편견을 강화하는 장애이해교육이 무수히 많습니다. 대표적으로 장애 체험의 경우 체험 그 자체가 목적이 되면 장애인에 대한 차별적 인식을 심화하는 결과를 낳을 수 있습니다. 학습자가 ‘장애인의 삶의 질을 위해 내가 실질적으로 할 수 있는 것이 무엇인가?’를 고민할 수 있도록 수업의 목표를 세우고 활동을 설계하는 것이 바람직합니다.

오늘 나의 수업에서 학생들에게 전해질 무언의 메시지가 무엇일지 점검하시기 바랍니다. 부정적인 메시지를 걸러내는 것도 필요하지만 긍정적인 메시지를 심는 것도 중요합니다.

> 여러분은 생산적이고 창의적인 사람입니다. 여러분은 사회를 바꿀 수 있는 힘을 가지고 있습니다. 여러분은 존재 자체로 가치 있는 사람입니다. 성적과 관계없이 여러분은 의미 있는 삶을 살 수 있고, 또 그러려고 노력해야 합니다. 저는 여러분을 신뢰합니다. 신뢰롭고 정의로운 사회의 일원이 되세요.

제가 모든 수업에서 수강생들에게 던지는 메시지입니다. 이 메시지는 제가 추구하는 인재상이기도 합니다. 모든 수업에서, 나의 말 한마디 한마디에서, 잠재적 교육과정을 점검하시기 바랍니다.

지금까지 심리스한 블렌디드 러닝을 디자인하는 방법에 대해 설명하였습니다. 여러분의 수업 디자인을 돕기 위해 이 내용들을 다음과 같이 가이드라인으로 정리해 보았습니다.

단계	항목
1. 목표와 인재상 설정하기	**목표** • 이 수업의 목표는 무엇인가? • 목표가 관찰 가능하고 측정 가능한가? 즉, 충분히 구체적인가? • 목표가 학기 혹은 학년 등 장기적인 목표를 성취하는 데 이바지하는가? • 목표가 인지적·사회적으로 의미 있는가? **인재상** • 이 수업의 결과로서 어떠한 인재가 만들어지기를 원하는가? • 이 수업을 듣기 전과 듣고 난 후 학습자가 어떻게 달라져 있을 것인가? • 이 수업의 결과로서의 인재상이 장기적 관점에서의 인재상을 성취하는 데 이바지하는가? • 이 수업의 결과로서의 인재상이 거시적인 교육 목표에 부합하는가? • 이 수업에서 추구하는 인재상이 학습자의 삶의 관점에서 유익한가? • 이 수업에서 추구하는 인재상이 사회적으로 의미 있는가?
2. 주요 활동 계획하기	• 이 수업의 주요 활동으로 무엇을 할 것인가? • 주요 활동이 이 수업의 목표를 성취하는 데에 직접적으로 이바지하는가? • 주요 활동이 이 수업의 결과로서의 인재상을 성취하는 데 이바지하는가? • 주요 활동이 충분히 학습자 참여적인가? 더 참여적으로 할 여지는 없는가? • 주요 활동이 학습자에게 학습의 '경험'을 제공하는가? • 주요 활동이 학습자에게 생각할 기회를 부여하는가? • 주요 활동에서 테크놀로지를 사용한다면, 그 테크놀로지가 최선인가? 더 나은 테크놀로지는 없는가? • 주요 활동에 활용되는 테크놀로지의 접근성이 충분히 높은가? • 테크놀로지가 너무 어려워서 학습에 오히려 방해가 되지는 않는가? • 테크놀로지 사용 자체를 목표로 억지로 꿰어 맞춘 면이 있지는 않는가? • 활동이 학습자의 인지적 · 발달적 수준에 적합한가? • 적절한 시간이 소요되는가? • 학습자의 관점에서 너무 어렵거나, 쉽거나, 지루하거나, 짧거나, 얕거나, 이해가 안 되거나, 혼란스러운 점이 있지는 않은가?

3. 나머지 부분 계획하기	**도입부와 전개부** • 주요 활동으로 가기 위한 도입과 전개의 논리를 어떻게 펼칠 것인가? • 도입부와 전개부가 주요 활동으로 자연스럽게 이어지는가? • 도입부에서 궁금증을 유발하는 질문을 던지거나 재미있는 스토리를 이용해 학습에 대한 동기를 부여하는가? • 도입부에서 그날 수업의 목표나 필요성, 인재상에 대한 기대를 명시적으로 언급하는가? • 전개부에서 학습자가 필요한 사전지식이나 경험을 제공하는가? **정리부** • 오늘 내가 배운 것이 무엇이었는지, 그것을 잘했는지, 무엇이 부족했는지, 어떻게 더 발전할 수 있을지, 내 삶에 혹은 다른 과목에 어떻게 적용할 수 있을지 등을 성찰하는 기회를 주는가? • 수업의 정리부가 수업의 도입부와 논리적으로 맞아떨어지는가? • 수업의 목표와 인재상이 성취되었음을 어떻게 알 수 있는가?
4. 검토하기	• 테크놀로지를 억지스럽게 끼워 맞추지는 않았는가? • 수업이 원활하게 이루어질 수 있을 정도로 테크놀로지의 접근성이 충분히 높은가? • 전반적으로 시간이 잘 배분되었는가? • 잠재적 교육과정이 이 수업의 목표 및 인재상과 일치하는가?

02 LA 교육청의 블렌디드 러닝 실패 사례

블렌디드 러닝이 성공하려면, 교수법도 중요하지만 그 전에 교육 정책이 잘 만들어지고 원만하게 실천되어야 합니다. 블렌디드 러닝은 교수법 좋은 교사 한두 명으로 성공할 수 있는 것이 아니기 때문입니다. 블렌디드 러닝의 성패는 정책 결정에 달려 있다고 보아도 과언이 아닙니다. 여기서는 문제가 많았던 LA 교육청 사례를 통해 블렌디드 러닝이 실패하는 원인을 알아보고자 합니다.

2013년 미국 LA 학교통합교육청Los Angeles Unified School District: LAUSD(여기서는 문맥상 LA 교육청이라 하겠습니다)은 미래 사회에 대비하고 LA 지역 저소득층 아동을 지원하기 위해 한 가지 실험을 시작했습니다. 모든 학생에게 수학과 영어 과목의 디지털 교과서를 탑재한 아이패드를 주는 사업이었지요. LA 교육청은 65만 대의 아이패드에 피어슨Pearson 출판사의 디지털 교과서를 탑재하여 배포할 계획이었습니다. 아이패드와 디지털 교과서 라이선스 구매에 자그마치 10억 달러(약 1조 5백억 원)의 예산을 들여서 말입니다. LA 교육청은 첫 스타트로 4만 3,000여 대의 아이패드를 구매해 47개 학교에 배포했습니다. 그런데 곧 여기저기에서 문제가 생기기 시작했습니다.

학교에 통신 인프라를 확충하는 비용이 사업 예산에 포함되어 있지 않았기 때문에 인터넷 환경을 제대로 갖추지 못한 학교들이 많았습니다. 게다가 다수의 인원이 동시에 접속하다 보니 트래픽이 증가하여 인터넷이 아예 안 되기 일쑤였지요. 선생님들은 기기와 디지털 교과서를 어떻게 활용해야 할지 몰라 헤매는 한편, 학생들은 아이패드를 해킹해서 보안을 해제한 뒤 개인 용도로 사용했습니다. 아이패드를 써야 하는 당위성도 부족했습니다. 교육용으로는 아이패드와 같은 태블릿보다 키보드가 달린 노트북이 더 유용하다는 전문가 의견이 지배적이었기 때문입니다. 심지어 크롬북은 대당 20만 원 정도에도 구매할 수 있는 반면, 아이패드는 크롬북 가격의 네 배인 대당 80만 원에 육박했습니다. 그리고 피어슨의 디지털 교과서만을 사용하는 것이 비윤리적이라는 문제도 제기되었습니다. 피어슨의 디지털 교과서는 영어 외에 다른 언어는 제공하지 않아 영어가 미숙한 히스패닉 인구 비율이 높은 LA에서는 접근성이 낮았습니다.

얼마나 문제가 많았던지 연방수사국FBI이 사업 계약 배경에 대해 수년간 조사하였고, LA 교육청은 애플 및 피어슨과 소송까지 치러야 했습니다. 그렇게 LA 교육청의 사업은 악명 높은 실패 사례가 되었습니다. 전문가들은 테크놀로지 자체가 목적이었던 점을 가장 큰 실패 원인으로 꼽습니다. 실제로 LA 교육청은 "완벽한 IT 교육 환경을 조성한다"라는 목표 아래 몇 달 만에 후다닥 계획을 세워 급하게 실행하였습니다. 블렌디드 러닝 전문가인 마이클 혼Michael Horn에 의하면 테크놀로지를 정책적으로 도입하고자 할 때에는 그 필요성에 대한 구체적인 이유가 있어야 합니다. 기존 교육에 어떤 문제가 있었는지를 묻고, 그 문제를 해결하는 데 적합한 테크놀로지를 찾아야 한다는 것입니다. 그는 '미래 사회에 대비하기 위해' 혹은 '테크놀로지가 있으면 좋을 것 같아서' 등의 단순한 이유로 테크놀로지를 도입하는 것이 실패 사례의 전형적인 특징이라고 설명합니다.

실패 사례들은 대체로 준비 기간이 짧고, 한꺼번에 많은 기기를 배포하며, 교사 연수와 인프라에 대한 고려를 소홀히 합니다. 학생(수요자)의 시각에서는 개별 교사의 교수·학습적 실패처럼 보일 수 있지만, 사실은 시스템에 원인이 있는 것입니다. 우리나라에서 코로나 초기에 질 낮은 원격수업이 지배적이었던 이유도 여기에 있습니다. 교사와 학생 모두 만족하지 못하는 지루한 원격수업은 개별 교사의 게으름이나 교수력의 부족처럼 보이지만, 실은 준비되지 않은 시스템의 문제였습니다. 교사에 대한 지속적인 교육과 훈련, 질 높은 수업을 위한 인프라 등을 지원하는 시스템이 부재했던 것이지요. 여기서 우리가 배울 점은 다음과 같습니다.

- ▶ 충분한 준비와 계획을 거쳐 실행해야 합니다. 특히 인프라, 사용자 연수, 소프트웨어 등 기기 주변의 환경에 대한 고려가 필요합니다.
- ▶ 기기를 배포한다고 해서 저절로 블렌디드 러닝이 일어나지는 않습니다. 사전에 충분한 교사 훈련이 제공되지 않으면 수업 현장에서 테크놀로지가 사용되지 않거나, 테크놀로지 활용에만 치중하여 오히려 교육의 질이 낮아질 수 있습니다. 초기 훈련뿐 아니라 지속적인 연수 또한 성공의 핵심 요건입니다.
- ▶ 단번에 대량의 기기를 배포할 경우 학교와 교사가 준비되지 않은 상태에서 수업을 진행하게 됩니다. 몇몇 학교를 선정하여 시범적으로 실시하면서 점차 확대해 나가는 것이 안전합니다.
- ▶ 한 가지 종류의 기기가 모든 연령의 학생에게 적합한 것은 아닙니다. 예를 들면 태블릿은 어린 학생에게, 노트북은 청소년에게 적합합니다. 학생의 연령에 맞는 기기를 사용해야 합니다.
- ▶ 한 가지 종류의 디지털 교과서로 모든 학생을 똑같이 가르칠 수 없습니다. 학생의 필요와 특성에 따라 기기에 탑재되는 내용을 선택할 수 있어야 합니다. 한 회사의 교과서만 사용하는 것은 윤리적으로도 문제의 소지가 큽니다.

03 페어팩스 교육청의 FCPSOn 사례

앞서 다룬 LA 교육청의 사례와 달리, 미국 페어팩스 카운티 공립학교Fair-fax County Public Schools: FCPS(특정한 학교가 아닌 관할 공립학교들을 관리하는 부서를 뜻하며, 여기서는 문맥상 페어팩스 교육청 혹은 교육구라는 용어로 지칭하겠습니다)의 블렌디드 러닝 사업은 성공적이라는 평가를 받고 있습니다. 페어팩스 교육구는 어떠한 정책을 시행했는지 살펴보고자 합니다.

1 FCPSOn 시범 사업

공식 홈페이지(www.fcps.edu)에 따르면 미국 페어팩스 교육구 산하에는 198개교 18만 7,000여 명의 학생이 재학하고 있으며, 그중 30% 정도가 저소득층 급식지원을 받습니다. 인종은 백인이 36.8%, 히스패닉이 27.1%, 아시아인이 19.8%, 흑인이 10% 등으로 구성되어 있습니다. 미국 전 지역에서 가장 큰 학군이며, 미국의 수도인 워싱턴 D.C. 바로 외곽에 있습니다.

페어팩스 교육청은 2016년부터 'FCPSOn'이라는 사업을 대대적으로 시작했습니다. FCPSOn은 기기 보급이 포함된 블렌디드 러닝 사업입니다. 교육청 주도로 기기를 대여식으로 배포하여 1인 1기기를 실현함으로써 성공적인 블렌디드 러닝을 정착시킨다는 것이었지요. 일견 LA 교육청의 사업과 유사한 듯하지만 사업의 취지가 달랐습니다. FCPSOn은 "테크놀로지를 이용해 평등하고 의미 있는 학습 경험을 제공한다"라는 취지에서 출발하였습니다. 즉, 1인 1기기에만 의미를 두는 것이 아니라 교실 내 교수·학습의 질적 향상을 궁극적인 목표로 설정하였습니다. 이것이 바로 FCPSOn이 성공할 수 있었던 요인 중 하나입니다. 하드웨어와 소프트웨어 '배포'에만 집중했던 LA 교육청과 달리, 테크놀로지를 도입해야 하는 구체적인 이유가 있었던 것입니다.

또한 LA 교육청이 처음부터 한꺼번에 모든 학교의 학생에게 기기를 배포하려고 했다면, 페어팩스 교육청은 시범적으로 15개 학교부터 시작했습니다. 페어팩스 교육구 중 중산층이 모여 사는 한 지역 내 모든 학교(초등학교 6개, 중학교 2개, 고등학교 1개)와 그 외 지역에서 선정된 6개 고등학교에서 우선 실시한 것입니다. 시범학교들에서도 처음부터 모든 학생에게 일괄 배포하지 않고, 고등학생부터 시작하여 점차 하위 학년으로 확대했습니다. 이러한 시범 사업은 외부 연구팀에 관찰과 연구를 의뢰하여 그 성과를 객관적으로 평가받았습니다.

시범 사업은 2019년에 끝났고 2022년 현재는 아래 계획과 같이 페어팩스 교육구 전체에 1인 1기기를 실행하는 과정에 있습니다. 마침 2019년 겨울에 코로나가 시작되었는데, 시범 사업에 참여했던 학교들에서는 지난 3년간의 블렌디드 러닝 경험과 1인 1기기의 실현으로 상당히 원활하게 원격수업으로 넘어갈 수 있었습니다.

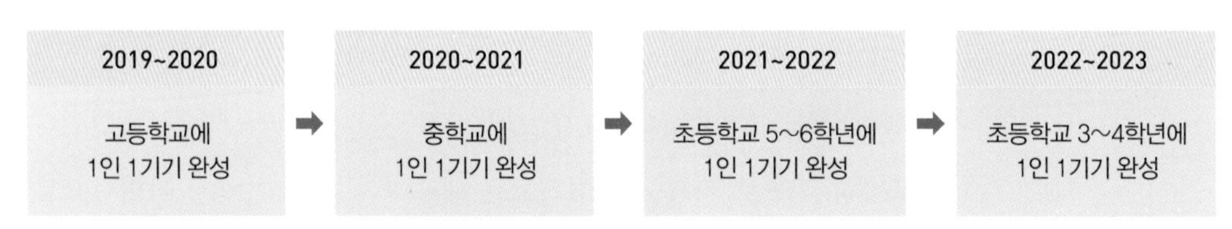

페어팩스 교육구 전체에 1인 1기기를 실현하기 위한 단계적 계획

FCPSOn 사업을 시행하는 학교의 학생들은 모두 페어팩스 교육청이 대여해 주는 기기를 받습니다. 원할 경우 자신이 가지고 있는 개인 기기를 사용해도 되지만, 그렇게 하는 학생은 거의 없습니다. 학교에서 학생과 부모를 적극적으로 설득하여 교육청 대여 기기를 사용하게 합니다. 그 이유는 다음과 같습니다.

1. 교육청 대여 기기는 필요할 때 기술 지원을 할 수 있음. 개인 기기는 기술 지원을 하지 않음.
2. 학생들이 모두 다른 기기를 갖고 있으면 기기별로 설명이 필요해 학급 운영이 어려움.
3. 교육청 대여 기기는 내구성 있게 특별 제작된 노트북이라 더 튼튼하며, 수리 기간 동안 대체 기기를 대여할 수 있음. 개인 기기는 파손 시 수리비가 많이 소요됨.
4. 교육청 대여 기기에는 필수적인 프로그램이 모두 설치되어 있음. 개인 기기에는 설치해야 하는 프로그램의 라이선스가 포함되어 있지 않아 별도로 구매해야 함.
5. 규정된 컴퓨터로 시험을 보아야 함. 개인 기기는 보안 문제로 시험장 내 사용이 불가함.
6. 교육청 대여 기기는 교내 와이파이와 프린터가 미리 설정되어 있음. 개인 기기는 학교 프린터 사용이 불가함.
7. 개인 기기는 공사公私를 구분하여 사용하기 어려움. 이는 디지털 시민교육과도 상반됨.

다음은 학년별로 배포하는 기기의 종류와 사용 장소입니다. 유치원부터 초등학교 2학년까지는 기기를 학교에 두고 다니게 되어 있고, 3학년부터는 가정에도 들고 갈 수 있게 하였습니다. 저학년의 경우 가정에서 이미 평균 7시간 이상 디지털 기기를 사용하고 있어 학부모들의 우려가 컸다고 합니다. 그래서 저학년은 기기를 학교에 두고 다니면서 수업 시간 중 필요할 때만 꺼내 사용하게 했습니다.

	기기	사용 장소
유치원	아이패드	학교
1~2학년	크롬북	학교
3~12학년	크롬북	학교, 가정

시범 사업은 무료였지만 본 사업은 무료가 아닙니다. 중·고등학생들은 매해 '테크놀로지 서포트'라는 명목으로 50달러를 내야 합니다(코로나 기간에는 이 비용을 면제했다고 합니다). 그리고 이 FCPSOn 사업이 완전히 완성되어 모든 학생이 교육청 대여 기기를 받기 전까지는, 학교장 재량으로 필요에 따라 집에서 자신의 개별 기기를 가져오는 BYOD 방식을 허용하고 있습니다.

특수교육을 고려한 블렌디드 러닝

페어팩스 교육청의 블렌디드 러닝 사업은 개별화교육계획individualized education plan: IEP이 있는 장애학생을 소외시키지 않고 계획 단계에서부터 고려하였으며, 이들에 대한 지원을 철저하게 준비했습니다. 우리나라는 나이스NEIS에서도, 코로나 시대 원격수업에서도, 장애학생과 특수교육이 고려되지 않아 두고두고 애를 먹었습니다. 교육 시스템과 관련된 사안에서는 계획 단계부터 장애학생의 접근성이나 특수교육 서비스를 설계하는 것이 얼마나 중요한지 모릅니다. 블렌디드 러닝 또는 1인 1기기를 정책적으로 계획할 때, 장애학생에 대한 고려도 잊지 말아야 할 것입니다.

2 FCPSOn의 목표

FCPSOn 사업을 자세히 들여다보면 단순히 1인 1기기를 실현하기 위한 프로그램이 아님을 알 수 있습니다. 아래는 FCPSOn의 다섯 가지의 목표를 보여 주는 그림입니다.

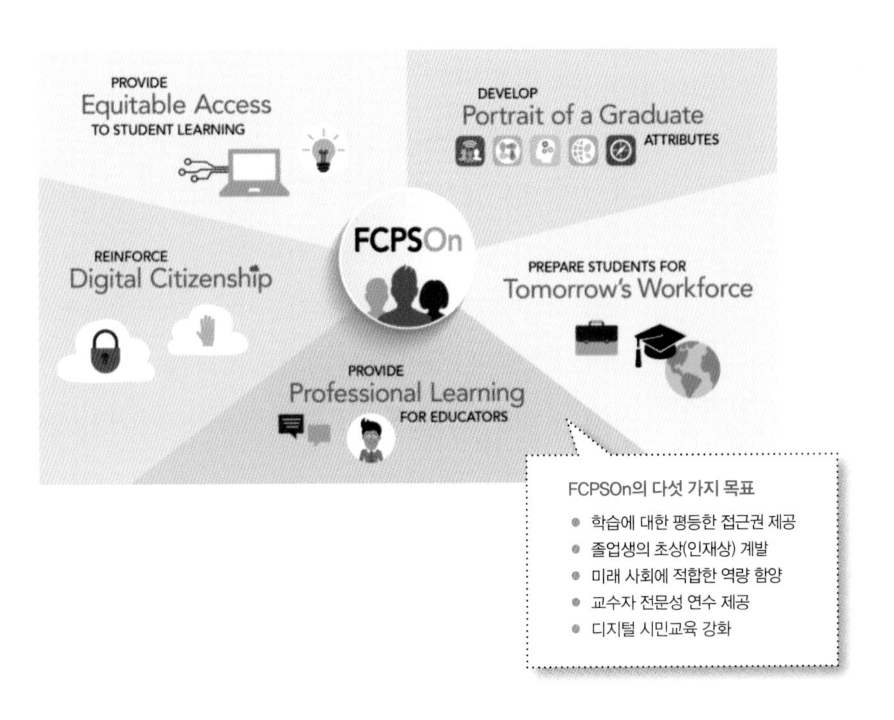

페어팩스 교육구의 '졸업생의 초상'

그림으로는 다섯 가지 목표가 동일 선상에 있는 것처럼 보이지만, 전문가인 제가 해석하기에는 '졸업생의 초상' 계발이 FCPSOn의 궁극적인 목표인 것 같습니다. 페어팩스 교육구가 추구하는 인재상이 바로 '졸업생의 초상'이기 때문입니다. 2014년 페어팩스 교육구는 다음과 같은 '졸업생의 초상'을 채택하였습니다.

- 소통하는 사람communicator
- 협력하는 사람collaborator
- 윤리적이고 세계적인 시민ethical and global citizen
- 창의적이고 비판적인 사고를 하는 사람creative and critical thinker
- 목표 지향적이고 회복 탄력적인 사람goal-directed and resilient individual

이렇듯 FCPSOn 사업은 페어팩스 교육구가 추구하는 인재상 계발을 목표로 한다는 점을 분명하게 제시하였습니다.

다음으로 테크놀로지 사용과 직접적으로 관련된 목표는 두 가지입니다. 학습에 대한 평등한 접근권을 제공하는 것과, 미래 사회에 적합한 역량을 지닌 인재를 키워 내는 것입니다. 다시 말해 교육 기회의 평등과 미래 역량입니다. 그리고 이 과정에서 디지털 시대의 윤리교육이라 할 수 있는 디지털 시민교육이 강조됩니다. 테크놀로지 사용에 있어 학습자의 윤리성과 책임성을 중시하는 것이지요.

마지막으로 FCPSOn는 교사 전문성 연수를 제공하여 디지털 시대 교사의 역량을 향상할 것을 목표로 제시하고 있습니다. 이는 테크놀로지가 학생의 학습과 성장을 위한 것일 뿐 아니라, 교사의 학습과 성장을 위한 것이기도 하다는 인식을 반영합니다.

2 FCPSOn 연구 결과

페어팩스 교육청의 FCPSOn 사업은 LA 교육청이 했던 실수를 다시 하지 않았습니다. 소규모로 시작하고, 학생의 발달 수준을 고려하여 기기를 선정하고, 교사 및 관리자 연수와 팔로업 연구 등을 철저하게 진행하였습니다. 또한 기기 배포보다 인재상과 역량에 초점을 맞추었고, 교사 교육을 강조하는 동시에 교사들에게 많은 재량권을 주어 자유롭게 사용하도록 했습니다. 그러한 결과로 FCPSOn 사업은 성공적인 블렌디드 러닝 프로그램이라는 평가를 받고 있고, 긍정적인 연구 결과들이 보고되었습니다. 여기에서는 그중 FCPSOn 시범 사업에 대한 3년간의 종단연구 결과 보고서(Morrison et al., 2017, 2018, 2019)의 주요 내용을 소개하고자 합니다. 수백 쪽이 넘는 전체 내용 가운데 흥미로운 결과만 추려 보았습니다(Fairfax County Public Schools, 2015, 2020).

우선 연구에 대해 간단히 설명하겠습니다. 이 종단연구의 목적은 앞서 설명한 FCPSOn의 다섯 가지 목표와 관련해 3년간 어떠한 성취 또는 변화가 있었는지를 알아보는 것이었습니다. 연구의 객관성을 확보하기 위해 외부 연구기관인 존스홉킨스 대학 연구팀에 의뢰하였습니다. 연구 대상은 1년 차에는 교사 657명과 13개의 포커스 그룹, 2년 차에는 학생·교사·학부모 9,000여 명과 17개의 포커스 그룹, 3년 차에는 학생·교사·학부모 1만여 명과 18개의 포커스 그룹, 70여 개의 학급이었습니다. 실로 많은 인력과 자원을 투입하여 대대적으로 실시한 연구였습니다.

그럼 이제 연구 결과를 목표 달성, 교수자의 변화, 학습자의 변화, 학부모의 의견이라는 네 부분으로 나누어 살펴보도록 하겠습니다.

FCPSOn의 목표 달성

- 가장 가시적인 결과는 모든 학생이 교육청 배포 컴퓨터를 받았고, 집에 와이파이가 설치되었다는 점이었습니다. 즉, 모든 학생이 가정과 학교에서 학습 자료에 접속할 수 있게 된 것이지요. 사업 전에는 전체 6,600여 가구 중 약 2.8%에 해당하는 185가구에 인터넷이 설치되어 있지 않았습니다. 페어팩스 교육청은 인터넷 미설치 가정에 '마이파이MiFi'라는 모바일 와이파이(핫스팟)를 지원하여 모든 학생이 가

정에서 인터넷을 사용할 수 있게 하였습니다.

- 교사들은 기기 보급과 온라인 환경 구축을 통해 '보편적 접근권universal access'을 보장한 것이 블렌디드 러닝의 첫 번째 성공 요건이라고 응답했습니다. 보편적 접근권이란 계층, 인종, 성별, 장애 여부 등에 관계없이 모든 학생이 컴퓨터와 인터넷, 학습 자료에 접근할 수 있는 권리를 뜻합니다.

  페어팩스 교육구에서 배포한 컴퓨터는 크롬북이었습니다. 크롬북은 일반 노트북보다 CPU 성능이 낮고 저장 공간이 적습니다. 그래서 하드웨어에 프로그램을 설치하는 대신, 클라우드 기반의 온라인 플랫폼을 사용합니다. FCPSOn에서 사용한 메인 플랫폼 역시 클라우드 기반의 구글 클래스룸이었습니다. 구글 클래스룸에서는 구글 문서, 구글 프레젠테이션 등을 모두 온라인으로 사용해야 하기 때문에 반드시 인터넷이 있어야 합니다. 그 외 패들렛, 카훗, 블랙보드 등도 인터넷을 연결하지 않고는 사용할 수 없는 프로그램입니다. 학습에 사용하는 디지털 교재 또한 저작권 때문에 하드웨어에 저장할 수 없는 클라우드 기반 온라인 자료로 제공되었습니다. 이렇듯 블렌디드 러닝에서 클라우드 기반의 플랫폼을 사용할 경우 인터넷 연결이 필수적인데, FCPSOn은 학교와 모든 가정에 인터넷을 설치하여 보편적 접근권을 보장하였습니다.

- 교사들은 특히 이 사업이 성공하는 데 구글 클래스룸이 가장 결정적인 역할을 했다고 응답했습니다. 학교 밖에서는 전혀 학습하지 못했던 학생들이 구글 클래스룸 덕분에 가정에서도 학습할 수 있게 되었다는 것입니다. 교사들은 가정에서의 학습에 지장을 주는 장애물들을 구글 클래스룸이 "거의 다 없앴다nearly eliminate"라고 보고했습니다.

교수자의 변화

- 교사들은 1인 1기기로 인해 지필 시험이 컴퓨터 기반 시험으로 대체됨으로써 업무가 줄어들었다고 하였습니다. 일반적으로 블렌디드 러닝은 교사의 업무를 증가시키는 경향이 있는데, 평가 영역에서는 오히려 줄일 수 있다는 점이 고무적입니다.
- 교사들은 기존 수업과의 가장 큰 차이점으로 유연한 학습flexible Learning이 가능하다는 점을 꼽았습니다. 학생들은 자신이 편한 시간에, 자신의 속도에 따라, 자신의 수준에 맞는 학습을 하게 되었고, 이것이 결과적으로 학습에 대한 책임감accountability을 높여 주었다고 합니다. 교사들은 학생들이 더 큰 책임감을 갖게 되면서 과제 완성률이 현저히 높아졌다고 증언했습니다.
- 3년간의 종단연구 동안 교사와 학생들 모두 테크놀로지 역량이 향상되었습니다. 학생의 학습 역량뿐만 아니라 교사의 수업 역량도 함께 상승한 점이 흥미롭습니다.
- 교사들은 이전에 비해 훨씬 분산적인decentralized 수업이 되었다고 보고했습니다. 여기서 분산적이라 함은 교사에게 모든 것이 집중되는 형태와 반대되는 모습이라고 생각하시면 됩니다. 즉, 수업이 교사 주도적 수업에서 학습자 주도적 수업으로 바뀌었다는 뜻입니다. 2년 차에는 소그룹 활동, 학생 주도적 학습, 학생 선택적 활동이 많아졌고, 3년 차에는 협력적 학습, 프로젝트 기반 학습, (특히 고등학교에서는) 워크숍 모델 학습이 많아졌다고 보고되었습니다.
- 시범 사업에 참여한 교사들은 거의 모두 블렌디드 수업을 했는데, 끝까지 테크놀로지를 단 한 번도 사용하지 않은 소수의 교사들이 있었습니다. 이들은 모두 고등학교 교사였다고 하네요. 연구자들의 분석에 따르면 교사의 블렌디드 수업 역량을 결정짓는 요인은 교사의

'경험'과 '의지', 이 두 가지였습니다.

- 교장, 교감 등 학교 관리자의 역할도 점차 달라졌다고 합니다. 1년 차에는 교사들을 지원하는 역할이었다가, 3년 차에는 구체적인 프로그램 운영 가이드라인을 제공하는 적극적인 역할로 발전하였습니다.

학습자의 변화

- 학생들이 컴퓨터를 어떻게 사용했는지 들여다보니 2년 차까지는 주로 선생님이나 친구들로부터 피드백을 받는 용도로 사용했다고 응답하였습니다. 그러다 3년 차에는 서로 소통하고 협력하는 용도로 사용했다는 응답이 급증했습니다. 시간이 지나고 컴퓨터 사용이 능숙해짐에 따라 학생들이 더 깊은 학습을 위해 컴퓨터를 사용하게 되었음을 알 수 있습니다.
- 교사들은 학생들이 수업 시간에 컴퓨터로 딴짓을 할 때도 있었다고 보고했지만, 연구자들이 직접관찰을 포함한 여러 종류의 데이터를 확인한 결과 실제로는 그렇지 않은 것으로 나타났습니다. 거의 대부분의 학생들이 블렌디드 수업 시간에 컴퓨터로 수업 관련 자료만 보고 있었습니다.
- 학생들은 그룹 프로젝트를 할 때 이전에 비해 생산성이 높아졌고, 친구 및 교사와의 소통이 쉬워졌다고 응답하였습니다. 친구들과 프로젝트를 계획하고 발전시키는 속도가 빨라졌고, 질문이 있을 때 선생님과 소통하는 과정도 훨씬 원활해졌다는 것입니다(교사들 또한 이메일 소통과 피드백이 훨씬 수월해져 결과적으로 학생들의 과제 완성도가 올라갔다고 하였습니다).
- 이전에 비해 학생들의 쓰기 능력이 크게 신장되었다고 합니다. 컴퓨터를 사용하면서 글을 쓰고 수정하고 피드백을 받아 반영하는 과정

이 용이해졌기 때문입니다.

- 데이터에서 반복적으로 나타난 결과 중 하나는 교사들이 개별화 교육을 이전보다 훨씬 더 많이 할 수 있었다는 점입니다. 1년 차에는 영어가 모국어가 아닌 학생English Language Learners: ELL이 개별화 교육의 가장 즉각적인 혜택을 받았습니다. 2년 차에는 영재학생과 지체장애학생이 가장 많은 혜택을 받았고, 3년 차에는 모든 학생이 개별화 교육의 혜택을 받은 것으로 나타났습니다.
- 교사들은 학생들이 과제에 집중하는 시간이 늘어났다고 답했습니다. 그런데 그 이유가 연구 연차별로 다르게 나타난 것이 흥미롭습니다. 1년 차에는 디지털 기기가 신기하고 재미있어서 더 오래 집중했다고 보고되었습니다. 그러다 2년 차에는 창의적 활동과 프로젝트 기반 학습 때문에, 3년 차에는 컴퓨터를 활용하는 수업이 즐거워서 더 오래 집중할 수 있었다고 합니다. 시간이 지나면서 학생들이 수업에 집중하는 이유가 달라진 것인데, 후기로 갈수록 신규성 영향보다는 내재적 동기로 인해 집중 시간이 길어졌다는 사실은 주목할 만한 결과입니다.
- 페어팩스 교육구의 다섯 가지 졸업생의 초상 중 '소통하는 사람', '협력하는 사람', '창의적이고 비판적인 사고를 하는 사람'과 관련된 역량이 가장 많이 향상된 것으로 나타났습니다.

학부모의 의견

- 흥미롭게도, 디지털 시민교육을 가장 중요하게 여기는 대상은 학부모 집단이었습니다. 학부모들은 학교에서 자녀가 컴퓨터로 무엇을 배우든지 간에, 컴퓨터를 올바르게 사용하기를 바란다고 응답했습니다.

- 학부모들의 가장 큰 걱정은 컴퓨터를 들고 다니느라 자녀의 가방이 무거워지는 것이었습니다. 그러나 가정에서도 디지털 교과서를 볼 수 있고 공책 사용이 줄어들어, 가방이 더 무거워지지는 않은 것으로 나타났습니다.

3 FCPSOn 경험

마지막으로 FCPSOn에 관한 저의 개인적인 경험을 공유하고자 합니다. 제 큰아이는 초등학교 4, 5, 6학년을, 작은아이는 유치원(K학년)과 초등학교 1, 2학년을 FCPSOn 시범 사업 학교에서 다녔습니다. 페어팩스의 중심지보다 월세가 저렴한 동네를 찾아갔는데, 그곳이 마침 시범학교 지역이었던 것입니다. 그래서 운이 좋게도 FCPSOn 사업을 유치원 수준부터 초등학교 수준까지 3학년을 제외하고 모두 경험했습니다. 그리고 여섯 명의 담임교사를 만나면서 교사들마다 이 사업을 어떻게 다르게 적용하는지도 알 수 있었습니다.

저희가 살았던 시범학교 지역은 타 지역에 비해 고소득층이 적은 동시에 저소득층도 적었습니다. 또한 이민자 가정이 많은 지역으로, 타 지역보다 동양인이 많았습니다. 여기서 동양인은 주로 교육열이 강한 한국인과 인도인이었습니다. 이처럼 중산층이 많고 학구열이 높은 지역이라는 점이 타 지역에 비해 수월하게 시범 사업을 시행할 수 있는 배경이 되었다고 생각합니다.

앞서 제시한 연구 결과▶▶p.248에서 ELL 학생들이 개별화 교육의 가장 즉각적인 혜택을 입었다고 하였습니다. 제 아이가 그 대표적인 사례라고 할 수 있겠습니다. 큰아이는 영어를 한마디도 못 하는 상태로 4학년 학급에 들어갔는데, 문화적 차이나 의사소통의 어려움으로 인한 스트레스가 생각보다 적었습니다. 그 이유는 학교에서 받은 크롬북 덕분이었습니다. 크롬북에 있는 구글 번역기를 사용해, 러시아인 친구는 러시아어를 쓰고 제 아이는 한국어를 쓰면서도 서로 소통할 수 있었습니다.

게다가 아이는 학교 공부도 곧잘 따라갔습니다. 제2언어로서의 영어 English as a Second Language: ESL 학습자 서비스를 받지도, 집에서 공부를 따로 봐주지도 못했지만 크롬북과 구글 번역기를 이용해 학교 공부를 따라갈 수 있었습니다. 한번은 현장학습으로 음악회를 관람하고 소감문을 작성하라는 과제를 받았습니다. 아이가 이걸 어떻게 쓸까 걱정했는데, 너무도 고차원적인 문장을 구사하며 완벽한 에세이를 쓴 것이 아니겠습니까? 깜짝 놀라 어떻게 썼냐고 묻자 구글 번역기의 도움을 받았다고 했습니다. 여기까지만 들어 보면 이것은 오히려 테크놀로지의 폐해가 아니냐고 지적할 수도 있겠습니다. 그러나 번역기를 쓰면 영어를 못 배우게 될 거라는 예상과 달리, 아이는 테크놀로지가 번역해 준 영어 문장을 통해 자연

미국의 교육제도(K-12)

모든 나라의 학년제가 동일하지는 않습니다. 우리나라와 일본은 '초등학교 6년-중학교 3년-고등학교 3년'이지만, 프랑스는 '초등학교 5년-중학교 4년-고등학교 3년'입니다. 독일은 복선형 학제라 다소 복잡하긴 하지만 대략 '초등학교 4년-중등학교 8~9년'입니다.
미국의 교육 시스템은 주마다, 교육청마다 조금씩 다릅니다. 어떤 주는 '초등학교 6년-중학교 2년-고등학교 4년'이기도 하고, 어떤 교육청은 '초등학교 5년-중학교 3년-고등학교 4년'이기도 합니다. 어떤 학제든 초-중-고를 합하면 12년입니다. 여기에 미국은 'Kindergarten', 즉 유치원에 해당하는 K학년부터 의무교육이어서 초등학교(6년 또는 5년)에 K학년이 추가됩니다. 이렇듯 미국의 교육 시스템은 K학년부터 12학년까지를 포함하기에 흔히 K-12라고 합니다.
미국의 K학년은 우리나라의 유치원 교육과 달리 매우 학습 중심적입니다. 우리나라는 유아 교육과정인 누리과정에서 한글을 가르치지 못하게 되어 있는 반면, 미국의 유치원에서는 철자법뿐 아니라 수학, 읽기, 사회, 과학 등 모든 초등 교과를 다 배웁니다.

스럽게 영어를 학습하였습니다. 과제를 받았으니 하긴 해야겠고, 영어는 하나도 못 하고, 그러니 나름의 생존 전략으로 구글 번역기를 사용한 것인데 이 과정에서 빠른 속도로 영어를 배우게 되었습니다.

또한 아이는 블렌디드 수업 덕분에 학교에 잘 적응하고 친구와 쉽게 친해질 수 있었습니다. 블렌디드 수업은 확실히 학생들 간의 상호작용을 촉진합니다. 그룹 프로젝트가 많기 때문이기도 하지만, 프로젝트가 학교 안에서만 이루어지는 것이 아니라 가정으로까지 확장되기 때문이기도 합니다. 아이는 학교에서 하던 그룹 과제를 그대로 가지고 나와 집에 오는 스쿨버스 안에서 하고, 집에 와서도 계속 이어서 하곤 했습니다. 집에서도 개별적이 아니라 협력적으로 과제를 했습니다. 그룹 과제는 모두 구글 문서나 구글 프레젠테이션에서 이루어졌는데, 이들 프로그램에서는 다른 친구가 과제 파일에 접속해 있으면 그 친구가 하는 작업을 실시간으로 볼 수 있습니다. 그러니 학교 밖에서도 온라인상으로 서로 상의해 가며 협력적으로 과제를 할 수 있었던 것이지요.

하지만 모든 선생님이 크롬북을 적극적으로 수업에 활용한 것은 아니었습니다. 선생님에 따라 활용하는 방법과 정도가 달랐습니다. 어떤 선생님은 구글 클래스룸을 주로 활용하는 반면, 어떤 선생님은 게임이나 연산 등 별도의 프로그램들을 활용했습니다. 심리스하게 블렌드를 잘하는 선생님도 있었고, 게임이나 보상용으로만 테크놀로지를 사용하는 선생님도 있었습니다.

크롬북은 개인 소유가 아닌 교육청 소유였기 때문에 사용에 있어 제약이 많았습니다. 예를 들면 유튜브는 무조건 사용 금지였습니다. 반면 구글 클래스룸을 비롯하여 학교와 계약을 맺은 온라인 학습 서비스(카훗, 패들렛, 플립그리드, 캔바 등)는 언제든지 접속할 수 있었고, 학교 숙제를 하기 위한 웹사이트 검색도 가능했습니다. 학교에서는 학생들이 어떤 웹사이트에 들어가는지 지속적으로 모니터링했는데, 몇몇 학생들이 오락용으로 사용한 것이 적발되어 일주일 동안 기기를 압수당한 일도 있었습니다. 또한 외국에서 이민 온 프로그래머가 많은 동네이다 보니 간혹 코딩을 탁월하게 잘하는 아이들이 있었습니다. 그래서 학생들이 컴퓨터를 해킹해서 보안 프로그램을 무력화하거나 학교에서 하는 모니터링을 차단한 일도 있었습니다. 이때는 학기 말까지 기기를 압수하는 엄벌이 내려지기도 했습니다.

학교에서는 집에서의 기기 사용에 대해서도 다음과 같이 각 가정에 안내하였습니다.

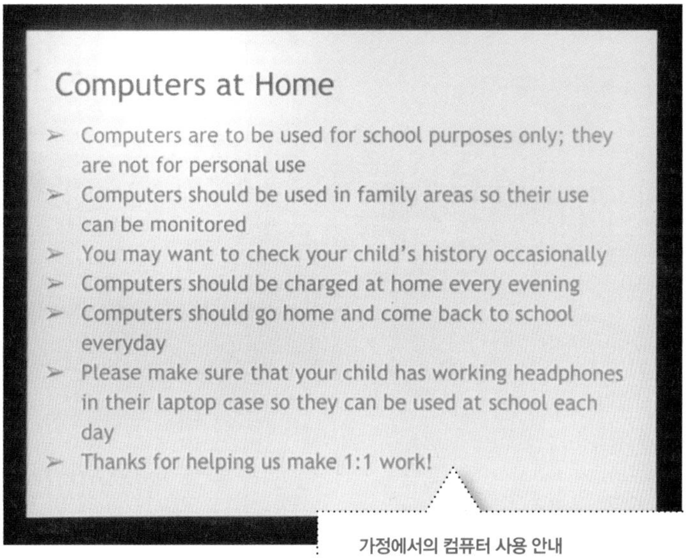

Computers at Home

- Computers are to be used for school purposes only; they are not for personal use
- Computers should be used in family areas so their use can be monitored
- You may want to check your child's history occasionally
- Computers should be charged at home every evening
- Computers should go home and come back to school everyday
- Please make sure that your child has working headphones in their laptop case so they can be used at school each day
- Thanks for helping us make 1:1 work!

가정에서의 컴퓨터 사용 안내

- 컴퓨터는 개인적인 용도가 아닌, 학교 학습을 위한 용도로만 사용해야 합니다.
- 컴퓨터는 누구나 볼 수 있는 거실에서 사용해야 합니다.
- 종종 자녀의 컴퓨터 사용 내역을 확인하세요.
- 컴퓨터는 매일 집에서 충전해서 가져와야 합니다.
- 컴퓨터는 매일 집에 가져갔다가 학교에 가져와야 합니다.
- 자녀가 학교에서 사용할 헤드폰을 챙겼는지 확인해 주세요.

한편 제 작은아이는 저학년이어서 기기를 학교에 두고 다녔습니다. 저학년은 아직 철자법과 글쓰기가 서툴기 때문에 키보드로 글을 쓰는 활동을 많이 하지 않았습니다. 그 말은 곧 기기를 이용해 다른 친구들과 협력적 프로젝트를 할 기회가 적었다는 뜻입니다. 기기를 이용한 협력적 프로젝트는 에세이 쓰기, 발표 자료 만들기, 학급신문 만들기와 같이 대개 글쓰기가 포함된 활동이기 때문입니다. 저학년은 개인별로 리터러시 수준에 편차가 커서 글을 쓰는 협력적 프로젝트는 아무래도 어려울 것이라 예상합니다. 그래서 주로 수학 연산 연습, 간단한 책 만들기, 디지털 책 읽기, 학습용 게임 등 개인 활동 용도로 기기를 사용했습니다. 유치원 학급의 경우 크롬북이 아닌 아이패드를 사용했는데, 주로 보상용(예 학습지를 일찍 끝내면 아이패드 15분 하기)으로만 사용되고 수업용으로는 거의 활용되지 않았습니다.

마지막으로 기기에 탑재되는 학습 프로그램에 대해 말씀드리려 합니다. 페어팩스 교육구에서는 학습용 온라인 서비스 구매 계약을 매년 새로 체결하였습니다. 해마다 교육청 주도로 대략 스무 개 정도의 서비스를 구매하여 페어팩스 교육구 내 모든 학교가 사용할 수 있게 한 것이지요. 어떤 프로그램을 구매할지는 관리자, 교사, 학부모가 참여한 위원회에서 투표를 통해 결정한다고 합니다. 이 중에는 학습용 게임도 있고, 듀오링고duolingo 같은 언어 학습 전용 서비스도 있습니다. 교사는 이 프로그램들을 자유롭게 수업에 활용할 수 있는데, 모든 프로그램을 다 쓰는 선생님은 없었습니다. 교사마다 선호하는 프로그램이 달랐고, 사용 비중도 달랐습니다. 교육청이 구매한

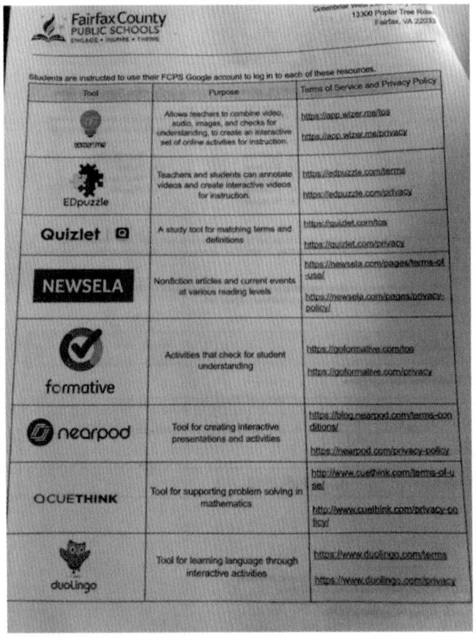
Fairfax County PUBLIC SCHOOLS
13300 Poplar Tree Road
Fairfax, VA 22033

Students are instructed to use their FCPS Google account to log in to each of these resources.

Tool	Purpose	Terms of Service and Privacy Policy
wizer.me	Allows teachers to combine video, audio, images, and checks for understanding, to create an interactive set of online activities for instruction.	https://app.wizer.me/tos https://app.wizer.me/privacy
EDpuzzle	Teachers and students can annotate videos and create interactive videos for instruction.	https://edpuzzle.com/terms https://edpuzzle.com/privacy
Quizlet	A study tool for matching terms and definitions	https://quizlet.com/tos https://quizlet.com/privacy
NEWSELA	Nonfiction articles and current events at various reading levels	https://newsela.com/pages/terms-of-use/ https://newsela.com/pages/privacy-policy/
formative	Activities that check for student understanding	https://goformative.com/tos https://goformative.com/privacy
nearpod	Tool for creating interactive presentations and activities	https://blog.nearpod.com/terms-conditions/ https://nearpod.com/privacy-policy
CUETHINK	Tool for supporting problem solving in mathematics	http://www.cuethink.com/terms-of-use/ http://www.cuethink.com/privacy-policy/
duolingo	Tool for learning language through interactive activities	https://www.duolingo.com/terms https://www.duolingo.com/privacy

페어팩스 교육청에서 구매한 학습 프로그램을 안내하는 가정통신문

프로그램은 가정에서도 사용할 수 있습니다. 학교에서는 학기 초에 그해 구매 계약을 맺은 프로그램을 알려주고 가정에서도 이를 활용해 달라고 안내합니다.

FCPSOn의 원칙과 기기 사용 가이드라인

페어팩스 교육청은 FCPSOn 사업과 관련하여 다음과 같은 원칙을 명시합니다.

1. 질 높은 수업은 교사로 인해 이루어지는 것이다. 기기가 교사나 수업을 대체할 수 없다.
2. 학교에 있는 동안 모든 수업에서 종일 기기를 사용하지 않도록 한다.
3. 학생들은 학교나 가정에서 필요할 때 언제든지 기기를 사용할 수 있다.

이러한 원칙은 교수·학습에 있어서 교사의 역할을 강조하는 동시에, 학생이 학습을 위해 테크놀로지를 자유롭게 사용할 수 있도록 보장합니다. 또한 페어팩스 교육청은 테크놀로지를 사용하는 목적이 졸업생의 초상을 이루는 것임을 분명히 하면서, 학급에서의 테크놀로지 활용 방법에 대해 다음과 같은 가이드라인을 제시합니다.

- 최신의 디지털 도구를 사용해 학습하고, 콘텐츠를 만들고, 생각을 나눈다. 여기에는 비디오와 오디오 기능도 포함된다.
- 독창적인 작품을 만들고, 동료 및 교사와 협력하고, 서로 피드백을 해 준다.
- 온라인 교과서, 디지털 콘텐츠 등 학생을 위한 자원을 활용한다.
- 교육청에서 인가받은 연구용 데이터베이스를 이용해 연구한다.
- 학교 이메일, 녹화 수업 등을 이용해 소통한다.
- 동료 및 전문가들과 협력하여 실제 세계와 관련 있는 프로젝트를 하면서 현실의 문제를 분석하고 혁신적인 아이디어와 솔루션을 제안한다.
- 학생이 스스로 정한 목표와 교사 주도의 학습 결과를 계획하고 성찰한다.

이 가이드라인의 동사 부분을 보면 대부분 블룸의 교육 목표 휠 중 상위 목표에 속하는 동작 동사들입니다. 즉 분석하기, 평가하기, 창조하기와 같은 높은 수준의 교육 목표를 달성하고 학습자의 자기주도 학습을 촉진하기 위해 기기를 활용한다는 것을 알 수 있습니다.

04 블렌디드 러닝이 장점만 있는 것은 아니다

이 책의 초반부에서 저는 블렌디드 러닝을 통해 대학원 수업 같은 깊이 있는 교육이 가능하다고 하였습니다. 그리고 이 책 전체에 걸쳐 블렌디드 러닝의 장점을 살려 교수·학습을 잘할 수 있는 방법에 대해 이야기했습니다. 하지만 블렌디드 러닝이 장점만 있는 것은 아닙니다. 다음은 블렌디드 러닝의 잠재적 문제점입니다.

첫째, 블렌디드 러닝은 초기에 교수자의 업무량을 증가시킵니다. 더 많은 아이디어를 짜내야 하고, 채점할 거리가 많아지며, 추가적으로 기기 관리 부담까지 있기 때문입니다. 또한 사용하는 프로그램이 달라질 때마다 지속적으로 교육을 받아야 하고, 이를 활용한 수업을 또다시 디자인해야 합니다.

둘째, 인적·물적 비용이 더 소요됩니다. 블렌디드 러닝을 위해서는 우선 기기를 구입하고 관리해야 합니다. 또한 교사 인력 보충이 필요할 수도 있고, 빠르게 변화하는 테크놀로지에 맞춰 교사 교육도 지속적으로 실시해야 합니다. 게다가 학교에서 공식적으로 사용하는 교육용 소프트웨어는 매년 새로 계약을 맺어야 합니다. 사용할 소프트웨어를 결정하는 과정도 민주적이고 투명하게 이루어져야 하지요. 기기를 윤리적으로 사용하기 위한 디지털 시민교육도 함께 제공해야 합니다. 나아가 달라진 교수·학습 방법을 고려해 교육과정도 바꾸어야 하며, 학교 내 물적 인프라도 보완해야 합니다. 이 모든 것이 많은 자원과 비용의 투입을 의미합니다.

셋째, 질 높은 블렌디드 수업이 이루어지기까지 시간이 필요합니다. 기기를 배포하자마자 현장에서 바로 블렌디드 러닝을 잘 시행할 수 있는 것이 아닙니다. 교사가 테크놀로지를 수업에 어떻게 활용할지 정확히 알지 못하면 이전보다 수업의 질이 낮아질 수도 있습니다. 그래서 블렌디드 러닝에는 상당한 시간의 전문적 교사 연수가 필요합니다. 이러한 이유로 블렌디드 러닝은 안착하는 데 시간이 걸리고, 그 과정에서 여러 시행착오가 발생할 수 있습니다.

넷째, 1인 1기기와 BYOD 방식 모두 장단점이 있습니다. 중앙에서 대여해 주는 1인 1기기 방식의 블렌디드 러닝에서는 기기 사용에 대한 통제가 가능하므로 게임이나 유튜브 등 학습 외 용도의 기기 사용을 어느 정도 방지할 수 있습니다. 그러나 중앙 대여식은 기기 파손에 대한 책임을 학생이 져야 하고, 이는 학생에게 심적·경제적 부담이 될 수 있습니다. 한편 학생이 자기 소유의 기기를 집에서 가져오는 BYOD 방식은 파손에 대한 경제적 부담이 적을 수 있으나, 기기 사용에 대한 통제가 되지 않아 학업 외 용도로 사용할 가능성이 커집니다.

이처럼 블렌디드 러닝은 정착되기까지 시간적·물리적 비용이 소요되고, 교육과정과 인프라의 보완이 필요하며, 성공적인 시행이 항상 보장되는 것도 아닙니다. 그럼에도 블렌디드 러닝을 통한 교육의 변화는 필요합니다. 그리고 철저하게 준비하여 단계적으로 시행한다면 얼마든지 성공시킬 수 있다고 생각합니다.

05 장애학생과 블렌디드 러닝

특수교육을 받는 학생들은 모두 개별화교육계획IEP을 갖고 있습니다. 블렌디드 러닝도 이 IEP를 실현하는 데 도움이 되어야 합니다. 이를 위해서는 IEP를 설계할 때 교사와 학부모, 관련 전문가가 서로 상의하며 팀으로 접근하는 것이 필수적입니다.

> TIP
>
> **개별화교육계획IEP** | IEP는 교사와 학부모, 관련 전문가가 협력하여, 장애학생이 성공적인 학교생활을 할 수 있도록 돕는 계획입니다. 학년 초에 그해의 목표를 정하고, 그 목표를 성취하기 위한 한 걸음, 한 걸음을 계획하는 것이지요. 따라서 IEP는 학생마다 다르게 수립됩니다.
>
> IEP에는 장애학생의 현재 수행 수준, 올해의 목표, 진전도, 받아야 할 특수교육 서비스의 종류와 시간, 통합교육 정도, 필요한 보조공학, 전환 서비스 등에 대한 내용이 들어갑니다. 우리나라에서는 특수교육을 받는 모든 학생에게 IEP를 제공해야 한다고 법으로 규정하고 있습니다. 이는 장애학생에게 양질의 교육 서비스를 보장하기 위한 것입니다.

실제로 통합교육 환경에서의 블렌디드 러닝은 장애학생에게 추가적인 어려움을 부가하는 경우가 많습니다. 학습을 보조하기 위한 테크놀로지이지만, 그 테크놀로지를 위한 보조가 또 필요해지는 것입니다. 그러므로 학생마다 블렌디드 러닝을 할 때 필요한 도움이 무엇인지 분석하여 적절한 지원을 제공할 필요가 있습니다. 예를 들면 키보드 입력, 화면 읽기, 소리 듣기, 주변 정리, 읽기/쓰기 등에서 어려움이 있는지 판단하여 그에 맞는 보조공학적 지원을 해 주어야 합니다.

장애학생의 블렌디드 러닝에 대해서는 장점과 단점이 모두 거론됩니다. 앞서 FCPSOn 연구 결과 ▶▶p.253에서 설명했듯 신체장애가 있는 학생의 경우 블렌디드 러닝의 혜택이 큽니다. 컴퓨터를 이용하여 물리적 환경에서의 접근성 문제를 일부 해결할 수 있기 때문입니다. 반면 사회적 상호작용에 어려움이 있는 자폐성 장애학생의 경우 블렌디드 러닝은 도움이 될 수도 있고, 안 될 수도 있습니다. 테크놀로지라는 도구가 사회적 상호작용의 촉매제가 될 수도 있지만, 오히려 장애물로 작용할 수도 있기 때문입니다.

성공적인 블렌디드 통합교육을 위해서는 반드시 계획 단계에서부터 장애학생에 대한 교수·학습과 평가를 고려해야 합니다. 교수·학습적 차원은 물론이고 정책적 차원에서도 그러합니다. 진정한 블렌디드 러닝은 교수·학습 전체를 바꾼다고 하였습니다. 단순히 수업에 테크놀로지를 얹는 것이 아니라, 궁극적으로는 교육 시스템의 변화를 가져오게 됩니다. 여기서 장애학생들이 소외되어서는 안 될 것입니다.

더 알아보기 학생 연령에 따른 블렌디드 러닝의 장단점

나이가 어린 학생들은 직접 얼굴을 맞대고 상호작용하는 연습이 필요합니다. 그러므로 컴퓨터나 태블릿의 스크린을 들여다보는 활동 위주의 수업은 귀한 사회적 상호작용의 기회를 빼앗는 것일 수 있습니다. 또한 온라인에서의 상호작용은 주로 쓰기(문자, 글, 피드백, 이메일 등)를 통해 이루어지기 때문에, 글쓰기가 익숙하지 않은 어린 학생들에게 온라인 환경은 상호작용을 하기에 좋은 환경이 아닙니다. 반면 어느 정도 글쓰기에 익숙해진 중학년 연령의 학생들은 온라인 환경에서 글을 통해 좀 더 마음 편하게 상호작용하며 협력적 활동을 할 수 있습니다.

프랑스의 고성들이
우리에게 주는 교훈

낭만적인 나라
프랑스

무엇이든 오래된 것이 많은 나라.
500년밖에 안 된 집!

집도, 길도, 도시도 수백 년~수천 년 전 모습이
그대로 남아 있는 곳이 대부분이다.

700년 된
좁은 골목길

400년 된
아파트의 계단

1200년 된
비좁은 통로

이 모든 디자인이
아름다우나
한 가지 문제가
있으니...
....

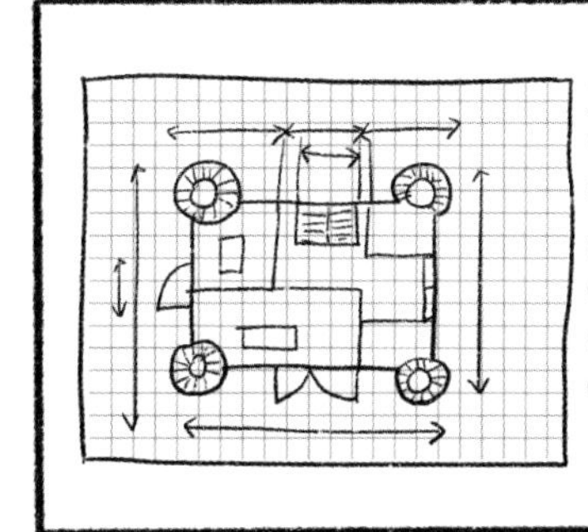

그 옛날에
설계할 당시엔
장애인 접근성에
대한 개념조차
없었기 때문에
접근성이 매우
낮다는 것이다.

NEIS(교육행정정보시스템), 코로나 원격수업
모두 설계 단계에서부터 장애학생이 배제
된 바 있다.

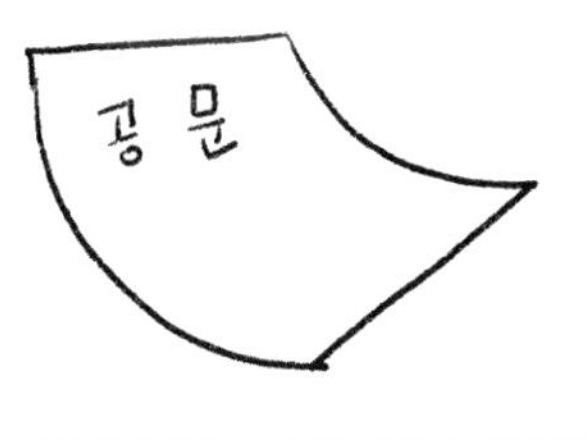

맺음말

저는 풀뿌리 운동의 위력을 믿습니다. 위에서부터 제도를 바꾸는 탑다운 top-down 형식으로도 교육을 변화시킬 수 있겠지만, 현장에서 가르치는 사람들이 계속 새로운 것을 시도하고 수업의 질을 높여 나감으로써 더 짧은 시간 안에 교육이 변화할 수 있다고 생각합니다. 때로는 정책으로 현장을 바꾸는 방법보다 현장의 변화로 정책을 바꾸는 방법이 더 효과적이라고 믿습니다.

정책을 통한 교육의 변화는 사회의 변화와 함께 아주 천천히, 오랜 시간에 걸쳐 이루어집니다. 하지만 수업의 변화는 교수자 개인이 당장 실행할 수 있으며 학생들에게 즉각적인 혜택을 줍니다. 수업이 바뀌면 교육에 관한 인식도 점차 개선되고, 교육과정과 정책의 변화도 일어나게 될 것입니다. 그래서 이 책은 현장에 있는 개개인의 수업 변화를 염두에 두고 집필하였으며, 테크놀로지를 이용해 더 깊은 학습이 일어나는 수업을 디자인하는 방법을 제시하였습니다.

5강에서 언급한 블렌디드 러닝의 권위자 마이클 혼의 말을 기억하시나요? 그는 블렌디드 러닝이 성공하려면 테크놀로지 도입 그 자체가 목적이 되어서는 안 된다고 하였습니다. 현재의 교육에 존재하는 어떤 '문제'를 해결하기 위한 솔루션으로 블렌디드 러닝을 해야 한다는 것입니다. 그렇다면 우리 교육에 존재하는 문제가 무엇일까요? 그리고 블렌디드 러닝이 그 문제를 해결할 수 있을까요?

저는 암기와 문제 풀이에만 능숙한 수동적 학습자를 만들어 내는 것이 우리 교육의 가장 큰 문제점이며, 이러한 문제가 바뀌지 않는 근본적인 원인이 바로 학습자에 대한 관점에 있다고 보았습니다. 학습자를 수동적인 존재로 보느냐, 적극적인 존재로 보느냐에 따라 교육과정과 교수법이 결정된다고 생각하기 때문입니다. 그리고 이러한 문제를 해결하기 위한 현실적인 방안으로 블렌디드 러닝을 제안하였습니다.

이 책을 통해 제가 당부하고 싶은 얘기는 학습자를 지식의 소비자로 보지 말고 생산자로 보라는 것입니다. 거기에 블렌디드 러닝의 성패가 달려 있습니다. 학습자를 지식의 소비자로 보는 한, 블렌디드 러닝은 결국 주입식 교육을 강화하는 또 하나의 방법이 될 뿐입니다. 하지만 학습자를 지식의 생산자로 본다면 블렌디드 러닝은 학습자들의 손에 생산의 도구를 쥐여 주게 될 것이며, 이는 이전에는 경험해 보지 못한 폭발적인 수준의 창의적 생산 활동을 가능케 할 것입니다. 그렇다면 그토록 꿈쩍 않던 교육과정과 입시도 점차 바뀌게 될 것이라고 생각합니다.

여전히 블렌디드 러닝이 두려운 교수자분들께는 다음과 같은 이야기를 들려드리고 싶습니다. 어떤 사람이 살았습니다. 비가 너무 많이 내려 홍수가 난 어느 날, 그 사람은 살기 위해 지붕 위로 올라갔습니다. 그리고는 신이 자신을 살려 주기만을 기다렸습니다. 구명보트 한 척이 와서 타라고 했지만 그는 "신이 나를 살려 줄 거요!"라고 말하며 타지 않았습니다. 그다음 구명보트가 왔지만 그는 또다시 "신이 나를 살려 줄 거요!"라고 말하며 타지 않았습니다. 마지막으로 구조 헬리콥터가 왔지만 그는 타지 않았습니다. 역시 "신이 나를 살려 줄 거요!"라고 말하면서요. 그러다가 그는 결국 물에 빠져 죽었습니다. 죽어서 신을 만난 그는 "왜 저를 살려 주지 않으셨죠?"라고 물었습니다. 신이 대답했습니다. "내가 구명보트와 헬리콥터를 보내 주지 않았나!" 이 이야기는 우리에게 어떤 교훈을 줄까요?

모든 교수자들이 잘 가르치고 싶어 합니다. 잘 가르치는 교수자는 학생들에게 인기가 많습니다. 학생들은 잘 가르치는 교수자, 즉 수업에서 좋은 학습 경험을 제공하는 교수자의 수업을 듣고 싶어 하기 때문입니다. 그런데 많은 교수자들이 잘 가르치고 인기 많은 교수자가 되고 싶어 할 뿐, 이를 위해 자신의 티칭teaching을 바꾸려고 노력하지는 않습니다. 언제 학생들이 바뀌려나, 언제 세상이 바뀌려나 막연히 기다리기만 합니다. 정작 자기 앞에 창의성과 혁신의 보트가 왔을 때, 기회의 헬리콥터가 왔을 때 타지 않는 것이지요. 지금 우리에게는 지붕 위에서 점프하여 보트에 몸을 싣는 결단력이 필요합니다. 손을 뻗어 헬리콥터에서 내려온 사다리를 붙잡는 용기가 필요합니다.

제가 교수법 연수를 하다 보면, 비슷한 내용을 가르치는데도 사람이나 그룹에 따라 받아들이는 정도가 다릅니다. 어떤 분들은 테크놀로지를 능숙하게 다루지 못해도, 온라인에서의 교수법이 익숙하지 않아도, 새로운 생각과 새로운 테크닉을 적극적으로 배우고 받아들이고 적용하기 위해 애씁니다. 이분들이 바로 보트가 왔을 때 일단 올라타는 분들입니다. 노 젓는 방법은 그다음에 배우더라도 말입니다. 반면 제 연수를 듣고 나서 "이걸 어떻게 하란 얘기냐", "우린 그냥 하던 대로 하겠다"라고 말하는 분들도 있습니다. 이런 분들은 보트가 왔을 때 타지 않고 하늘에서 동아줄이 내려오기만을 기다리는 분들입니다.

교육이 바뀌어야 한다고 말하면서 정작 자신의 수업은 바꾸지 않는 분들이 있습니다. 하지만 그동안 계속 해 오던 방법만 사용해서는 변화가 일어나지 않습니다. 테크놀로지가 발달하면서 학생들의 문화도 계속 바뀌고 있습니다. 코로나도 교육 환경을 많이 바꾸었습니다. 학교에 와이파이가 설치되고, 가정에 디지털 기기가 늘어나고, 유튜브에 교육 콘텐츠가 폭발적으로 증가했습니다. 이제 그동안 해 오던 방법을 더 이상 고집해서는 안 되는 때가 되었습니다. 학생들에게만 창의성과 비판적 사고, 자기성찰을 요구하지 말고, 교수자인 우리부터 창의적인 태도와 자기성찰을 보여 주어야 합니다. 이 책의 앞부분에서 말했듯이, 우리가 가르치는 명시적 교육과정보다 우리가 행동으로 드러내는 잠재적 교육과정이 학생들에게 더 큰 영향을 미칩니다. 말로만 창의성을 외치지 말고, 교수자인 우리 자신부터 창의적으로 가르치기 위해 노력해야 합니다.

두려워하지 말고 끊임없이 실험하고 시도해 보십시오. 이것이 효과가 있을까 없을까, 학생들이 잘 따라올까 못 따라올까 확신이 서지 않을 때에는 일단 해 보시기 바랍니다. 그래야만 발전이 있습니다. 호기심이 과학자를 낳고, 도전정신이 사업가를 낳습니다. 교사도 마찬가지입니다. 호기심과 도전정신이 유능한 교사를 낳습니다.

학습자에 대해 더 알기 위해 노력하십시오. 학습자가 평소에 무엇을 경험하는지, 무엇을 배우고 싶어 하는지, 어떤 고민이 있는지 관심을 가지십시오. 공감하는 인재를 키워 내길 원한다면 공감하는 교수자가 되시기 바랍니다. 좋은 교수자가 되는 법, 좋은 과학자가 되는 법, 좋은 작가가 되는 법을 말로 가르치기보다 몸소 보여 주시기 바랍니다. 학생들은 우리의 말을 통해 배우는 것보다 우리의 행동과 삶을 통해 배우는 것이 훨씬 많습니다.

블렌디드 러닝을 통해 학생들이 활발하게 토론하고, 창의적인 지식을 만들어 내며, 세상을 변화시키는 꿈을 꾸는 수업이 일상이 되기를, 그런 수업이 우리나라의 모든 교실마다 가득 차기를 바랍니다.

잠깐!
마지막으로
AI에 대해
한마디...

이런 질문들을 종종 받는다.
AI가 교사를 대체하는 것은 아닐까요?
AI가 나오면 이런 블렌디드 러닝은 다 필요 없어지는 것은 아닐까요?

답부터 얘기하자면
YES
&
NO
이다.

언제 YES냐?
교사가 스스로 기계화되기를 자처할 때

불러 주는 대로
외우기만 하면 됩니다.

기계적으로만 가르치면 지금
당장이라도 대체 가능.

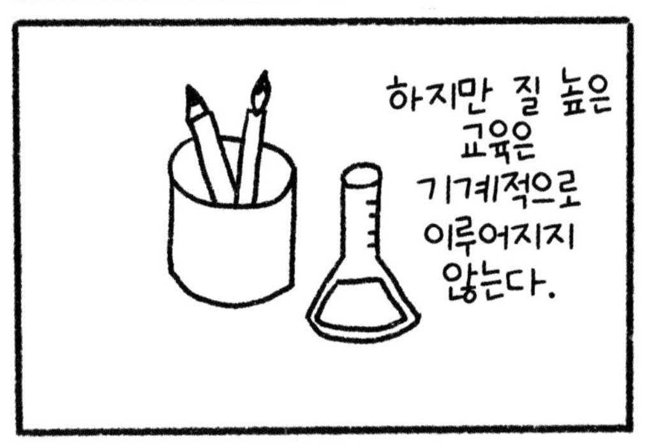
하지만 질 높은 교육은 기계적으로 이루어지지 않는다.

어떻게 가르쳐야 잘 가르칠 수 있을까?
질 높은 교육은 교사의 창의력과
비판적 사고력을 요한다.

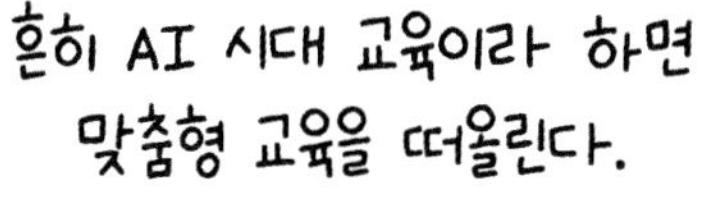

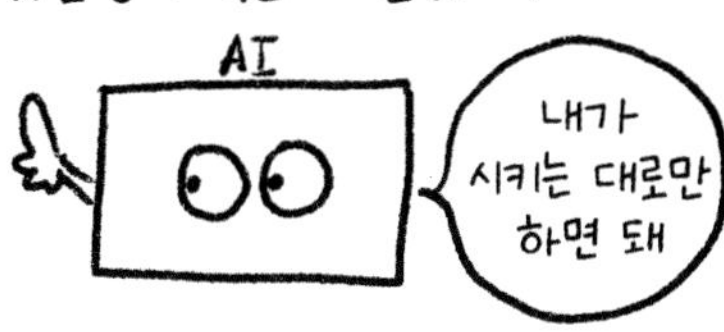

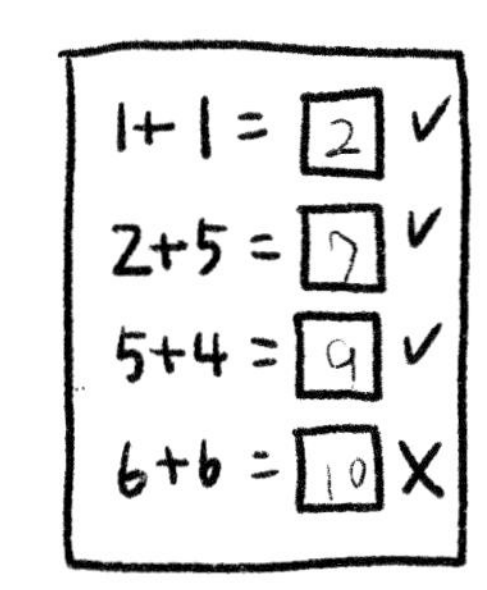

하지만 맞춤형 교육을 논할 때 "창의력 향상" "비판적 사고"에 대한 언급은 어디에서도 찾아볼 수 없다.

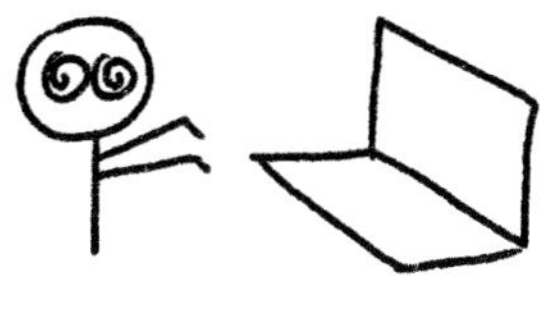

환경문제에 대해 생각해 봅시다.
이 문제를 어떻게 해결할 수 있을까요?

이러이러한 역사적 사건이 있었어요.
우리가 잘못한 것이
무엇이었을까요?
이런 일이 또 일어나지 않게
하려면 어떻게
해야 할까요?

이런 교육

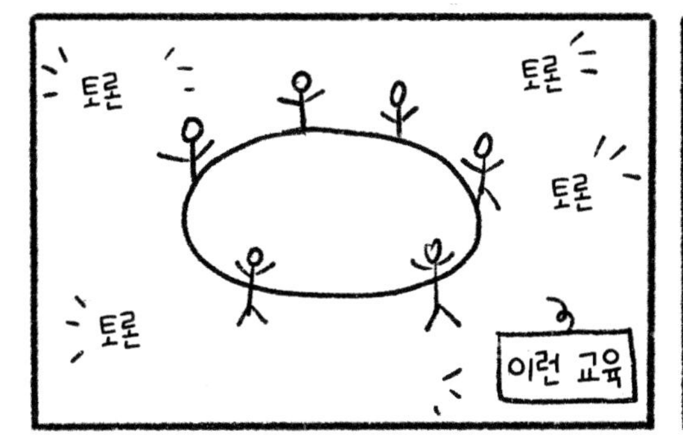

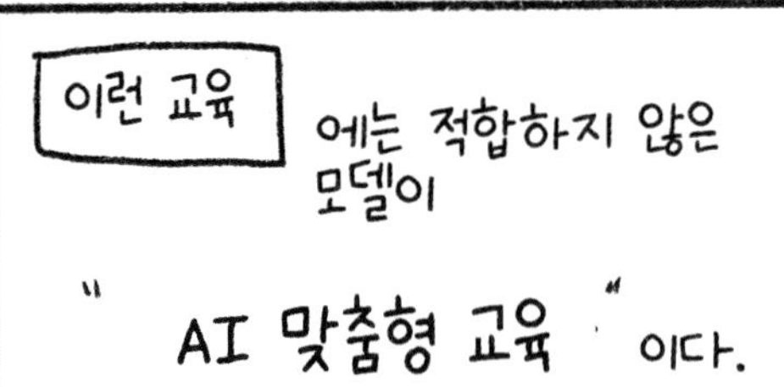
이런 교육
에는 적합하지 않은
모델이
" AI 맞춤형 교육 " 이다.

AI 맞춤형으로 자기주도 학습을
가능하게 한다고 하는데
인간이 하던 "촉진"을
수학 공부해!
*촉진="잔소리"를 뜻하는 전문 용어

기계가 하게 된다고
자기주도적 학습자가
AI
되는 것은 아니다.

자신의 강점과 약점을 아는 것은
"메타인지"의 일부분인데
난 이걸 잘 못하고
이걸 잘해

그것마저도 AI가 해 주는 것이
과연 이상적인 교육일까?
AI
당신은 이것을 못하니 이것을 더 하셔야 겠습니다.
좀비화된 학생

깊은 학습은 학습자가 "고뇌"할 때
일어난다.
(생각)
생각
생각
무엇이 문제일까?

학습자가 해야 할 생각을
AI가 대신 해 주는 것이
AI
➔ 우리가 꿈꾸는 교육이 아니다.

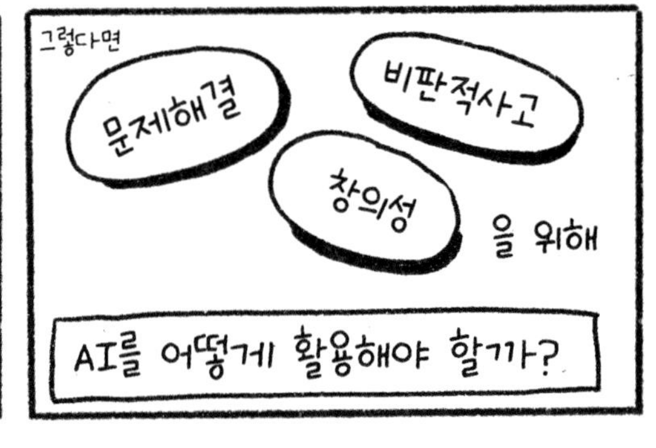
그렇다면
문제해결
비판적사고
창의성
을 위해
AI를 어떻게 활용해야 할까?

AI가 시키는 대로
하면 되겠지~
AI
이런 방식으로가 아니라

AI를 이용해 문제해결을 하고
새로운 것을 창조해 내는
교육을 통해서이다.
AI

기계를 이용해 위대한 글을 쓰고,
작품을 만들어 내고,
인류를 살리는 약을 개발해 내듯이,

토론하고, 생각하고, 협력하고, 상상하며
AI를 도구로 새로운 것을 창조해 내는 교육

그것이 바로 블렌디드 러닝이다.
AI시대
블렌디드 러닝은
더 중요해질
것이다.

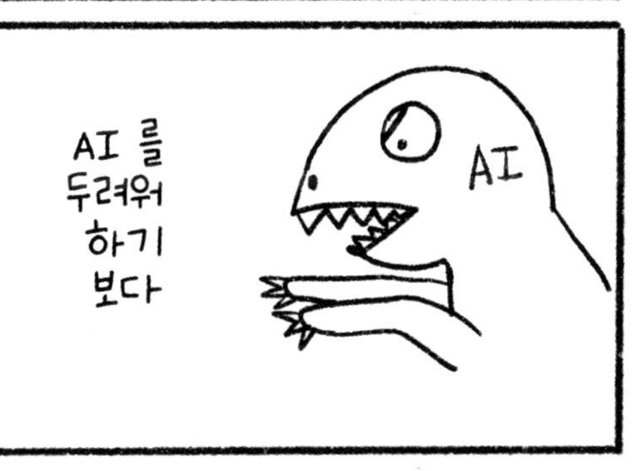
AI 를
두려워
하기
보다
AI

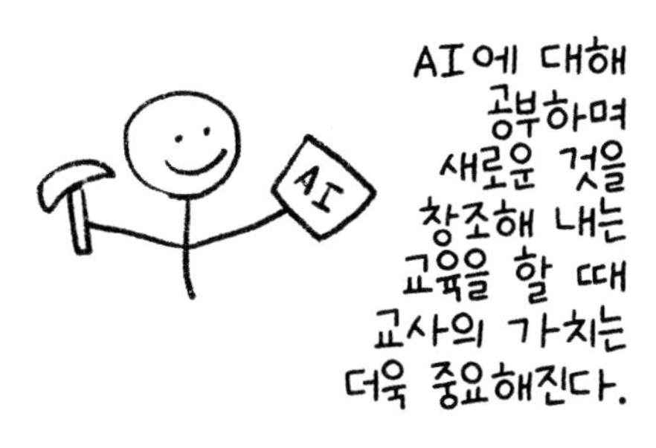
AI에 대해
공부하며
새로운 것을
창조해 내는
교육을 할 때
교사의 가치는
더욱 중요해진다.
AI

미래는 우리가
만들어 가는 것이다!
끝

참고문헌

권정민(2020), 『최고의 원격수업 만들기』, 서울: 사회평론아카데미.

Bellanca, J. (2014), *Deeper Learning: Beyond 21st Century Skills*, Bloomington: Solution Tree Press. [김하늬·최선경 역(2019), 『디퍼 러닝: 21세기 학습역량을 키우는 융합교육 혁명』, 서울: 테크빌교육.]

Bonk, C., Graham, C., Cross, J., & Moore, M. (2005), *The Handbook of Blended Learning: Global Perspectives, Local Designs*, San Francisco: Pfeiffer Publishing.

Brookfield, S. D. (2009), "Self-Directed Learning". In R. Maclean & D. Wilson (ed.), *International Handbook of Education for the Changing World of Work*, Dordrecht: Springer. DOI:10.1007/978-1-4020-5281-1_172

Bryar, C. & Carr, B. (2021), *Working Backwards: Insights, Stories, and Secrets from Inside Amazon*, New York: St. Martin's Press.

Churches, A. (2008), "Bloom's Digital Taxonomy". http://burtonslifelearning.pbworks.com/w/file/fetch/26327358/BloomDigitalTaxonomy2001.pdf

College of DuPage (2020), "An Introduction to Hybrid Teaching: Learning Technologies". https://www.codlearningtech.org/PDF/hybridteachingworkbook.pdf

Collins, M. (1988), "Self-Directed Learning or an Emancipatory Practice of Adult Education: Re-Thinking the Role of the Adult Educator", *Proceedings of the 29th Annual Adult Education Research Conference*.

Couch, J. D., & Towne, J. (2018), *Rewiring Education: How Technology Can Unlock Every Student's Potential*, Dallas: BenBella Books. [김영선 역(2020), 『교실이 없는 시대가 온다: 디지털 시대, 어떻게 가르치고 배워야 하는가』, 서울: 어크로스.]

Dewey, J. (1910), *How We Think*, Boston: D. C. Heath and Company. OCLC 194219

Fairfax County Public Schools (2015), "FCPS Technology Plan: Addendum to the FY 2015-FY 2016". https://www.fcps.edu/sites/default/files/media/pdf/fy2016techplan_4.pdf

Fairfax County Public Schools (2020), "FCPS Strategic Plan". https://www.fcps.edu/aboutfcps/strategic-plan/strategic-plan-introduction

Fullan, M. (2014), "Breakthrough Learning". In J. Bellanca (ed.), *Deeper Learning: Beyond 21st Cetury Skills*, Bloomington: Solution Tree Press. [김하늬·최선경 역(2019), 「디퍼 러닝을 위한 새로운 페다고지」, 『디퍼 러닝: 21세기 학습역량을 키우는 융합교육 혁명』, 서울: 테크빌교육.]

Haury, D. L. & Rillero, P. (1992), "Hands-on Approaches to Science Teaching: Questions and Answers from the Field and Research", *ERIC Clearinghouse for Science, Mathematics and Environmental Education*. https://eric.ed.gov/?id=ED349185

Horn, M. & Staker, H. (2014), *Blended: Using Disruptive Innovation to Improve Schools*, San Francisco: Jossey-Bass.

Iowa State University Center for Excellence in Learning and Teaching (2020), "An Introduction to Hybrid Teaching". https://www.celt.iastate.edu/wp-content/uploads/2020/06/hybridteachingworkbook.pdf

Knowles, M. S. (1975), *Self-Directed Learning: A Guide for Learners and Teachers*, New York: Association Press.

McGee, P. & Reis, A. (2012), "Blended Course Design: A Synthesis of Best Practices", *Journal of Asynchronous Learning Networks 16*(4), 7-22.

McTighe, J. & Wiggins, G. (2013), *Essential Questions: Opening Doors to Student Understanding*, Alexandria: ASCD. [정혜승·이원미 역(2016), 『핵심 질문: 학생에게 이해의 문 열어주기』, 서울: 사회평론아카데미.]

Morrison, J., Risman, K., Ross, S., Latham, G., Reid, A., & Cook, M. (2019), *FCPSOn Phase One Evaluation Report: Year Three*, Johns Hopkins University. https://jscholarship.library.jhu.edu/bitstream/handle/1774.2/62811/FCPSOn%20Y3%20Evaluation%20Report.pdf?sequence=1

Morrison, J., Ross, S., Risman, K., McLemore, C., Laurenzano, M., & Reid, A. (2018), *FCPSOn Phase One Evaluation Report: Year Two*, Johns Hopkins University.

Morrison, J., Ross, S., Wilson, C., Eisinger, J., & Reid, A. (2017), *FCPSOn Phase One Evaluation Report: Year One*, Johns Hopkins University.

Partnership for 21st Century Skills (2019), "21st Century Learning Environments". https://www.battelleforkids.org/networks/p21

Porter, B. (2015), "The Beauty of Amazon's 6-Pager". https://www.linkedin.com/pulse/beauty-amazons-6-pager-brad-porter

Prensky, M. R. (2010), *Teaching Digital Natives: Partnering for Real Learning*, Thousand Oaks: Corwin Press. [정현선·이원미 역(2019), 『디지털 네이티브 그들은 어떻게

배우는가』, 서울: 사회평론아카데미.]

Ribble, M. (2015), *Digital Citizenship in Schools: Nine Elements All Students Should Know*(3rd ed.), International Society for Technology in Education.

Robinson, D. & Kiewra, K. (1995), "Visual Argument: Graphic Organizers Are Superior to Outlines in Improving Learning from Text", *Journal of Educational Psychology 87*(3), 455-467. DOI:10.1037/0022-0663.87.3.455

Tolbert, C., Mossberger, K., & McNeal, R. (2007), *Digital Citizenship: The Internet, Society, and Participation*, Cambridge: MIT Press.

Usher, R. (1993), "Book Review of Self-Directed Learning: Application and Research", *International Journal of Lifelong Education, 12*(3), 233-235.

Williams, C. & Beam, S. (2019), "Technology and Writing: Review of Research", *Computers & Education 128*, 227-242.

Zhao, Y. (2014), "Paradigm Shift: Educating Creative and Entrepreneurial Students". In J. Bellanca (ed.), *Deeper Learning: Beyond 21st Century Skills*, Bloomington: Solution Tree Press. [김하늬·최선경 역(2019), 「창의적인 기업가를 육성하는 교육」, 『디퍼 러닝: 21세기 학습역량을 키우는 융합교육 혁명』, 서울: 테크빌교육.]

Zhao, Y., Zhang, G., Lei, J., & Qiu, W. (2015), *Never Send a Human to Do a Machine's Job: Correcting the Top 5 EdTech Mistakes*, Thousand Oaks: Corwin Press.

도판 출처

1강

- **루이 파스퇴르**

The Sporcle Blog | https://www.sporcle.com/blog/2019/01/who-was-louis-pasteur

- **스티브 잡스**

위키미디어 커먼스(Wikimedia Commons) | https://commons.wikimedia.org/wiki/File:Steve_Jobs_Headshot_2010-CROP_(cropped_2).jpg

- **조앤 롤링**

조앤 롤링 공식 웹사이트 | https://www.jkrowling.com

- **애플 II의 코딩 학습 프로그램인 '로고' 화면**

시드 렉시아(Syd Lexia) | http://www.sydlexia.com/logo.htm

2강

• 1920년대 라디오가 있는 교실

PBS 위스콘신(PBS Wisconsin) | https://pbswisconsin.org/article/susan-apps-bodilly-talks-one-room-school

• 학생들의 활동을 게시한 학급 게시판

네이버 블로그 '소통하는 교사, 함께하는 아빠' | https://m.blog.naver.com/ksill215/221958751610

• 1980년대 컴퓨터를 활용한 수업

위키미디어 커먼스(Wikimedia Commons) | https://commons.wikimedia.org/wiki/File:Apple_II_typical_configuration_1977.png

디지타이저 2000(Digitiser 2000) | https://www.digitiser2000.com/main-page/10-things-that-always-happened-in-computer-club

• 스티븐 호킹 박사의 휠체어와 컴퓨터

위키미디어 커먼스(Wikimedia Commons) | https://commons.wikimedia.org/wiki/File:Stephen_hawking_and_lucy_hawking_nasa_2008.jpg

• 터치스크린 펜을 잡기 위한 벨크로 테이프

OT's with Apps Blog | https://otswithapps.com/2013/03/03/another-stylus-to-the-rescue

3강

• 블룸의 교육 목표 분류법

밴더빌트 대학교(Vanderbilt University) | https://cft.vanderbilt.edu/guides-sub-pages/blooms-taxonomy

• 블룸의 교육 목표 휠

Dr Ashley Tan | https://ashleytan.wordpress.com/2016/08/31/remaking-the-revised-blooms-taxonomy

찾아보기